"日俄侵占旅大物证展"展出的碑刻

文物库房中收藏的碑刻

1996年6月16日，国家文物局专家鉴定组来馆鉴定碑刻

青少年观众参观碑刻文物展

馆藏碑刻拓片在"九一八"历史博物馆展出

工作人员在旅顺农村采集"志洁行芳"碑

旅顺日俄监狱旧址博物馆馆藏碑刻研究

张志成 主编

科学出版社
北京

内 容 简 介

碑刻是一个地区的政治、经济、军事、文化等的重要载体，是历史的物证。大连地区历史悠久，拥有大量的历史文化遗产，特别是在近代历史上，大连地区经历了甲午战争、日俄战争，俄国和日本殖民统治时期，留下了大量的碑刻。旅顺日俄监狱旧址博物馆自建馆以来陆续征集了100余通有价值的碑刻，其中馆藏的俄日殖民统治大连时期的碑刻和日俄战争的战迹碑是一大特色，具有重要的历史价值。为了加强对馆藏碑刻的研究，现选取40余通有代表性的碑刻汇集成书，图文并茂，让碑刻诉说历史，供大家探寻碑刻的历史价值。

本书适合历史学、考古学等相关学科的学者阅读、参考。

图书在版编目（CIP）数据

旅顺日俄监狱旧址博物馆馆藏碑刻研究/张志成主编.—北京：科学出版社，2016

ISBN 978-7-03-048625-7

Ⅰ.①旅… Ⅱ.①张… Ⅲ.①碑刻–汇编–大连市 Ⅳ.①K877.42

中国版本图书馆CIP数据核字（2016）第126688号

责任编辑：王光明 / 责任校对：邹慧卿
责任印制：肖 兴 / 封面设计：美光设计

科学出版社 出版
北京东黄城根北街16号
邮政编码：100717
http://www.sciencep.com

中国科学院印刷厂 印刷
科学出版社发行 各地新华书店经销

*

2016年12月第 一 版 开本：787×1092 1/16
2016年12月第一次印刷 印张：24 1/2
字数：581 000
定价：228.00元
（如有印装质量问题，我社负责调换）

《旅顺日俄监狱旧址博物馆馆藏碑刻研究》
编辑委员会

主　编　张志成

副主编　周爱民　崔再尚

编　务　关国磊　薛志刚　李　雪
　　　　徐　堃　李　迪

序

二十世纪七十年代初,根据组织的安排,我从公安战线调到博物馆工作,成为文博战线的一名新兵。为了尽快适应新环境,进入新角色,馆领导组织我们到山东曲阜参观考察,真是受益匪浅,当时就被孔庙所保存的2 000余通历代碑碣所震撼,同时也深受启发,联想到大连地区有那么多近代碑刻,特别是经过"破四旧"风暴之后,许多碑刻被炸倒拆除,残碑烂石遍布荒山野岭,若不及时抢救,后果不堪设想。

关于是否抢救这些碑刻,有人提出异议。他们认为这里面有许多是反面教材,群众砸毁了,我们去抢救往馆里拉,这不是和群众形成"对立"吗?当时,博物馆使用的还是建馆初名"帝国主义侵华罪行展览馆",但无论是展览馆,还是博物馆,征集和收藏近现代历史文物是历史赋予我们文博工作者的正当职责。

文物抢救工作,时不我待。我们组织业务人员对大连地区近现代历史遗迹和历史文物展开细致的调查工作。大家不辞辛苦,长途跋涉,对专家学者和历史见证人进行走访调查,厘清史料情况,为尽快开展文物抢救工作打下坚实基础。在各级领导的关怀下,在驻军部队和工厂、企业及相关部门的配合下,特别是还有几名经验丰富且能吃苦耐劳的农民兄弟长期积极支持,我们在馆里人力财力匮乏、没有运输工具的艰苦条件下,励精图治,砥砺前行,终于打开局面,使历史文物征集工作从无到有,从少到多,取得可喜的成果。

我们经过两年的积极筹备,并在各方面的辛勤配合下,终于在1992年将20多年陆续征集到的40余通中外碑刻分门别类地陈列出来,受到观众的好评。"大连地区近现代碑刻陈列展"展览面积达1 000平方米,这些碑刻是大连近现代史的信物,从各个不同的侧面反映了大连在日本殖民统治时期政治、经济、军事、文化诸方面的历史,具有很高的史料价值。1996年,国家文物局专家鉴定组对旅顺日俄监狱旧址博物馆征集和抢救的近现代历史文物进行鉴定,其中被鉴定为一级文物的有14件(套),而碑刻类就占5件(套)。1997年,由大连市史志办公室编写出版的《大连之最》中收录了《大连地区最大的近代碑刻聚集地》,其中指出"碑刻记录了百年来旅大遭受外来侵略的血泪史和旅大人民反抗外来侵略的英勇业绩"。

历史是最好的教科书,也是最好的清醒剂。进入二十一世纪以来,国家越来越重视文物保护工作,对文物事业的投入持续增加,文物保护基础设施和文物保护法规体系逐步完善,广大人民群众有很强的文物保护意识,使文物保护工作越做越好。当年,我们千辛万苦从历史的废墟中探寻到的一件件文物,从历史的断裂层里抢救出来的一块块文物，现在都是财富，不仅是国之财富，也是人类的共同财富。

多年的文物征集工作能够得到社会的认可，是对我们文物工作者的最大褒奖，再苦再累，也无怨无悔。唯一感到内疚的是，欠老母亲的情太多。一次征集碑刻过程中，突然天降暴雨，我们没有放弃，冒雨将碑刻拉回馆内收藏。因为淋雨，再加上着急上火，我发高烧住进医院，在挂吊瓶时，突然想起母亲已经去世3年了，总想为她立通碑却一直没实现，儿子不孝啊……想着这些，潸然泪下。

时光流逝，岁月匆匆。转瞬间，我已经退休20多年了，昔日那些如数家珍的文物依然留在观众的视野里，也深深印在我的心坎上。令我感到惊喜的是，本着"让文物说话，让历史告诉未来"的原则，"为国立史，为民立言"，维护祖国尊严的精神，历经两个春夏秋冬的辛勤耕耘，旅顺日俄监狱旧址博物馆的研究人员从馆藏文物中精心遴选40余通碑刻，认真地进行整理和研究，编撰成册。在拓印碑文时，他们精益求精，对许多因风化致使残缺处认真处理，拓到满意为止。在装裱整理时，他们逐字逐句反复辨认和抄录碑文，因为大家长期学习和使用的都是简体字、现代白话文，现在全部接触繁体字、古汉语，而且还需要翻译大量外文，难度可想而知。但是，当研究人员分头携带原始资料到档案馆、图书馆查阅与碑刻相关的历史文献，探索与碑刻相关的人物和历史事件时，我们已经预料到他们会在知识的海洋里学会广征博采，勤奋笔耕。

今天，当我用虔诚的双手捧起这部沉甸甸的《旅顺日俄监狱旧址博物馆馆藏碑刻研究》时，深知其分量，因为这是几代人的真实记录，有国人的辛酸血泪和抗争，亦刻录着侵略者的法西斯暴政。

穿越历史的长廊，走近珍贵的文物，回顾和见证大连的近代历史，并将其通过碑刻研究的形式汇集于一书，而且包括中外碑刻研究，实属罕见，弥足珍贵。

旅顺日俄监狱旧址博物馆首任馆长 周爱民

2016年1月1日

前　言

　　碑刻是一个地区的政治、经济、文化、风土人情等方面的一个重要载体，是珍贵的历史文化遗产，是传承历史文化的有力物证。大连地区历史悠久，距今17 000年前的旧石器时代就有人类在此繁衍生息。随着大连地区人类文明的进步，经济的繁荣，文化的兴盛，自明清以来大连地区留下了大量碑刻，记载了大连地区悠久灿烂的历史文化。1880年以来，清政府为加强海防建设，开始在旅顺修建军港、建造船坞，兴办水师，使其成为北洋水师的重要基地。旅顺由一个渔村变成现代化的城市，来自内地的驻军、工匠、商人纷至沓来，文化源源不断地传入，大连地区出现了人文兴旺的新局面，当地军民树碑立传记载了那段辉煌的历史。

　　正当大连建设方兴未艾之际，1894年，日本发动了侵略中国的中日甲午战争，大连地区成为甲午战争的战场，日本侵略者在旅顺制造了骇人听闻的旅顺大屠杀，战争以清政府的失败而结束。随后，大连地区的悲惨命运接踵而来，1895年4月17日，清政府和日本签订《马关条约》将辽东半岛割让给日本。俄国联合法国、德国进行"三国干涉还辽"，日本被迫退出辽东半岛。1897年12月，俄国派军舰侵占了旅顺，以软硬兼施的手段，于1898年3月27日，强迫清政府签订《旅大租地条约》，俄国获得大连和旅顺的租借权。日本把俄国夺走辽东半岛视为"国耻"，"卧薪尝胆"，扩军备战。1904年日俄战争爆发，两个强盗国家在中国的土地上进行厮杀，大连人民深受战争的苦难，战争以俄国的投降而告终。1905年9月5日，俄日两国签订了《朴茨茅斯和约》，俄国将大连和旅顺的租借权转让给日本，从此大连地区受日本的殖民统治长达40年之久。

　　俄日侵略者对大连地区野蛮的侵占是一段沧桑和屈辱的历史，俄日殖民统治大连的黑暗时期，殖民者大肆进行殖民文化的宣传，妄图泯灭中华传统文化，在大连的土地上立起各式各样的异域文化的碑刻，碑刻在默默地诉说着苦难与悲歌。大连人民并没有屈服侵略者的奴役和压迫，为了争取民族的独立和自由，进行了不屈不挠的反抗斗争，他们立的碑刻上铭刻着可歌可泣的英勇故事。碑刻是传承大连历史文脉的载体，是大连历史发展的见证，是大连人民宝贵的文化财富。

　　旅顺日俄监狱旧址博物馆自1971年建馆以来，始终将碑刻的征集保护工作作为本馆的重点工作之一，尤其重视大连地区碑刻的征集、收藏、保护和研究工作。旅顺日俄监狱旧址博物馆的工作人员怀着对文物保护的高度责任感和历史使命感，在资金和人员十分有限的情况下，以满腔的热忱勤劳工作，他们不畏艰险，克服困难，积极寻觅散落在大连地区城乡村落、山间田野中被遗弃或者遭到破坏的碑刻。为抢救性地保护碑刻，工作人员不辞辛苦地将从大连、旅顺、金州、普兰店、瓦房店、庄河等地区采集到的碑刻运回馆内保管。

经过多年的努力，馆藏碑刻100余通，其中有5通碑刻为一级文物。为保护好碑刻，旅顺日俄监狱旧址博物馆将原监狱第七工场旧址，改造为专门用于存放碑刻的碑林库房。为了更好地发挥这些碑刻的宣传和教育作用，选取30余通具有重要历史价值的碑刻在"日俄侵占旅大物证展"展出，让广大人民群众可以欣赏到馆藏的精品碑刻，馆藏碑刻已经成为博物馆藏品的一大特色。

中国碑刻文化博大精深，源远流长。早在春秋时期就已经产生碑刻，在战国初期至中期的儒家经典中，就有关于碑的记载。《仪礼·聘礼》曰："东面北上，上当碑南陈。"对这一记载，东汉著名经学家郑玄注曰："宫必有碑，所以识日景（影），引阴阳也。凡碑，引物者，宗庙则丽牲焉以取毛血。其材，宫、庙以石，窆用木。"①但那时的石碑上没有文字，不具有纪念意义。后来，人们将刻有文字的石头称为刻石，亦称石刻。经过漫长的历史变迁，碑从最初没有文字的"竖石"原始碑，演化为刻有文字、有一定形制的碑，进而又经过漫长的演进和发展，逐渐繁衍成为一个成员众多、规模庞大的碑家族。如今我们通常所说的碑，包含有狭义和广义两种内涵：从狭义来讲，它只是许多石刻文字种类中的一种，是指那种刻有文字、经过精细磨制加工、有一定规格尺寸和形制的长方形立石；而从广义来讲，就如清代金石学家叶昌炽《语石》中所说的"凡刻石之文皆谓之碑"，泛指各种种类、形制的石刻文字，即凡石刻文字统称为碑。旅顺日俄监狱旧址博物馆馆藏的碑刻指广义的碑刻，本书按照碑刻和刻石的狭义定义来区分和具体介绍每通碑刻。

旅顺日俄监狱旧址博物馆馆藏的碑刻具有重要的历史价值、艺术价值、书法价值，其主要有以下三个特点。

1. 碑刻种类繁多，独具特色，地域文化突出

碑刻是一种记事文化，是承载文化内容的一种方式。碑刻具有刻载文字、记事、纪功、颂德、褒奖、警策、训谕、惩戒、昭示、纪念、禁约、抒怀、寄情、标识等多种功能。旅顺日俄监狱旧址博物馆馆藏碑刻以大连地区的碑刻为主，按照历史时期划分为明朝、清朝、俄国殖民统治时期、日本殖民统治时期、新中国成立后等，时间跨越400余年。按照国别划分为中国碑刻、俄国碑刻、日本碑刻等。按照碑刻种类划分，中国碑刻有宗教寺观碑、贞节碑、纪念碑、记事碑、地界碑等，俄国碑刻为数字纪年刻石，日本碑刻有日俄战争战迹碑、墓碑、植树纪念碑、人物功德碑、宗教碑刻、界

---

① 《仪礼注疏》卷二一，《十三经注疏（上册）》，中华书局影印本，1979年。

碑、记事碑、路标指引碑、公路景观刻石、混凝土标识等。俄日殖民统治大连时期的碑刻和日俄战争的战迹碑是馆藏的一大特色，这类碑刻在国内博物馆中较为少见。

宗教寺观碑刻在碑刻中占有重要的地位，是研究大连地区历史、宗教、文化和艺术的重要资料。馆藏的明嘉靖二十九年（1550）立《重修木羊城会安寺碑记序》碑，是研究明朝时期大连地区历史的实物资料。清同治七年（1868）立《重修太皇山真泉寺碑记》碑和民国十六年（1927）立《重修太皇山真泉寺碑记》碑，是清中期至民国年间旅顺地区佛教发展的缩影。清末重修水师营关帝庙捐款残碑和清光绪二十八年（1902）立重修水师营关圣庙碑，是旅顺水师营历史变迁的印记，其中，清末重修水师营关帝庙捐款残碑的碑文中有"宋庆、宋得胜、马玉昆、刘含芳、龚照玙、王仁宝、丁汝昌、林泰曾、刘步蟾"等清末官兵为重修水师营关帝庙碑捐款的金额，此碑对研究北洋海军在旅顺的历史有重要价值。清光绪三十二年（1906）立《创修天后宫序》碑，记述了旅顺天后宫住持僧心一和尚为反抗俄国殖民者侵占天后宫，誓欲与庙同煨烬的事迹，是大连人民反抗俄国殖民侵略的典型事例。贞节碑是中国古代对妇女守节、贤淑、义烈等事迹给予表彰的碑刻。清朝中期以后，在统治者的大力倡导下，竖立贞节碑盛行，大连地区也不例外。馆藏的清嘉庆二十二年（1817）立"旌表贞节"碑、清光绪十三年（1887）立"韩道亨之妻于氏贞节坊"碑、伪满康德九年（1942）立"志洁行芳"碑3通贞节碑，反映了清代中期至民国期间大连地区婚姻嫁娶的习俗，也是封建礼教对妇女迫害的见证。

纪念碑是为纪念某人的事迹或某一重要事件专门立的碑刻。近代以来，大连地区先后经历过甲午战争、日俄战争、俄日殖民统治时期。在特殊的历史时期中，产生了很多历史名人，这些人物在大连近代历史上有着重要的影响。清光绪二十年（1894）立"马统领"功德碑，是为纪念甲午战争前曾驻扎在旅顺的太原镇总兵马玉昆所立。在俄日殖民统治大连时期，大连的华人商会为了维护华人的利益，对华人乐善好施，救死扶伤。大连的华商组织和百姓为了纪念华商公议会的商界领袖，立了5通纪念碑，分别是民国十七年（1928）立《前大连公议会总理刘公纪念碑记》碑、日本大正十四年（1925）立郭君精义纪念碑、夏历丁丑年（1937）立故李公子明纪念碑、日本昭和十六年（1941）立故庞公睦堂纪念碑、伪满康德二年（1935）立徐公香圃纪念碑。日本昭和六年（1931）立清故和硕肃忠亲王之残碑，记载了肃忠亲王善耆在旅顺期间追随日本人搞"满蒙独立运动"的历史。伪满康德六年（1939）立民众学校设立者林公寿先纪念残碑，记载了旅顺龙王塘人林基满创办民众学校，向乡邻传播民族文化，进行爱国主义教育的故事。1951年立的"四二七"纪念碑，记载了1926年4月27日，满洲福纺株式会社的中国工人为了反抗日本资本家的剥削，在中国共产党的领导下，爆发了声势浩大的四二七大罢工并取得胜利的历史。

日本是中国一衣带水的邻邦，从大和时代到飞鸟时代，日本多次派遣使者到中国学习书法和碑刻文化，这一时期日本出现了碑刻。日本的碑刻文化受中国碑刻文化的影响，但是又独具特色。大连地区是国内遗留日本碑刻较多的地区之一，旅顺日俄监狱旧址博物馆也是收藏日本碑刻较多的博物馆，主要收藏日俄战争碑刻及日本殖民统治大连40年时期立的碑刻。

日俄战争碑刻是日本殖民统治大连40年间，为鼓吹日俄战争的胜利，宣扬日本军国主义，在日俄战争的战场、遗址等地方立的碑刻。馆藏的日俄战争碑刻主要有：俄国墓碑、日本宗教香炉刻石、日俄战争战场战迹碑、记事碑、题诗碑和路标指引碑等。从1908年开始，日本殖民者在大连地区日俄战争的战场遗址修建和竖立日俄战争碑刻。日本明治四十一年（1908）立"露兵之墓"碑是日本为在日俄战争中阵亡在旅顺的俄国官兵立的墓碑。日本明治四十一年立白玉山纳骨祠净手槽刻石、日本昭和十年（1935）立尔灵山和二龙山香炉刻石，是日本用来祭祀在日俄战争中阵亡的日本官兵的亡灵时使用。1916年，日本专门成立了满洲战迹保存会，负责日俄战争遗迹的管理和维护工作。此后，日本殖民当局开始在大连地区大规模立碑。馆藏的日俄战争战迹碑有：日本满洲战迹保存会立的日本大正五年（1916）立"旅顺港口闭塞"碑、日本大正五年立"第三军司令部驻营地"碑、日本大正五年立"乃木保典君战死之所"残碑、日本大正五年立"东鸡冠山第二堡垒"碑、日本大正五年立"攻城山"碑。日本其他机构立的碑刻，主要有日本大正七年（1918）立水师营会见所枣树下碑、日本昭和二年（1927）立"剑山"碑、日本昭和五年（1930）立"尽忠报国"之碑。日本昭和十年（1935）立《满洲军仓库记》碑，记述满洲军仓库在日俄战争期间发挥的作用及业务发展情况。日本昭和十二年（1937）立乃木希典金州南山题诗残碑，是将乃木希典在日俄战争期间题写的汉诗雕刻在石碑上。日本昭和四年（1929）立"白玉山"碑、"高崎山"路标刻石，是为参观者指示日俄战争战场的道路方向标识的碑刻。

在近代历史上，大连先后沦于俄国和日本的殖民统治之下。俄国和日本为维护殖民统治的需要，将殖民文化带入大连，为了炫耀殖民统治的"成果"，先后在大连地区立了一些具有俄式和日式风格的碑刻。这些碑刻记载了俄国和日本对大连地区的军事占领、政治压迫、经济掠夺、司法统治、文化渗透等。俄国的碑刻为俄军兵营——1899数字纪年刻石。日本的碑刻中，包括植树纪念碑、日本宗教碑刻、地界碑、人物功德碑、纪念碑、景观碑等。植树纪念碑，主要有日军"纪念植林"残碑，日本昭和十三年（1938）立日本军营植树碑刻，"关东都督府造林境界标"混凝土标识，伪满康德元年（1934）立伪"满洲国建国纪念植林"碑。地界碑刻石，分为民国七年（1918）立"复县界"的边界碑，日本明治四十一年（1908）立"旅顺要塞第一、第二、第三地带"混凝土标识，旅顺监狱"刑用地"界的区域界桩混凝土标识。日本所立人物碑，主要有日本昭和十三年（1938）立小村寿太郎碑和日本昭和十八年（1943）立大连昭和高等女学校高冢原一碑。日本宗教碑刻，主要有日本关东神宫浮雕嘲风的日本神道教刻石和日本大正八年（1919）立大连"碧山庄"万灵塔的日本佛教碑刻。景观刻石，包括"旅大八景蔡大岭"刻石和"旅大八景玉乃浦"刻石。记事碑，为伪满康德六年（1939）立日伪军"靖安游击队五勇士战死之地"碑。

2. 碑刻样式丰富，造型美观，具有很强的艺术魅力

碑刻结构一般由碑额、碑面、碑座三部分构成。碑额又称碑首、碑头，指碑的头部，也包括碑头的文字和装饰性图案。碑额是题写碑名的地方，碑名常用篆书，故又称"篆额"，倘用其他字体，通常称为"额题"。有些碑额四周有纹饰，除青龙、白虎、朱雀、玄武四灵之外，还有仙人或祥禽瑞兽。碑额的造型有尖、有方、有圆（半圆），等级较高的碑头为螭龙纹，数目有二、四、六不等，交相盘绕，称为螭首。有圆雕、透雕和深浮雕。两条螭龙往往在碑额正上方托起一颗火焰宝珠，称为"二龙戏珠"。碑刻的主体称碑面，亦称碑身，碑面有正面、背面、侧面。正面称碑阳，是碑额下面的一段石板，多镌刻碑的正文。正文包括前段的叙辞和后端的铭辞，合称碑铭。背面称碑阴，碑阴大多数雕刻文字或图案。碑阳和碑阴镌刻文字的地方叫碑版，碑版的边框有的空白，有的雕刻花纹图案。碑刻的两侧称为碑侧。碑文一般是从右向左，靠近碑文第一行的侧面称右侧，靠近碑文末行的侧面称左侧。碑座有正方体、长方体，有须弥座。一块完整的碑刻就是一种造型艺术作品。碑座、碑身、碑额与各种碑刻上的文字、图案有机结合，显示着一种造型美，体现了一种艺术情趣。

旅顺日俄监狱旧址博物馆碑林库房，仿佛是一座碑刻的艺术殿堂，可以供人领略碑刻文化的博大精深和巨大魅力，馆藏的中国碑刻、俄国刻石、日本碑刻大小迥异，形态各异。馆藏的《重修木羊城会安寺碑记序》碑、《重修太皇山真泉寺碑记》碑、重修水师营关圣庙碑、贞节碑等明清时期碑刻多呈扁长方形，碑版和碑额连为一体，碑版的碑文两侧雕刻精美的回形纹、卷云纹和花篮、莲花、宝剑、祥云、葫芦等暗八仙图案，古朴浑厚，具有典型中国传统碑刻的风格。清末重修水师营关帝庙捐款残碑的碑额已失，碑阴雕刻为此碑捐款的人名及数额，其他均未提及，较为少见。《创修天后宫序》碑为半圆首、螭魅戏珠图案，在视觉上能给人以圆润和谐的美感。《前大连公议会总理刘公纪念碑记》碑、故李公子明纪念碑、故庞公睦堂纪念碑、徐公香圃纪念碑为民国时期所立的纪念碑刻，由碑额、碑身、碑座组成，整体石碑通高达2米以上，碑版雕刻文字，碑文两侧均刻有菱形花纹和暗八仙图案。碑额为透雕的四孔二龙戏珠图案，盘错交尾，栩栩如生，惟妙惟肖。郭君精义纪念碑为石碑楼，碑阳和碑阴的石柱两侧雕刻楹联，左右两侧雕刻有精美的花卉图案，充分显示出碑主的显赫地位。"四二七"纪念碑，呈方柱形，碑阳上方装饰有五角星图案，碑文中使用标点符号，具有典型的现代碑刻的风格。

馆藏的俄国和日本碑刻的样式多样、造型独具特色。俄军兵营刻石——1899，呈圆形，阳刻纪年数字。"露兵之墓"碑是日本为俄国阵亡军人立的墓碑，呈十字架形，为基督教墓碑风格，碑额为俄文字母，碑阳为日文汉字，此碑是俄文和日文混合的碑刻。馆藏的日本碑刻图案较少，基本上以文字为主。"旅顺港口闭塞"碑、水师营会见所枣树下碑、"剑山"碑等战迹碑，碑身内部有凹槽，碑文雕刻在凹槽内部。"第三军司令部驻营地"碑呈长方锥形，带有明显军事碑刻风格。白玉山纳骨祠"奉纳"净手槽刻石、尔灵山香炉刻石、二龙山香炉刻石，多呈长方形，三侧雕刻有文字，具有浓郁的日本宗教文化色彩。"白玉山"刻石呈方柱状，四侧刻文字，顶端有东西南北方向指示标识。高冢原一先生之碑的碑额和碑身连为一体，碑额为篆体，带有碑座，同中国碑刻的风格相近。乃木希典金州南山题诗残碑，将原诗雕刻在一块长340、宽186厘米的青石凹槽内。万灵塔碑四侧雕刻有文字，带有碑帽，高354、宽122、厚60厘米，重约10吨，其高度和重量在大连的碑刻中居首位。馆藏的"旅大八景蔡大岭"刻石和"旅大八景玉乃浦"刻石，使用不规则形状的天然石材雕刻文字。关东神宫嘲风浮雕呈五边形，浮雕正面雕刻着栩栩如生的嘲风。

3. 碑刻中有近现代名人的题字、书丹、雕刻，别具一格，文化底蕴深厚

碑刻上的文字和图案一般是由几个人共同完成的，即撰文者、书丹者和镌刻者。撰写碑文的人地位越高、名气越大，碑的等级也就越高。所谓"书丹"，就是用毛笔蘸着朱砂写在碑版上面。朱砂是红色的，故称为"书丹"。用朱砂的原因有二，一是朱砂稳定性好，写到光滑的碑版上不流走扩散，能真实再现撰文字体的笔画风采；二是红色清晰、醒目，与碑版石面色彩反差较大，更便于镌刻。碑文最终是由石工完成的。刻碑的工匠称"刻工""碑工""碑匠"。书丹之后，便由刻工镌刻成文。刻工的技艺高低直接影响到书法艺术的效果。有的碑刻好后，还要填上朱砂。如果是大字，则用双钩之法，先钩出轮廓，再施镌刻。碑文落款处往往有刊石人姓名或者刻石人姓名。镌刻有阳刻、阴刻之分，阴刻将文字笔画刻入石面，文字凹陷，阳刻是凿无笔画的石面，使文字笔画凸起。碑刻铭文绝大多数是阴刻。

旅顺日俄监狱旧址博物馆馆藏碑刻的碑文中有楷书、隶书、篆书、行书、草书等字体，不少碑文由近现代的文化名人题写，由技艺精湛的石匠雕刻，通过墨拓于黑白之间的拓片可以领略近代书法家风范和石工的精准技艺。馆藏《创修天后宫序》碑，由清末大连文化名人乔德秀撰文；清故和硕肃忠亲王之残碑由近代金石学家罗振玉撰文，辽南著名画家李西刻字；郭君精义纪念碑的碑记由辽阳名人袁金铠撰文，吉林书法家成多禄书丹；故庞公睦堂纪念碑的碑记由清光绪甲辰进士江苏常州王季烈撰文，山东莱阳县邑庠生尹拙安书丹，山东掖县王仁和石工雕刻；徐公香圃纪念碑的碑记由谢延麒书丹；故李公子明纪念碑由江苏武进蒋武租撰文，山东烟台杜其中书丹；《前大连公议会总理刘公纪念碑记》碑由江苏周善培和周嗣培撰文。

馆藏的碑刻中也有不少的日本军官、政治人物、僧侣等人题写碑文和书丹，金州南山题诗碑由日本陆军大将乃木希典题写，"剑山"碑由日本陆军大将白川义则题写，"东鸡冠山第二堡垒"碑由日本陆军大将、男爵土屋光春题写，"第三军司令部驻营地"碑由日本陆军中将白井二郎题写，"攻城山"碑由日本陆军中将丰岛阳藏题写，"尽忠报国"之碑由日本陆军少将三宅光治题写，郭君精义纪念碑由关东厅长官儿玉秀雄题写，小村寿太郎碑由南满洲铁道株式会社总裁松冈洋右撰写，万灵塔碑碑阴由日本僧侣释宗演书丹，从这些碑文中可以看到日本人的书法风格。

旅顺日俄监狱旧址博物馆馆藏的碑刻记录着大连地区明清以来文化发展的印迹，铭记着近代俄日帝国主义国家对大连的殖民侵占，镌刻着近代大连人民不屈不挠地反抗殖民者的斗争历史。这些碑刻是珍贵的历史文化瑰宝，也是进行爱国主义教育的有力物证。为了加强对馆藏碑刻的学术研究，旅顺日俄监狱旧址博物馆组织馆内的研究人员对馆藏碑刻进行筛选，精心挑选出40余通具有代表性的碑刻，配有碑刻的照片、拓片及相关的历史图片，与各自相关的碑文对照，考证碑刻的来龙去脉、探寻碑刻的历史价值，让碑刻来述说历史，让碑刻来告诉人们那段鲜为人知的故事。

凡　　例

1. 本书所选的碑刻，均为旅顺日俄监狱旧址博物馆馆藏。

2. 本书所选的碑刻，不仅有石碑，还有部分刻于石头上的刻石和混凝土标识，它们均列入本书范围之内。

3. 本书所选碑刻，首先按照类别划分，其次以种类区分，再次以年代先后为序。年代不详的，根据碑文所反映的年代背景统筹安排于同类碑刻之中。

4. 碑刻的标题，依照碑刻上原作标明，一般不做大的改动；原作无标题的，根据碑刻的内容和年代，由编者自拟。

5. 碑刻按碑文原文字抄录，为了方便读者阅读，均改为横排。碑刻上文字不清楚的或缺失的，以"□"代替，不清楚缺失多少字的，以"……"代替，行与行之间的界限也进行标明，以"』"符号进行提示。碑刻上日文的碑文皆按原文抄录，不做改动。

6. 为了适应一般读者的阅读习惯，除了书中特别注明之外，对引用的资料均采用页下注释。

目 录

序	(i)
前言	(iii)
凡例	(x)

第一章 宗教碑刻与贞节碑 .... (1)
  一 《重修木羊城会安寺碑记序》碑 .... (3)
  二 《重修太皇山真泉寺碑记》碑 .... (11)
  三 重修水师营关帝庙捐款残碑与重修水师营关圣庙碑 .... (22)
  四 旅顺《天妃庙》残碑与《创修天后宫序》碑 .... (39)
  五 "旌表贞节"碑 .... (51)
  六 "韩道亨之妻于氏贞节坊"碑 .... (56)
  七 "志洁行芳"碑 .... (61)

第二章 纪念碑 .... (69)
  一 "马统领"功德碑 .... (71)
  二 《前大连公议会总理刘公纪念碑记》碑 .... (77)
  三 郭君精义纪念碑 .... (84)
  四 故李公子明纪念碑 .... (94)
  五 故庞公睦堂纪念碑 .... (100)
  六 徐公香圃纪念碑 .... (108)
  七 清故和硕肃忠亲王之残碑 .... (114)
  八 民众学校设立者林公寿先纪念残碑 .... (123)
  九 "四二七"纪念碑 .... (129)

第三章 日俄战争碑刻 .... (137)
  一 "露兵之墓"碑 .... (140)
  二 白玉山纳骨祠"奉纳"净手槽及"白玉山"刻石 .... (145)
  三 尔灵山香炉刻石 .... (157)
  四 二龙山香炉刻石 .... (165)
  五 "旅顺港口闭塞"碑 .... (170)
  六 日本"第三军司令部驻营地"碑 .... (177)
  七 "攻城山"碑 .... (186)

八　"东鸡冠山第二堡垒"碑……………………………………………（196）
　　九　"乃木保典君战死之所"残碑……………………………………（206）
　　十　水师营会见所枣树下碑…………………………………………（211）
　　十一　"剑山"碑………………………………………………………（219）
　　十二　日军"尽忠报国"之碑…………………………………………（225）
　　十三　《满洲军仓库记》碑……………………………………………（233）
　　十四　乃木希典金州南山题诗残碑…………………………………（243）
　　十五　"高崎山"路标刻石……………………………………………（252）

第四章　俄国和日本殖民统治时期碑刻……………………………（259）
　　一　俄军兵营刻石——1899…………………………………………（261）
　　二　日军"纪念植林"残碑……………………………………………（265）
　　三　"关东都督府造林境界标"混凝土标识…………………………（272）
　　四　伪"满洲国建国纪念植林"碑……………………………………（278）
　　五　《植树记》碑………………………………………………………（287）
　　六　"旅顺要塞地带标"混凝土标识…………………………………（292）
　　七　旅顺监狱"刑用地"界桩混凝土标识……………………………（302）
　　八　"复县界"碑………………………………………………………（305）
　　九　小村寿太郎碑……………………………………………………（310）
　　十　高冢原一先生之碑………………………………………………（320）
　　十一　大连"碧山庄"万灵塔碑………………………………………（328）
　　十二　关东神宫嘲风浮雕……………………………………………（340）
　　十三　"旅大八景蔡大岭"和"旅大八景玉乃浦"刻石………………（349）
　　十四　日伪军"靖安游击队五勇士战死之地"碑……………………（354）

附录……………………………………………………………………（363）
后记……………………………………………………………………（371）

第一章　宗教碑刻与贞节碑

宗教碑刻是立在庙宇的碑，是建庙、修庙的纪念碑，内容主要为庙宇修建的时间、经过及维修的时间、住持姓名、地理环境、规模格局等。碑后常附有集资者的姓名、官职和捐资金额等。明清时期，大连地区社会稳定，经济文化得到了前所未有的发展，随着大量中原移民的流入，汉族的文化传统进入大连地区，教育蔚兴，文风兴起，进入历史上文化鼎盛发展时期。这一时期，大连地区宗教兴盛，佛教、道教广为传播，居民信仰之风大盛，遍布城乡的宗教活动场所香火不绝，很多百姓对寺庙和道观进行修补或重建，立碑记事，以垂示后人。

近代以来，大连地区历经战火兵燹，成为中日甲午战争和日俄战争的战场，战火使寺庙多被破坏，寺庙的碑刻也被砸碎和毁坏。因而，旅顺日俄监狱旧址博物馆保存的宗教碑刻弥足珍贵。目前，馆内保存有明嘉靖二十九年（1550）立《重修木羊城会安寺碑记序》碑、清同治七年（1868）立《重修太皇山真泉寺碑记》碑、民国十六年（1927）立《重修太皇山真泉寺碑记》碑、清末重修水师营关帝庙捐款残碑、清光绪二十八年（1902）立重修水师营关圣庙碑、清光绪三十二年（1906）立《创修天后宫序》碑等。

明洪武四年（1371），明朝皇帝朱元璋任命马云、叶旺为定辽都卫指挥使，率领10万大军由山东登州乘船渡海一帆风顺抵达狮子口，因旅途顺利，遂将狮子口改为旅顺口。明代加强对大连地区的管理，实行军事建制，设卫所，卫所下设万户、千户。明洪武八年（1375）建金州卫，明洪武十四年（1381）建复州卫。此后，大连地区人口增加，经济发展，社会稳定。明嘉靖二十九年（1550），当地官员和百姓在木羊城立《重修木羊城会安寺碑记序》碑，祈求平安，明代大连地区遗留的碑刻较为稀少，此通碑刻的碑文中有当时驻守大连地区官吏、百姓的姓名，较为珍贵，对研究大连地区的明代历史具有重要的价值。

清初，为了恢复辽东地区的经济，清顺治十年（1653）正式颁布《辽东招民开垦则例》，使来自山东、河北等地的大量汉族移民进入大连地区。到清乾隆四十六年（1781），金州、复州两地人口增加到11万人，人口的增加带动经济发展和文化传播，使此二地成为辽东地区人文荟萃之区。大连地区百姓的佛教信仰和道教信仰盛行，修建了很多的寺庙和道观，多立宗教碑刻。太皇山真泉寺位于大连市奶牛场镇泉寺村太皇山西沟，环境优美，景色宜人。自唐朝以来香火不断，后经战乱破坏，当地百姓为祈求神灵的保佑，于清同治七年（1868）重修太皇山真泉寺并立碑记，其寺庙是清代辽南地区的八大寺庙之一。真泉寺在1904年的日俄战争中遭到破坏，民国十六年（1927），当地居民和商号集资对真泉寺进行了大规模的修缮并立碑纪念。

清康熙五十四年（1715），清政府为加强海防，在旅顺设立水师营，同时修建关帝庙。1880年，清政府开始在旅顺修建海防工程。随着旅顺的开发建设，北洋海军的官兵、工匠、商人、百姓云集于此，对原来年久失修的水师营关帝庙进行重修，并立重修水师营关帝庙捐款碑。1894年爆发中日甲午战争，旅顺成为战场，关帝庙被炮火毁坏，清光绪二十八年（1902），当地百姓重修水师营关圣庙，并立碑。

1898年，俄国通过强迫清政府签订《旅大租地条约》，攫取大连和旅顺的租借权。随后，俄国殖民者在旅顺地区大兴土木，修建军事要塞。清光绪三十二年（1906）立《创修天后宫序》碑，记述了旅顺天后宫住持僧心一和尚为反抗俄国殖民者侵占天后宫誓欲与庙同煨烬的事迹，迫使俄国殖民者交纳拆迁费，另选地址建庙的历史。心一和尚抗争俄国殖民者的事迹可歌可泣，值得赞颂。

明清时期，政府对13～50岁守节的妇女立牌坊或者免除其赋税和各种徭役。家族为了名誉和利益，把妇女的守节作为实现"价值"的最简单方式。对妇女贞节信仰几近于宗教信仰，成为一种无形又巨大的精神压迫。二十世纪七十年代，大连地区的大部分贞节碑被毁，保存不多。旅顺日俄监狱旧址博物馆藏有3通贞节碑，分别是清嘉庆二十二年（1817）立"旌表贞节"碑、清光绪十三年（1887）立"韩道亨之妻于氏贞节坊"碑、伪满康德九年（1942）立"志洁行芳"碑。这3通贞节碑分别是清朝中期、晚期及民国时期所立，具有各个时期的代表性。清朝中、晚期大连地区已经基本实现汉化，当地的旗民普遍使用汉字和汉语，从贞节碑的文字普遍使用汉字上可见一斑。贞节碑主要由立碑时间、碑主、设立者及碑文组成。碑主为女性，设立者为碑主的子孙后代。碑文多为称颂碑主恪守孝道、贞节的事迹。

一 《重修木羊城会安寺碑记序》碑

汪 旻

《重修木羊城会安寺碑记序》碑,明嘉靖二十九年(1550)农历四月初八立。辉绿岩质地,高200、宽67.5、厚15.5厘米。呈长方形,上端抹两角,下部呈倒梯形榫卯。碑阳额横题阴刻楷书"重修碑记"四字,双线勾勒,碑阴额横题阴刻楷书"慧灯

《重修木羊城会安寺碑记序》碑

《重修木羊城会安寺碑记序》碑碑阳拓片

《重修木羊城会安寺碑记序》碑碑阴拓片

不灭"四字，碑文17行，满行50字，碑文四边雕刻波浪形行云流水纹。碑阳碑文记述重修会安寺和立碑之情况，碑阴碑文则记录捐款人的姓名，碑座遗失。1956年，进行第一次全国文物普查时，在旅顺口区张家村发现此碑，当时该碑放置在室内，附近还有两尊残石佛。1961年文物普查时，该碑所存放的场所已变成生产队的仓库，当时碑放在仓库的西屋，碑阳朝上，原有的两尊石佛只剩下一尊。1973年再次进行文物普查时，该碑已成为当时生产队鸡舍的砌墙石，碑阳朝外。2001年，旅顺口区进行文物普查时，该碑被平放在生产队废弃仓库前，碑阴朝上。为了妥善保管，2002年该碑被运回旅顺保管，后藏于旅顺日俄监狱旧址博物馆。

碑阳额

重脩碑記

碑阳

重脩木羊城會安寺碑記序』
余閱金州古旅順口城地名鉄山木羊城有一寺名曰會安寺者乃剏立梵刹也且以我』佛言之妙慈光於莫測有如乾坤之大造而消息之理寓焉應聖□以难言有若日月之中天而盈盈之存焉故語其大且顯者其』大無外而天下莫能載語其小且隱者無内而天下莫能敝神機妙用無得而窺其朕兆睿德明音烏能而測其涯誒我』國家誕膺景運撫握瑶圖華夷帰一統之隆六合有同春之慶夫是佛者乃三教中之一耳亦釋典之所載也豈有不重者乎盖有』佛必有□有□必有□有□必有□三者缺一不可也所謂盖寺者有僧晨昏侍奉香火誦經唱呪供燭燃香無時不用焉故惟至』誠是以感神者此也此寺剏立於弘治九年月值仲秋有祖師廣惠圓空功德主善友鄭能立心正大智慮過人者共弅誠心募』緣資助以董厥事于焉歡欣踊躍各捐財帛輪金卜日鳩工餙材營作起盖殿宇塑相園隆到今五十余年矣凡爲僧者各得其』道夙夜匪懈之不憚其勞而勤惕之心豈不倦哉故有僧人悟澤謹同衆僧善士人等仍弅誠心各施貲財竪立碑記昔者文王』灵臺之作周公洛邑之成不過如此之速□善彷佛乎古人之軌轍矣于是磨光刮垢百廢俱興殿宇森然門壁齐肅炫耀乎八』方樓閣洞達乎四表一□金耀輝煌精營快目信足以妥佛之灵而歆佛之慶也況此規模氣象比隆於往潤□光輝盛麗於前』時凡居民過客寧不爲之改觀乎其功不既偉哉若我僧善之令閑雅望愚素重之觀夫今日之成功建業是有其驗而取信於』人如此豈不來斯民之稱頌也哉嗚呼佳期美景時难再遇盖千載之奇逢也乃以僧衆善士之諸不揣草茅卑陋遂爲之贅以』昭夫不朽云是爲之序』
呰』南致頭 北致頭』東致大山 西致海』大明嘉靖二十九年歲次庚戌四月初

八吉旦 旅順觀音寺耆舊住僧續明撰 僧人悟澤等立石 鐫碑石匠吳月 吳名』
助緣善士鄭昂 鄭德高 刘勝 繆王芦制』

碑陰額

慧燈不滅

碑陰

欽』
致仕千戶陳洗 韓旭 顧豪 許繼宗』捕□指揮郭承恩』管花指揮曹琦』金州衛掌印指揮徐恩』依備禦指揮張勳』守旅順口城千戶徐福』掌印千戶佘應奎』管屯千戶衡端』百戶李朝用 吳英 余澄 鄭聰 成宦 邵天衢』
各寺僧行明聰 明升 惠宝 悟特 明秀 悟清 悟劫 真行 明淨 真得 惠海 明道 明照 縝德 明金 宗浩 真湧 真宝 真湶 悟潮』
本寺僧明見 明惠 明安』
住持興釗 宗英』
鑄像善友范和上 徐欽 韓清
捨財舍人陳洪 陳釗 陳月 陳甫 蔣住 蔣洪 蔣峯 衡見 顧茂 陳杲 陳弼 刑住 刑文 貫金 陳□□ 張住 陳□ 賈瓊□ 蔣□□ 陳鐸 陳得 陳住 陳剛 許奉 刑勝 許蒿 吳惠 陳惠 周杲 陳仲□ 陳仲河 董文 韓經 陳□ 范良臣 張文賢 陳文才 蔣文朱 廣 干佐 陳淮 陳珣 韓仲義 陳秀 陳貴 刑□ 刑□ 賈□文 陳勳□ 張秀 韓信 刑志琦 』
廚子□□ □春 鉄匠董鐸 董□□□ 木匠刘勝 陳位 畫匠周英 馮生 庚海 □士 吳大正 刘凱 廖海 □□□ 余俊 秀才刘添錫』
捨財善士丁安 蔣景□ 趙寬 朱□ 李瓚 葛慶勝 李珣 張朝 聶成 張義 張□ 吳寬 吳□ 廖□ 刘見 吳昇 吳昂 袁□ 廖□ 繆仲銘 張德 張宝 周海 蔣正 汪達 田勝 范浩 范元 范隆 廖海 鄭朝 蔣清 秦見 蔣潤 張俊 □□ 石能 □□ 范朝 范仲舉 陳原 陳有金 梁仲文 李文仲 熊景聰 范其 張名 袁□ 蔣□ 蔣升 蔣端 蔣景 蔣珣 尋甫 尋英 陳運 蘇□ 張月 韓住 李用 陳洗 陳惠 周惠 張彪 陳峻 郭成 吳求成 范良□ 范良時 聶仲□ 聶仲□ 聶仲□ 范勝 范啓 □仲□ 王□□』
信士鄭通江 鄭文達 鄭□ 鄭文通 鄭文浩 鄭文淨 鄭文□ 鄭奉 鄭□ 鄭琦 鄭珣 鄭文□ 鄭乃 陳保□ 蔣浩』
渡碑人徐海 徐河 間才 李良住 李良廣 李良臣 李良甫 董錫 董倫 徐汎 徐祥 王洪 徐得勝 韓伏 □□ 程□ 史廣』
客人□□ □達 趙□ 汪四 張三 田清 馬倉 刘世千 □仲□ 徐聰』

捨財信女 陳門周氏 吳門蔣氏 徐門張氏 周門陳氏 韓門王氏 蔣門陳氏 蔣門徐氏 繆門吳氏 鄭門秦氏 趙氏 蔣氏 吳門徐氏 范門劉氏 陳門中氏 繆門孫氏 蘇門芦氏 馮門芦氏 蔣門芦氏 陳門付氏』

賈氏 于氏 范氏 聶門吳氏 □□□□ □□□□ 刑門杜氏 蘇門陳氏 朱門賀氏 張門朱氏 周氏 秦氏 吳氏 劉門陳氏 梁氏 衡氏 石門陳氏 王門張氏 陳門劉氏 朱門張氏』

范氏 張氏 □□□□ □□秦氏 徐門蔣氏 劉門□氏 □氏 吳門楊氏 王氏 史氏 刑門李氏 賈門李氏 丁氏 張氏 □氏

碑文注释

梵刹：佛寺。乾坤：象征天地、阴阳等。盈盈：形容清澈。朕兆：兆头。六合：指上下和东西南北四方，泛指天下或宇宙。至诚：极为诚恳。弘治九年：1496年。仲秋：秋季的第二个月，即农历八月。卜日：选择吉日。夙夜：早晨和夜晚，泛指时时刻刻。旹：同"时"。吉旦：吉日，佳日。耆：60岁以上的人。岁次：中国古代传统表示年初的用语。庚戌：为中国传统干支之一，本文指庚戌年，即1550年。钦：指古代皇帝亲自所做。

牧羊城的城墙遗址

《重修木羊城会安寺碑记序》碑，原址位于旅顺口区铁山街道张家村泉水眼屯，距老铁山西麓一里许（约500米），两地相距甚近。木羊城亦称牧羊城，位于今旅顺口区铁山街道牧羊城村刁家屯南台地上，具体的兴建年代已无从考证。清乾隆四十九年刊印的《盛京通志·卷十五·城池》记载："木羊城，城西南一百五十里，周围

牧羊城城址

二百五十四步。门一。以上诸城，建置年月无考。"[1]自战国晚期牧羊城地区就筑有土城，并且它也是辽南地区著名的汉代古城遗址，该城址呈长方形，南北长132米，东西宽82米。墙基为石筑，墙体用土筑。城北墙中间有一个宽12米的缺口，估计是城门，文献记录与实际情况基本相符。而牧羊城东南倚老铁山，西临渤海，为辽东半岛最南端的沓津城址之一，是渤海南下和山东半岛北上舟楫往返的重要口岸，地理位置十分重要[2]。

从碑文中我们可以得到关于会安寺的众多信息，主要包括以下几点内容。一是关于会安寺的始建时间，会安寺建于明弘治九年（1496）农历八月，明嘉靖二十九年（1550）重修，从始建到重修已历时54年。二是关于会安寺僧人悟泽的地位如同住持僧，从碑文"故有僧人悟泽谨同众僧善士人等乃发诚心各施资财竖立碑记"可知，会安寺的僧人悟泽很有可能就是会安寺的住持，至少悟泽的地位比其他僧人的地位高，并且在碑记最后刻有"僧人悟泽等立石"的字样，将悟泽的地位与"旅顺观音寺者旧

---

[1] 吕耀曾等：《盛京通志·卷十五·城池》，清咸丰二年（1852）年重印本，第12页。
[2] 《大连通史》编纂委员会编：《大连通史（古代卷）》，人民出版社，2007年，第184页。

住（持）僧续明"并列，说明会安寺僧人悟泽在众僧人中地位超然。三是当时儒释道三教互相影响。该碑记中"佛者乃三教中之一耳"，指出佛教的重要性，并与其他两教并重。不仅如此，还指出了佛教在国家"华夷归一统之隆，六合有同春之庆"的过程中有着重要的历史作用，因此，有"释典之所载也，岂有不重者乎"之叹。四是从碑文中可见佛教在大连地区的影响力还是不如儒学。一般来说，在这种重修佛教寺院的碑记中，既然要引用经典，必然是引用佛学经典故事，然而碑记中指出会安寺修建速度之快，引用的例子居然是"昔文王灵台之作，周公洛邑之成，不过如此之速"，可见还是儒学文化更为大众所普遍接受，其影响力远远超过佛教。

二 《重修太皇山真泉寺碑记》碑

崔再尚

旅顺日俄监狱旧址博物馆藏有两通《重修太皇山真泉寺碑记》碑，分别是清同治七年（1868）《重修太皇山真泉寺碑记》碑和民国十六年（1927）《重修太皇山真泉寺碑记》碑，这两通碑是1991年6月4日旅顺日俄监狱旧址博物馆从大连市奶牛场镇泉寺村采集。

清同治七年（1868）《重修太皇山真泉寺碑记》碑，浅黄色板岩质地，高164、宽67.5、厚14厘米。呈长方形，上端抹两角，碑文14行，满行32字，阴刻楷书，由王士敏撰，刘建行镌刻。碑阳额横题"佛日增辉"四字，双钩楷书。碑阴额横题"万善同归"4字，双钩阳刻楷书，四周雕刻回形纹图案，碑文4行，满行42字，为捐款人姓名和商号名，共有69位人士和商号捐赠。碑文的落款时间为清同治七年荷月中浣，即1868年农历六月中旬。

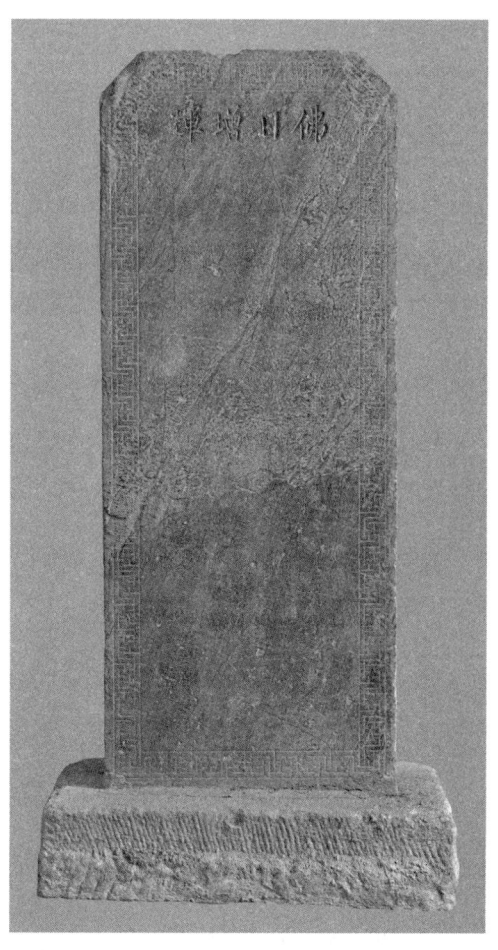

清同治七年《重修太皇山真泉寺碑记》碑

清同治七年《重修太皇山真泉寺碑记》碑碑阳拓片

清同治七年《重修太皇山真泉寺碑记》碑碑阴拓片

民国十六年（1927）《重修太皇山真泉寺碑记》碑，灰色石灰石质地，高202、宽71、厚17.5厘米。呈长方形，上端抹两角，碑文20行，满行51字，阴刻楷书，碑阳额横题"万善全皈"四字，双钩楷书。碑阳四边雕刻有花篮、莲花、宝剑、祥云、葫芦等暗八仙图案，具有吉祥的寓意。碑阴额横题"万古流芳"四字，双钩楷书，四周刻有回形纹图案。立碑时间为中华民国拾陆年桐月中浣即1927年农历三月中旬。

民国十六年《重修太皇山真泉寺碑记》碑

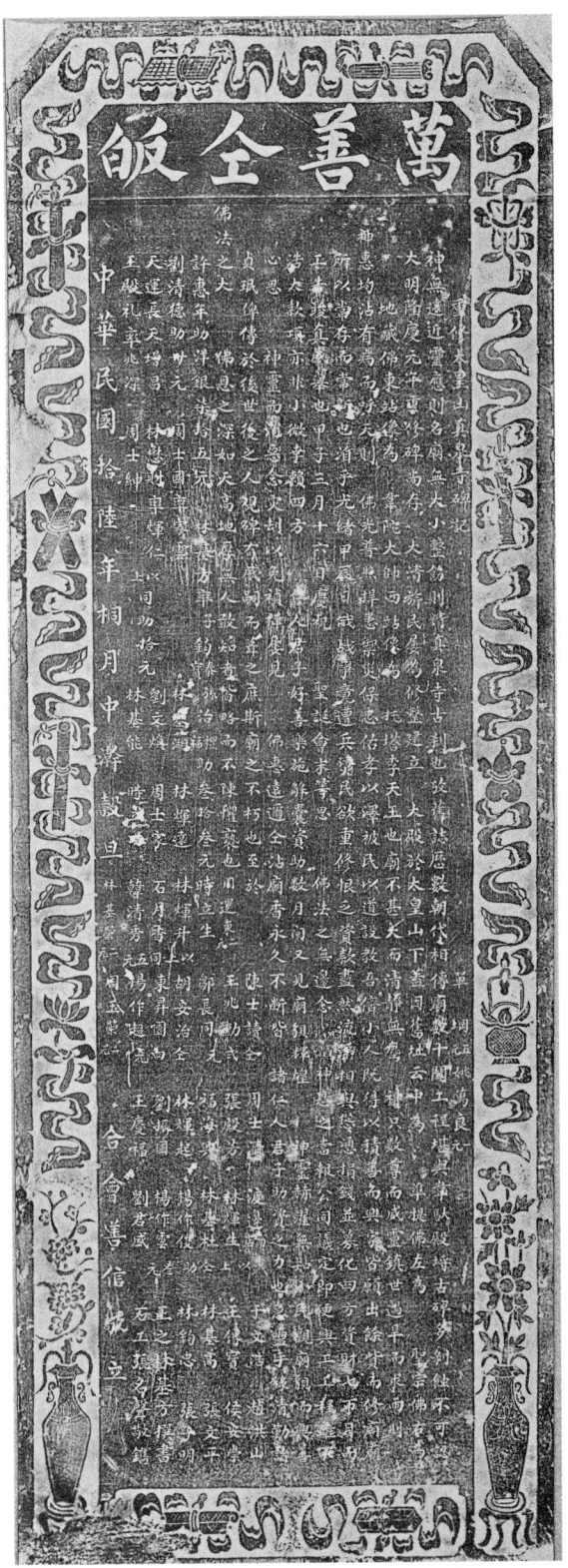

民国十六年《重修太皇山真泉寺碑记》碑碑阳拓片

民国十六年《重修太皇山真泉寺碑记》碑碑阴拓片

碑阳额

佛日增輝

碑阳

重修太皇山真泉寺碑記』
當夫洪荒未辟草昧未開亦不過渾噩之世而已以自有神聖以來宇宙始覺』煥然矣吾儕小人求則必應祈則必靈和風甘雨以濟羣生此皆神聖之功』佛法之力也是以先世之人民同欽聖德因廟宇故址共立草菴至今又殘缺矣』於是衆等有所感發非不欲重修廟宇以壯厥觀無奈人民寡少田土褊窄雖欲興』古為新力又有所未及也是以立一小菴非敢云報神聖之恩聊以盡小民之』心耳故重新佛堂以誌於不朽云』
會末林懋輝 劉天文 林永常 侯樂寬 林永隆』周宏 林永仁 劉天德 □□□ 侯和□』□□□ 林永惠 林永盛 林懋功 周學思 林永裕』林懋檀 林永學』
遜之王士敏撰書』石工劉建行鐫』
大清同治七年荷月中浣穀旦敬立』

碑阴额

萬善同歸

碑阴

吳貴 柳清論 叢天容 周振廣 林永增 侯素安 侯素珍 王鳳 王緒本 王昌令 劉永發 劉天有 劉天官 邵有盛』
三興館 周學廉 周學熹 周學劭 劉國琳 杜廣德 杜廣芝 杜廣順 杜仲生 陳士鼇 于孔何 于持經 楊培遠 王士論』
于世德 楊永清 楊永茂 劉得志 同盛號 大房店 玉豐號 裕盛號 重興館 德昌號 天德號 楊培厚 義和號 太生號』
蘭成德 刘學孔 范一桂 于志有 劉學遠 王愷福 曲殿功 王加祿 徐士海 吳英』

碑阳额

萬善仝皈

碑阳

重修太皇山真泉寺碑記』

神無遠近靈應則名廟無大小整飭則精真泉寺古剎也玫舊誌歷數朝代相傳廟數十間工程堪與韋馱殿垺古碑多剝蝕不可認』大明隆慶元年重修碑尚存大清旂民屢為修整建立大殿於太皇山下蓋因舊址云中為準提佛左為聖宗佛右為』地藏佛東站像為韋陀大帥西站像為托塔李天王也廟不甚大而清靜無塵神只數尊而咸靈鎮世遇旱而求雨則』神惠均沾有病而呼天則佛光普照捍患禦災保忠佑孝以澤被民以道設教吾僑小人既得以積善而興家皆願出餘貲而修廟廟』所以常存而常新也洎乎光緒甲辰日俄戰爭竟遭兵燹民欲重修恨乏資款盡然流涕相與慫憑捐錢並募化四方資財七帀月而』工告竣真盛舉也甲子三月十六日慶祝聖誕會末等思佛法之無邊念神恩之當報公同議定即便興工工程雖不』浩大款項亦非小微幸賴四方仁人君子好善樂施解囊資助數月間又見廟貌輝煌神靈赫濯無知小民觀廟貌而興善』心思神靈而消惡念灾刦以免禎祥屢見佛惠遠邇全沾廟香永久不斷皆諸仁人君子助資之力也急盥手錄清勒諸』貞珉俾傳於後世後之人觀碑有感嗣而葺之庶斯廟之不朽也至於』佛法之大佛恩之深如天高地厚無人敢知者皆略而不陳懼褻也』

許惠年助洋銀柒拾五元』
　　　　　泰　　禮
林基方率子鈞　孫治　助叄拾叄元』
　　　　　寶　　福
劉清德助卅元』
周士國率家雲 天運長 天增昌 林懋財率輝仁 王殿礼率兆深 周士紳以上同助拾元』
林基湖 劉文煥 林基能 林輝遠 周士家 時立□ 時立生 林輝升 石月香 韓清秀以上同五元』
周運東 林基榮 周玉榮二元』陳士讀 王兆勳 鄒長同 仝弎元』胡安治 東昇園 楊作超 仝四元』
周士清 張殿芳 福海興 林輝起 劉振國 王慶福 渡邊商店 林輝生 林基杜 楊作俊 楊作雲 劉君盛 以上仝助叄元』
于文浩 王傳寶 林基高 林鈞忠 趙洪山 侯安崇 張文平 張子明』姚萬良一元』單堌五元』
正之林基方撰書 石工張名聲敬鐫』
中華民國拾陸年桐月中澣穀旦合會善信敬立

碑阴额

萬古流芳

碑阴

潘泰明 周元福 新昌盛公記 時立忠 時立本 王兆德 惠士陞 時立吉 林輝□ 王福堂 殷貴枝 蓋世貴 郭萬升 徐元祥 徐元興 孫德廣 侯康年』同三元

王世賢 夏維清 邢壽亭 時立正 時立業 韓清富 盛興號 張仲芳 林基泰 王鳳山 張福榮 時立蕾 時立言 韓清雲 徐元增 盛玉田 侯康成』

李德發 王緒興 同義東 時克柱 張本惠 李豐年 王明財 張本詩 林輝江 周玉新 林輝元 林輝廣 洪英發 孫德茂 韓清元 盛玉功 楊清秀』同式元』

王世琳 閆鴻尊 東順厚泰記 王鳳山 王鳳岐 王寶仁 時立盛 張慶芳 林輝忠 林鈞茂 林輝寶 林輝來 洪元成 徐萬連 盛玉祿 盛玉甲 林基順』

吳云善 楊作選 長順合 李友新 周士可 張本禮 谷立仁 叢殿榮 周元魁 周玉利 林輝盛 周士財 林基正 潘成礼 盛金廣 盛茂仁 林鈞志』

宗桂柱 楊作舟 公發源 李新堂 同仁號 郭萬年 叢殿功 時立亭 周士成 劉金河 周玉清 潘德海 王其善 于希順 于世金 周成偉』以前以上同一元』

楊錫恒 楊作亮 岡本芳五郎 張茂堂 萬增盛 張本易 蘇萬全 王鳳鳴 劉振家 吳永盛 張殿舉 王安泰 劉兆儀 劉志高 高成財 高廷玉 王淑英』二元』

陳道仁 王生令 成順盛 周士朝 周士義 張乃田 張乃誥 張本力 周士偉 楊作鳳 楊作霖 楊作選 楊作運 王發恩 叢玉田 劉作雲 劉尹氏』一元』

高振學 于永泗 萬隆泰 福順棧 益發祥 周家鈞 韓岡□ 時立仁 劉順和 劉秉福 劉芳 劉秉義 王發令 王福令 王財令 楊國仁 林樂氏』及』劉子發 于希文 聚源達 林輝申 永發成 韓崑文 周家禎 張芹芳 劉長言 徐明讓 劉金成 劉秉永 劉秉遲 劉秉權 劉長忠 劉秉功 林鳳□』三元』

陳衍俊 于希正 竹末乾一 泰陞德 張浚明 韓崑玉 韓岡英 張菊芳 王君志 王兆儉 王瑜 張清連 劉金貴 張文利 張玉萬 張玉珍 林于氏』及』李萬德 時吉孔 夷石多郎 王培清 福興順 韓崑江 韓崑殿 周元同 王兆寿 王兆盛 王官 王宦 王兆先 王兆增 王善春 王士美 林信女』二元』

張吉亭 林輝運 山上寬一 以前以上同式元 劉士元 郭元詩 趙銘山 于文清 周宝福 張文範 李烟義 王士忠 徐元富 徐元昌 周士志』

碑文注釋

洪荒：混沌蒙昧的狀態，借指太古時代。草昧：未開化；蒙昧。渾噩：形容

重建真泉寺正殿

无知无识、糊里糊涂。侪：同辈；同类的人。会末：人或事物排列至最末尾。荷月：指农历六月。谷旦：良辰吉日。圩：指矮墙、田埂、堤防等。剥蚀：物质表面因风化而逐渐损坏。大明隆庆元年：1567年。洎：到，及。光绪甲辰：1904年。兵燹：战争造成的焚烧破坏等灾害。怂恿：鼓动别人去做（某事）。甲子：干支之一，顺序第一，本文指甲子年（1924）。

　　太皇山真泉寺位于大连市奶牛场镇泉寺村太皇山西沟，庙宇坐落于山底，周围三面环山，山中树木葱郁、环境优美。夏日清晨如蒙夜雨，太皇山峰顶云奔雾走、树转峰移之象犹如仙境，是块难得的风水宝地。真泉寺庙院中有一口清泉，泉水甘甜，沁人心肺，庙宇因清泉而有名。据《南金乡土志》记载："真泉寺在金州城西太皇山附近狐狸套小歪嘴鼠子，寺中有二碑，碑文上书大唐敬德重修，寺院台阶下有井一眼，井边古杏一株，根生石罅，枝干上耸。"[①]真泉寺在清代是辽南地区八大寺庙之一，二十世纪七十年代寺院被破坏，石碑被推倒后，由旅顺日俄监狱旧址博物馆工作人员征集入馆。从清同治七年（1868）《重修太皇山真泉寺碑记》碑的碑文可知，1868年6月，当地百姓为了祈求佛祖的保佑，在真泉寺旧址重新修建一草庵，拜佛烧香。

---

① 乔德秀：《南金乡土志》，新亚印务公司，1931年，第44页。

从民国十六年（1927）《重修太皇山真泉寺碑记》碑的碑文可知，真泉寺在1904年的日俄战争中遭到破坏，1927年，当地居民和商号集资重新大规模修葺。碑文中记载，大明隆庆元年（1567）重修的碑还在，当地满族居民多次修整建立，当时寺庙的大殿在太皇山的山下，中间为准提佛，左边为圣宗佛，右边为地藏佛，东站像为韦陀大帅，西站像为托塔李天王。庙宇虽然不是很大，但是神灵"保佑"当地的百姓风调雨顺，生活太平。1904年爆发的日俄战争使寺庙遭到战火的破坏，当地百姓捐款集资重新修整寺庙，甲子年即民国十三年（1924）农历三月十六日庆祝大庙落成。此碑记载了大连地区共有272位当地百姓和商号为重修太皇山真泉寺捐款，其中有3个日本人、1个日本商店为中国人重修寺庙捐款，这种情况较为少见。在大连当地的商号中，天运长是大连市的运送公司，位于大连市大黑町56番地，经理是林钧泰。东升园是饮食公司，位于大连市南大龙街13番地，经理是曲振东。其中大连商界名人许惠年捐资洋银75元，位居首位。

许惠年，生卒年不详，大连市小平岛人，1903年，他同三个弟弟在大连信浓町（今大连市永和街）开设安惠栈杂货店，专为俄国军队供应日用食品。许氏兄弟都学会了俄语，同俄军联系密切，因此安惠栈上货较多，营业也逐渐发展起来。1905年日俄战争结束后，大连地方商业开始活跃，许惠年的五弟许亿年因会日语，在小岗子（今大连市西岗区）开设了安惠西栈，经营杂货代理。1908年日本殖民当局鼓励华商开设油坊，许惠年在小岗子财神庙增设安惠栈油坊一处。从此，安惠栈营业一天天扩大，获利一年年增多。安惠栈总店又扩充为安惠栈钱庄、特产代理店、杂货代理店等。为开发当时大连西部市郊，在西大连（今大连市沙河口区）增设安惠栈支店，于马栏屯买地240亩，盖房屋160余间。为经营东北的大豆、粮食等农产品，在长春、安达等地先后成立了安惠栈特产代理店。此时，许氏兄弟在大连的商界享誉内外，产业兴隆。由于其弟能力超群，经营有道，1920年许亿年正式出任安惠栈总经理，许惠年负责其他业务[①]。

---

① 王胜利等主编：《大连近百年史人物》，辽宁人民出版社，1999年，第86页。

三　重修水师营关帝庙捐款残碑与重修水师营关圣庙碑

孙桂翠

旅顺日俄监狱旧址博物馆藏有两通清末重修水师营关帝庙碑。一通为清光绪二十八年（1902）立重修水师营关圣庙碑。另一通没有准确的立碑时间，根据碑文内容推断，将其命名为"重修水师营关帝庙捐款残碑"，应为清末北洋海军驻扎在旅顺时期所立。重修水师营关圣庙碑碑阳右侧碑文因风化严重而字迹漫漶，甚难辨认，无法了解碑文的全部内容。唯有碑阴保存完整，字迹清楚，其捐款者方可知晓。考证这两通碑的具体情况如下。

（一）清末重修水师营关帝庙捐款残碑

清末重修水师营关帝庙捐款残碑，花岗岩质地，高199、宽81、厚21厘米。碑文满行23行，满行63字，碑额已丢失，碑身破裂，碑底左右角残缺，阴刻楷书。由于碑的下半部分残缺，有些捐款人名无法统计，且碑文不全。1996年，旅顺水师营修路时发现。2007年7月，旅顺日俄监狱旧址博物馆收藏。

清末重修水师营关帝庙捐款残碑

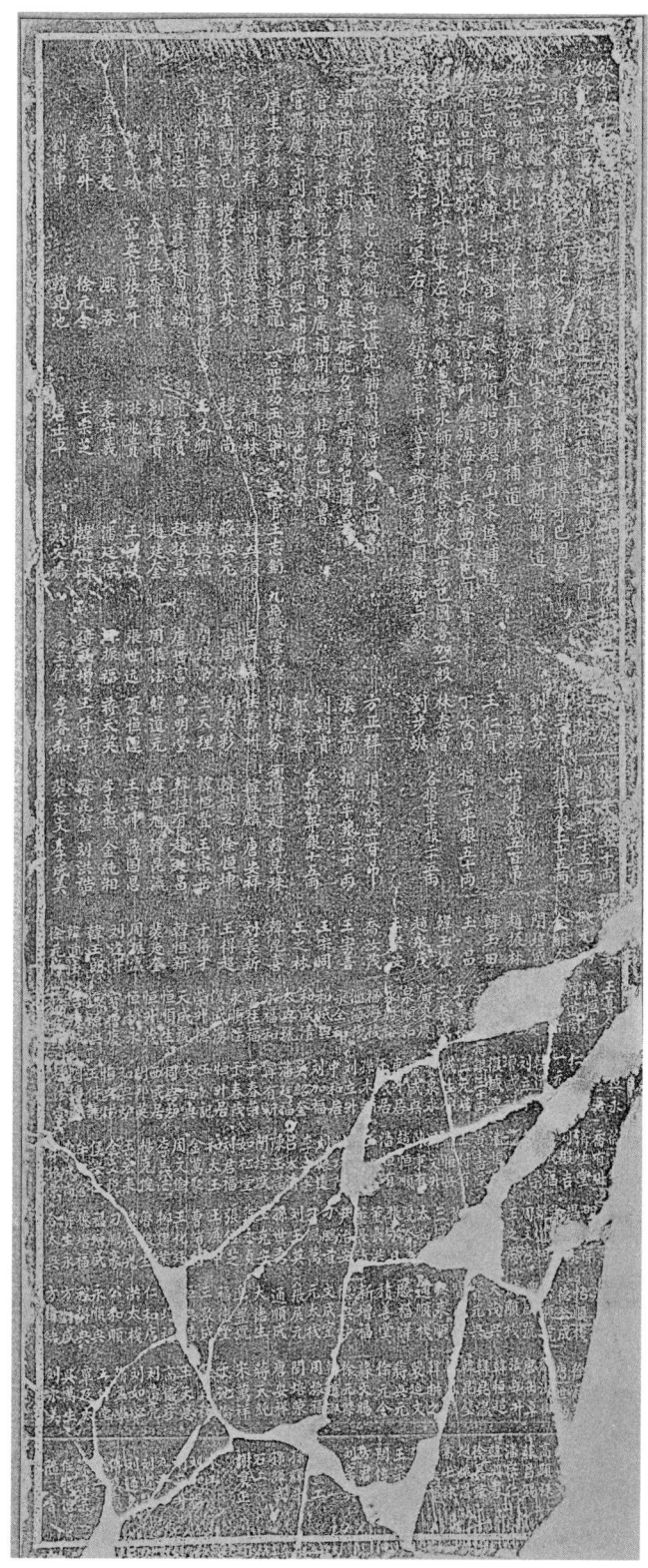

清末重修水师营关帝庙捐款残碑碑文拓片

碑文

欽命太子少保鎮守四川等處提督軍門總統毅軍二等輕車都尉世職格洪額巴圖魯宋慶捐湘平銀五十兩』

欽命鎮守福建河調等處總鎮毅前軍統領記名提督軍門摯勇巴圖魯宋得勝捐湘平銀二十五兩』

頭品頂戴設毅軍統領記名提督軍門雲騎尉世職博奇巴圖魯馬玉崑捐湘平銀二十五兩』

欽加二品銜總辦北洋海軍水陸營務處山東登萊青新海關道劉含芳』

欽加二品銜總辦北洋海軍水陸營務處直隸候補道龔照璵』 共捐東錢五百吊』

欽加三品銜會辦北洋營務處 旅順船塢總局山東候補道王仁寶』

欽命頭品頂戴鎮守北洋水師提督軍門統領海軍兵輪西林巴圖魯丁汝昌捐京平銀五十兩』

欽命頭品頂戴北洋海軍左翼總鎮薰管水師練操營務處果勇巴圖魯加二級林泰曾』

欽命頭品頂戴北洋海軍右翼總鎮薰管中營事務強勇巴圖魯加三級劉步蟾』 各捐京平銀二十五兩』

管帶慶字正營記名總鎮兩江儘先補用副將銳勇巴圖魯方正祥捐東錢二百吊』

頭品頂戴統領慶軍等營提督銜記名總鎮精勇巴圖魯張光前捐湘平銀二十兩』

管帶慶字前營記名提督兩廣補用總鎮壯勇巴圖魯劉朝貴』

　　　　　　　　　　　各捐湘平銀十五兩』

管帶慶字副營總鎮銜兩江補用協鎮冠勇巴圖魯郭春華』

廩生喬德秀 段盛梓 貢生劉成己 生員陳安堂 董志江 劉成德 韓昆珍 太學生徐亨超 喬有升 劉德申』

毅軍候補遊擊段玉龍 河南副標補用守備吳麒明 誥授中憲大夫李其珍 五品銜六部選用司務所候補司務閆倍昌 委驍騎校周毓綸 太學生喬維藩 六品委官張立升 熙春 徐元令 韓昆池』

六品軍功王階平 韓岡林 穆日尚 王文卿 范茂賞 劉逢貴 洪兆貴 袁守義 王宗芝 唐士卓』

委官王志鈞 韓興碩 蔣興元 韓興謙 趙振恩 趙延奎 王宗岐 潘延保 韓道洲 蘇文賜』

九品職銜徐元傑 王復春 孫国政 閆培榮 唐世富 周振德 張世远 □振福 傅及增 喬玉偉』

刘清芬 侯素州 侯素彩 王天理 曹明堂 韓道元 夏恒運 蔣天英 王付亨 李春和』

領催韓恒超 韓鳳麟 韓拱之 韓恒豐 韓恒有 韓恒旭 王宗坤 李光照 韩昆璧 裴延文』

韓昆珠 唐安祥 徐恒坤 王宗岳 趙延昌 韩昆瀛 蔣國恩 金純湘 劉洪詣 李成美』

領催□□安 耿元□ 金維令 閆培成 趙振林 韓玉田 玉昌 韓玉瑾 趙永茂 王宏安 喬汝茂 王宗善 王宗同 王之林 韓昆喜 刘長新 王得超 于得才 韓恒新 裴延奎 周振瀛 刘逢斗 韓玉朗 韓道德 徐元修』

王善令 潘恒爽 韓道闇 □□□ □□□ □□□ 王□□ 王善良 三泰盛 廣來慶 泉順和 永勝裕 福海棧 匯海棧 永全和 和成夬 和盛清 泰夬號 永福和 寶生福 永順德 復盛湧 榮升德 天成號 恒順生 恒升茂 恒發永 寶增慶 復源夬 吉慶爐 復順皮铺』

□夬永 □□居仁 □□一元 □韓道□ 刘立才 增盛祥 復盛夬 捐銀三十両 三元店 成生炉 寶泉永 廣盛夬 東升居 玉成居 孫木□ 刘立升 中和居 刘加福 吳紹奎 潘廷福 宵有新 于春荣 于春茂 恒升居 玉記 天福夬 同夬爐 西成居 閆邦英 和夬炉 恒夬德 王付龍 閆傅□ 種德堂』

□□□ 喬有升 濟生堂 刘殿吉 □成福 □□學 潘□□ 潘恒□ 黄書盛 王付有 韓恒岳 □文升 陳秉有 趙恒順 潘恒有 王□ □□□ □□ 刘振遠 李□家 吕太清 陳玉滿 閆培盛 如松堂 刘君福 和太玉 金萬聚 周文倫 李義德 楊克俊 王宏来 金文悦 侯安仁 年□倉 李成尚 林振景』

□□□ □明□祥 □□□ □□□ 韓道炳 周文秀 王之榮 □□□ 萬□□ 三盛□ 太和□ 雙合義 張永日 董長洪 董長清 尹治安 刁鵬首 刁鵬萬 刘玉英 孫世秀 王克安 張永貞 張位芝 王展甲 曹緒昌 王化廷 柳建業 魯振生 李成光 刁鵬豪 福增盛 德增福 寶生永 合太夬』

□□□ □□□ 怡順棧 德發成 公盛號 豐順號 成順棧 天茂夬 寶元夬 寶□□ 夬来順 通順棧 滕福祥 積善堂 新增福 德夬炉 文成窒 元太棧 張展元 通順成 大德生 阜豐號 福德堂 三聚成 □夬昌 □增福 仁和店 洪太棧 公和順 永順夬 程得夬 方恒盛 方□緒』

□□□徐□ 唐世勳 喬汝槐 唐士卓 張立升 韓恒超 韓昆瀛 韓昆璧 鳳磷 韓拱之 裴延文 蔣夬元 徐元令 蘇文賜 徐元傑 韓道淑 周振福 閆培荣 唐安祥 蔣天純 宋萬祥 于池倫 □□祥 王天恩 高億彦 刘清亮 刘如心 隋孟學 王□堂 單

及太 吳萬生 刘永美』

□□□ □□□ 高顯禄 蘇昌錫 潘宗仁 韓與春 徐長荣 趙振恩 高士林 □□福 □□□ 王宗□ 閆傳□ 方君□ 刘宗央 畫工孫輝斗 孫輝武 石工謝秉正 木工刘□福 刘立升 瓦工刘逢□ 刘通久 傳及慶 □工蘇耀宗 住持僧隨香』

通过碑文人名和捐款金额可知，此碑是通捐款碑。捐款人系北洋海军的主要官员、修建旅顺港坞的官员及旅顺当地的官员、百姓。其中有镇守四川等处提督军门总统毅军宋庆、镇守福建河调等处总镇毅前军统领记名提督宋得胜、总办北洋海军水陆营务处山东登莱青新海关道刘含芳、总办北洋海军水陆营务处直隶候补道龚照玙、会办北洋营务处旅顺船坞总局山东候补道王仁宝、镇守北洋水师提督军门统领海军兵轮丁汝昌、北洋海军左翼总镇兼管水师练操营务处林泰曾、北洋海军右翼总镇兼管中营事务刘步蟾及驻旅顺海防的官兵等。遗憾的是立碑时间尚不清楚，为了确定立碑时间，笔者只能从重要捐款人的身份及履历考证。

宋庆（1820~1902），字祝三，山东蓬莱人。农民出身，因家境贫寒，少年从军，曾在袁甲三部下当兵，后因作战有功于1872年调任四川提督，驻兵潼关。清光绪八年（1882）清廷调宋庆及所部毅军防勇三营驻扎旅顺，直到清光绪二十年（1894）中日甲午战争爆发，宋庆奉旨率部赴九连城防守。甲午败绩，"三国干涉还辽"后，日军撤出旅顺，他又于清光绪二十一年（1895）冬奉命回防旅顺。清光绪二十四年（1898）移守山海关[①]。从宋庆的履历来分析，这通碑应该是在甲午战争前所立。

刘含芳（1840~1897），字芗林。安徽贵池刘街人，通晓法文，曾在淮军前敌营任事，后授二品衔直隶候补道员，在北洋沿海水陆前敌营务处、天津海关供职。清光绪七年（1881）奉李鸿章之命筹办旅顺和威海的鱼雷营、水雷营，修理水雷土船坞，组织修理"顺利轮"。清光绪九年（1883），由袁保龄提名，充任旅顺港务工程局会办。清光绪十二年（1886）九月，袁保龄患重病，李鸿章命刘含芳主持旅顺港务工程局。清光绪十六年（1890）九月二十七日旅顺港坞工程全部竣工，刘含芳受李鸿章之命，会同北洋海军提督丁汝昌、直隶按察使周馥、津海关道刘汝翼验收旅顺海防工程，并向李鸿章提交了验收报告。清光绪十七年（1891）二月，清廷议授刘含芳任甘肃安肃道，经北洋大臣李鸿章奏请，暂留在旅顺办理海防，没有赴任。清光绪十八年（1892）五月，调补山东登莱青兵备道，监督烟台东海关。清光绪十九年（1893）十一月到任。清光绪二十一年（1895）冬《中日辽南条约》签订后，刘含芳奉命从山东渡海勘收旅顺诸处，见到过去督建的海防工程尽遭摧毁，愤慨填膺，失声痛哭，

---

① 安作璋主编，李宏生、王林本卷主编：《山东通史·近代卷（下册）》，山东人民出版社，1995年，第460页。

第一章　宗教碑刻与贞节碑

清军四川提督宋庆

总办北洋海军水陆营务处刘含芳

眼病加重，因病辞官，病逝于安徽省青阳县。刘含芳自清光绪九年（1883）至清光绪十七年（1891）一直在旅顺港务工程局任会办，虽然清光绪十八年（1892）五月调补山东登莱青兵备道，监督烟台东海关，但他却没有就任，而是于清光绪十九年（1893）到任，按常规分析，应该以到任日期为准，诸如碑阴刻有"总办北洋海军水陆营务处山东登莱青新海关道刘含芳"。笔者认为，此碑应该是清光绪六年（1880）北洋海军成军后，到清光绪二十年（1894）甲午战争爆发以前所立比较可靠。

那么捐款的用意是什么？这通碑又立在何处？带着疑问，笔者查阅了大量的史料和资料，但都无答案。对此，笔者走访、调查旅顺水师营当地居民，得到了线索。1996年旅顺水师营街道动迁改建水师营老旧住房，施工人员挖地基时在水师营原关帝庙旧址旁挖掘出来一通大石碑，碑上刻有旅顺港坞建设时期主要官员和北洋海军提督、管带的名字，大家感到非常惊奇，围观的人群顿时越集越多，这个消息很快传开。老人们都说这个地方在新中国成立前就是关帝庙，小时候还经常到关帝庙拜拜，听他们的爷爷说，这座庙是建旅顺大坞时重修的，这通碑应该是重修水师营关帝庙捐款碑，不然怎么会在关帝庙旧址旁挖出来呢。若此，捐款的用意、碑立在何处不言而喻。

清康熙五十四年（1715），旅顺水师营成立。关帝庙设置在军营的中间。水师营初建营房1 200间，均系草房。官员按级别分配居住。水师营以十字街中央的关帝庙为界，四厢分设官署营房。清道光三年（1823），水师营营房拆除800间，变卖银两入

中间为1950年被拆前的水师营关帝庙

库,留400间供官兵使用。被军人尊崇为"武圣"的关帝之关帝庙依然保留。

清光绪七年(1881)清廷裁撤旅顺水师营,筹建北洋水师基地。关帝庙由于年久失修,已失去原貌。为了重修关帝庙,驻守在旅顺的北洋海陆军营官兵捐款在原关帝庙旧址上重新扩建水师营关帝庙。1894年中日甲午战争爆发,日军侵占旅顺,对旅顺百姓进行惨绝人寰的大屠杀,水师营关帝庙也难逃一劫。1904年爆发日俄战争,水师营关帝庙被战争的炮火毁坏。1945年旅顺解放后,水师营关帝庙因影响交通,于1950年被拆除,从此关帝庙捐款碑下落不明,直到1996年才重见天日。

(二)重修水师营关圣庙碑

重修水师营关圣庙碑,清光绪二十八年(1902)立。花岗岩质地,由碑额和碑身组成,碑身高200、宽81.5、厚20.5厘米,碑额高93.5、宽97、厚27厘米。呈长方形。碑阳四边刻有云霄纹,除了碑右下角有一裂纹外,整通碑比较完整。碑阳满行8行,满行31字,阴刻楷书。碑阳额雕刻二龙戏珠图案,额题天宫为长方形,竖题"永垂不朽"四字,碑阴额额题天宫为长方形,竖题"遗迹千秋"四字。碑文因风化严重,部分字迹模糊不清,无法识别。1976年6月5日,旅顺日俄监狱旧址博物馆从旅顺水师营第二生产队畜舍采集。

清光绪二十八年重修水师营关圣庙碑碑阳额

清光绪二十八年重修水师营关圣庙碑碑阴额

清光绪二十八年重修水师营关圣庙碑

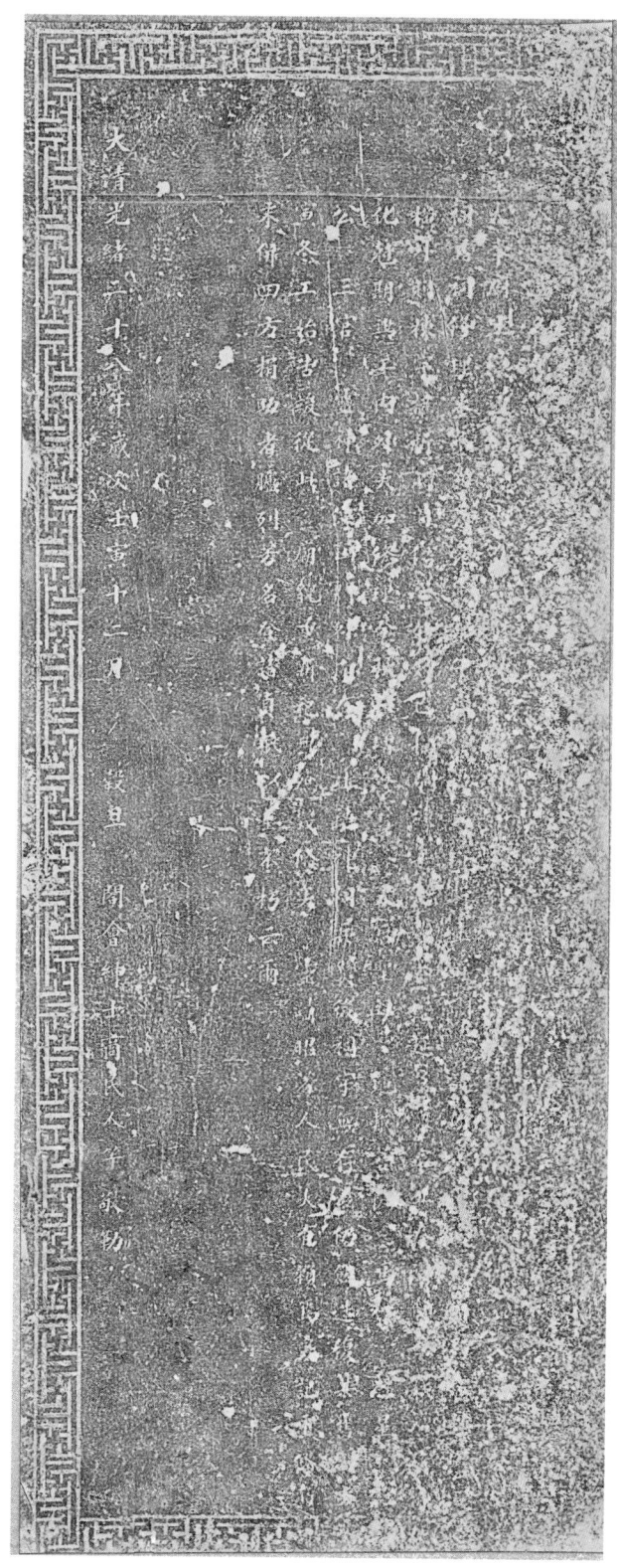

清光绪二十八年重修水师营关圣庙碑碑阳拓片

清光绪二十八年重修水师营关圣庙碑碑阴拓片

碑阳额

永垂不朽

碑阳

水師營久有』關聖大帝廟坐北面向營南方財神雷神火神觀音大士阿尼陀佛九圣』祠諸祠修理未久尚待完繕甲午戰火入之境斯土蹂躪諸廟均被毀内則供器神像縱』橫外則棟宇摧折暗自傷心如斯己亥嗣帰工但一直拖延莫舉辛丑春閣會公議廣行募』化赳期興工内外大加修理今秋又增修天后聖母地藏菩薩焉謖魁星趙』公三官靈神諸像山門外向有土地神祠兵燹後祠宇無存兹仍創造復其舊貌壬』寅冬工始告竣從此廟貌重新祀典庶幾愾矣靈蹟昭著人民大有賴焉爲記重修巔』末併四方捐助者臚列芳名登諸貞珉以垂不朽云爾』
大清光緒二十八年歲次壬寅十二月穀旦閣會紳士商民人等敬勒』

碑阴额

遺蹟千秋

碑阴

鎮守旅順口提督軍門兼理太平洋各陸軍地方事務御前大臣阿』
管理五段地方總撫民府格署理泥』
水師營副撫民府果』
署理水師營副撫民府格』
重修領袖 徐□超 劉振遠 整理前後廟宇閣扇 戊衲僧心一 大嶋捐貲 楊惠卿 崔敬修堂 車德科 馮槐卿 周潤田 廣興隆 曹太来 同 芳 胡筠泉 劉志標 劉慶雲 □和盛 東兴泰』
養吾居士芸齊 宋佩卿 鄧錦鋭 大珍號 一介客 周雪聆 林麟輝 東祥盛 鍾國光 黃殿翹 程配廷 李榜甄 安 馮肇駿 關鑰圻 陳和卿 關芝平 同志昌』
李復新 金純灝 劉得峻 王宗強 郭正德 姜文昌 張連阽 韓恒已 韓昆蘭 劉立生 楊克寬
　　　　　　　　　　　　　　　　　　　　　　　　　　　　禎
袁得裕 鄒元坤 徐亨起 單積泰 王明灝 于文灝 叢天　』
　　　　　　　　　　　　　　　　　　　　　　　　　　　　祥
殷克復 王萬令 孫世義 周元坤 劉萬銘 張發泰 于世英 韓道美 劉清貴 馬継承 閻傳芳 韓道範 史継盛 于禾嘉 殷發順 孫學述 劉憲密 王宗岐 柳清濤 徐元功 王□□』

永興隆 振源湧 福興棧 成生炉 吉慶炉 公盛皮鋪 全發皮鋪 益和成 阜慶和 天順永 永聚成 德聚盛 慶隆德 恒發永 同成玉 廣泰盛 益豐慶 德慶順 同聚興 天聚福 寶興永』

仁術堂 德生堂 三有園 福泉堂 福聚恒 中正居 永增盛 德興皮鋪 洪興居 三聚成 四合永 四合成 全盛棧 福祥染局 福泉居 吉慶齊 恒祥福 和順興 泰來湧 福興樓 復盛湧』

石灰窰子 蜊螺砣子 東泥河 左家屯 傅家屯 西窪子 蔣家屯 韓家屯 東興永 李成文 □□有 慶豐居 王永載 周家染坊 孔傳厚 袁家林子 陳道恩 蔣德福 楊丕式 劉寬正 潘恒德』

范茂倫 郭士德 李成朱 謝德興 譚明堂 塩廠莊 金家屯 洪家屯 下坎子 曹家屯 老虎溝 東南山 孫家溝 三里橋 李□□ 唐家屯 孔廣玉 永来裕 馬長福 于馬屯 小姜家屯 大潮口』

金純渤 王安國 義和公司 程延祥 于洪德 郭振鳳 王宗泉 劉迎東 徐殿同 任得元 周德寬 劉光星 趙吉運 楊顯棟 王 木鐵廠 舢舨廠 機器廠 鍋爐廠 篷廠 翻沙廠 銅廠』

韓道瑞 方恒盛 周學圍 欒郁順 王守銘 方宗翰 王鵬飛 和祥茂 王永官 王永欽 顧玉德 王宗泉 德盛福 裕和興 王志鐸 王之鳳 李其喜 德興炉 劉洪芝 孫文義 孫兆洪 任萬丰』

傅奇峰 韓□□ 韓□所 孫運德 劉桐□ 傅興□ 王復義 王順興 王培治 王培礼 黃其祥 徐萬年 徐發順 王長興 王茂興 王同興 王宏興 王永興 王元發 王元興 王永順 馬長興』

松
杜宗山 劉道杲 慎源永 信誠永 孔廣 何石仁 吳福興 馬福大 吳長太 孔福興
恒
杜德順 金學詩 韓玉順 張永興 王複興 黃其寶 姜玉新 喬□□ 王洪綱 姜雲漢 張宗孝 劉寬旭』

蔣基昌 辛明爽 叢天發 叢殿科 王得保 王得任 潘宗武 方君祚 潘恒善 潘恒茂
元
于得撥 于得福 宵其富 □□□ □□□ 周元德 隋盛修 劉君福 劉加 何占魁
禄
康萬春 劉長順』

升
王者材 宵一清 方君德 方恒 金日清 李□ 王叢玉連 鄒有祥 劉公舉 劉寬洪
春

劉寬容 劉□□ 劉寬有 張宗貞 方恒日 趙永增 劉殿吉 潘恒貴 金日富 劉萬程 呂□清 呂□□』
李日新 韓岡春生 潘恒儉日才 韓道年 王階平 張吉祥 張復生 陳玉滿 于天隆 王善賢良
劉立 劉得昌 □□天貴 張有德 于春榮 韓昆□ 李其中 韓道吉 韓昆西 □君卿
潘宗孝』
□□□ 劉逢太武 王宗克 王宏運 侯安尊 劉加福 王志元 李熙芳 杜廣珍 張賢銘
任君崇 喬汝樟 喬德新 孫兆林 趙振遠 韓君任昌 趙廷升 周文重 周武魁 張宗西
劉懷正 劉洪勳』
趙建來 敬慎堂 韓昆英 唐安述 唐安祥 李德九 任萬壽 寶盛永 聚合園 復豐慶 劉洪□ □得超 王振璽 劉洪偉 施振宣 徐継盛 徐継賢 潘宗來 劉寬盛 徐慶家』
塑工孫會斗 木工劉□福 隋盛修 石工李敬清 石工姜登元 瓦工趙廷忠』雲樓派主持僧境玉』

1. 关帝

  关圣是汉末三国时期著名军事将领关羽的神化崇拜，民间亦有"关公""关帝爷""武财神"等称谓。历史上的关羽，字云长，本字长生，其生年不详，素有争论，本籍河东郡解县（今山西省运城市），后亡命涿郡（今河北省涿州市），与张飞一起追随刘备。刘备与关、张"二人寝则同床，恩若兄弟"①。特别是对关羽，刘备常委以独当一面的重任。建安四年，刘备借截击袁术之机袭取徐州，自己还军小沛（今江苏省沛县），命关羽分驻下邳（今江苏省睢宁县）。东汉建安五年（200），曹操东征刘备，刘备战败，逃奔袁绍。关羽被曹操生擒，拜偏将军，礼遇甚厚。是年，官渡之战爆发，袁绍麾下大将颜良围攻东郡之白马（今河南省滑县东北），曹操命关羽与张辽为先锋救援白马。史载："羽望见良麾盖，策马刺良于万众之中，斩其首还，绍

---

① 陈寿：《三国志》，中华书局，2010年，第939页。

诸将莫能当者，遂解白马围。"①战后，曹操上表汉献帝请封关羽为汉寿亭侯，大加赏赐。但关羽不为所动，封存了所有赏赐，修书辞别，前去袁绍军中投奔刘备，后又随刘备南下依附刘表。

东汉建安十三年（208），曹操南征刘表。刘备从樊城（今湖北省襄阳市）渡汉江南撤，命关羽领船只走水路前去江陵（今湖北省荆州市）会合。后刘备于当阳长坂被曹军击溃，遂改道逃至汉津（今湖北省荆门市），幸而关羽所领水军及时赶到，才得以安全到达夏口（今湖北省武汉市）。赤壁之战后，刘备趁机占据荆州大部，遣关羽驻军北部以防曹军反扑。后刘备西入川地，便由关羽镇守荆州。

东汉建安二十四年（219），刘备自称汉中王，拜关羽为前将军，假节钺，位列四大正号将军之首。同年，关羽对樊城曹仁部发起进攻。曹操令于禁支援曹仁。时值秋雨季节，汉水暴涨，关羽借势水淹于禁七军，降于禁，斩庞德，一时威震华夏。但关羽在用兵樊城期间刚愎自用，对外轻视孙权，外结仇怨；对内严苛部将，内部失和，为其最后的失败埋下了伏笔。曹操为了抵御关羽，一方面通过外交手段使孙权偷袭其后方，另一方面派遣名将徐晃领兵迎战。关羽在正面被徐晃击退，其后方的江陵也已被孙权占领。关羽腹背受敌，进退失据，被孙权部将伏击，和其子关平于临沮（今湖北省襄阳市南漳县）被害。后蜀汉政权追谥关羽为壮缪侯，其子关兴嗣爵。

陈寿在《三国志》中称赞关羽为"万人之敌，为世虎臣""有国士之风"。同时，陈寿也点明了关羽自身的问题是"刚而自矜"，并评价说"以短取败，理数之常也"②。应该说，这个评价是准确而富有见地的。

总体上看，关羽一生矢忠不二，智勇双全，通晓经史，骁勇善战，因而死后备受民间推崇，又经历代朝廷褒封，被人奉为关圣帝君，佛教称伽蓝菩萨，乃至以"武圣"之尊与"文圣"孔子齐名。关羽的"忠义仁勇"品德，是中国儒家传统道德"仁、义、礼、智、信"思想的具体体现，堪称道德之典范、人伦之楷模，在传统社会中受到各个阶层普遍的敬仰与崇拜。据史料记载，关羽尊封如下："汉封侯，宋封王，明封大帝，儒称圣，释称佛，道称天尊。"清雍正八年（1730），封关羽为"武圣"，清道光元年（1821），封关羽为"忠义神武灵佑勇威显关圣大帝"。皇帝以此倡导普天下各阶层民众都要树立"忠、义、仁、勇"的价值观，忠于国君，忠于国家。世人评赞关羽"义参天地，道衍春秋""浩然之气塞天地，忠义之行澈古今"。极力尊崇和祭祀关羽，并信服他具有司命禄、佑科举、治病祛灾、除恶辟邪乃至招财

---

① 陈寿：《三国志》，中华书局，2010年，第939页。
② 陈寿：《三国志》，中华书局，2010年，第951页。

1904年日俄战争期间，水师营关帝庙被炸毁

进宝之法力，企盼他的神灵护国佑民①。伴随着关羽崇拜在民间信仰中的流行，关帝庙的兴建也在各地普及开来。旅顺水师营关圣庙的修建即是这一现象的直接反映。

2. 关帝庙

关帝庙最初建于何年何代，现已无法考证。关公封帝和兴盛时期始于明代。明正德四年（1509），明武宗朱厚照下令全国关帝庙一律改称"忠武庙"。明万历十年（1582），明神宗朱翊钧封关公为"协天大帝"，这是关公最早封帝的记录，此后在全国各地修建关公庙，因此便有关帝庙之称。清顺治帝时，认为清能灭明，入主中原，是靠"关圣帝君"保佑，故极崇敬关公，敕封关羽为"忠义神武灵佑勇威显护国保民精诚绥靖佑赞宣德关圣大帝"。当时各地的关帝庙已有些破旧，清朝各代皇帝为了表示对"关圣帝君"的崇敬，开始不断重修关帝庙以使之保佑后人。

旅顺水师营关帝庙始建何时，目前尚无确切结论。据《水师营村志》记载，"旅顺水师营关帝庙始建于清雍正八年（1730）"②。笔者认为旅顺水师营关帝庙始建于清

---

① 吕世范主编：《河南特色旅游文化》，中国旅游出版社，2007年，第132页。
② 《水师营村志》编纂委员会编：《水师营村志》，辽宁民族出版社，2011年，第315页。

康熙五十四年（1715），与水师营初建营房同期（水师营官署示意图就是佐证）。之后又多次重建。

```
   ┌─────┐              ┌─────┐
   │ 兵舍 │              │ 兵舍 │
   └─────┘              └─────┘
   ┌─────┐              ┌─────┐
   │ 兵舍 │              │ 兵舍 │
   └─────┘              └─────┘
   ┌─────┐              ┌─────┐
   │ 兵舍 │              │ 兵舍 │
   └─────┘              └─────┘
   ┌─────┐              ┌─────┐
   │ 兵舍 │              │ 兵舍 │
   └─────┘              └─────┘
┌──────────────────┐  ┌──────────────────┐
│骁骑校 防御公署 接管所│  │笔帖式 防御公署 骁骑校│
└──────────────────┘  └──────────────────┘
            ┌─────┐
            │关帝庙│
            └─────┘
┌──────────────────┐  ┌──────────────────┐
│防御公署 佐领公署 衙门│  │协领公署 佐领公署 防御公署│
└──────────────────┘  └──────────────────┘
   ┌─────┐              ┌─────┐
   │ 兵舍 │              │ 兵舍 │
   └─────┘              └─────┘
   ┌─────┐              ┌─────┐
   │ 兵舍 │              │ 兵舍 │
   └─────┘              └─────┘
   ┌─────┐              ┌─────┐
   │ 兵舍 │              │ 兵舍 │
   └─────┘              └─────┘
   ┌─────┐              ┌─────┐
   │ 兵舍 │              │ 兵舍 │
   └─────┘              └─────┘
```

水师营官署示意图

1894年甲午战争，日本侵略者炸毁旅顺水师营关帝庙。旅顺当地绅士商民组织邻近的村、屯商民捐款，于1902年重建关圣庙，同时还将清末重修水师营关帝庙捐款碑一并立于关圣庙中，以名留千古。1904年日俄战争，日军再次炸毁坐落于旅顺水师营十字大街的关圣庙，但两通碑还立在残垣断壁的关圣庙中。后来水师营居民又重新建成关圣庙。

现藏于旅顺日俄监狱旧址博物馆的两通清末重修水师营关帝庙碑具有很高的历史价值和文物价值，不仅为我们研究旅顺水师营史、清末旅顺海防建设史提供了资料，还为我们进一步探索研究清末旅顺政治、经济、军事、文化等历史提供了资料，同时还见证了甲午战争、日俄战争给旅顺人民带来的苦难。

四　旅顺《天妃庙》残碑与《创修天后宫序》碑

周爱民

旅顺天妃庙是中国东北地区有文字记载的最早的一座妈祖庙，该庙宇遗址几经历史变迁，已经荡然无存，更令人遗憾的是，早期庙宇钟楼在二十世纪五十年代被拆除，如今只留下《天妃庙》碑与《创修天后宫序》碑，分别收藏在旅顺博物馆和旅顺日俄监狱旧址博物馆。

旅顺《天妃庙》碑立于明永乐六年（1408），比《创修天后宫序》碑早498年。虽经仔细研究《天妃庙》碑的碑文，却没有发现始建庙宇的确切时间，但根据碑文记述的历史事件推算，旅顺天妃庙的修建最迟不晚于明永乐年间。由此可见，大连地区的妈祖信仰至少有六七百年的历史。

（一）妈　　祖

关于妈祖，史料上记载确有其人，名叫林默，民间又称"林默娘"，福建莆田湄洲岛人，所以福建莆田至今仍有"妈祖故乡"之称。相传她"生面神异"，识水性，懂巫术，富侠义之心，能够保佑航海捕鱼之人平安，是中国沿海地区非常崇信的一位女性神灵。自北宋宣和五年（1123）以来，历代皇帝对妈祖均有敕封，元代始封为"天妃"，清代被晋封为"天后"，清道光年间再封为"天上圣母"。

山东长岛县庙岛显应宫

天妃庙，在旅顺地区俗称"海神娘娘庙"。清康熙年间，因"天妃"被晋封为"天后"，所以又称"天后宫"。山东长岛县庙岛显应宫（即海神娘娘庙），建于北宋宣和四年（1122），是中国北方建造最早、影响最大的妈祖庙。山东长岛地处渤海与黄海之间，是南方商船从海上进入渤海的必经之地。《新唐书》卷四三下《地理志七下》载："登州海行入高丽、渤海道。"即以登州港为起点分为两条海运航线，其中一条是从登州港出发，渡渤海海峡到旅顺，再沿辽东半岛到鸭绿江口，然后沿朝鲜半岛南下，通过对马海峡到达日本。旅顺作为海上交通要道，自古以来就是南北文化习俗交汇的地方，而山东长岛县庙岛显应宫又是距离大连海域最近的天妃庙。由此看来，旅顺天妃庙的修建，一方面与福建航海者和商人在大连地区频繁活动密切相关，另一方面也与山东沿海地区妈祖信仰的习俗密切相关。

（二）旅顺《天妃庙》残碑

旅顺《天妃庙》残碑

旅顺天妃庙原址位于旅顺港北岸（今旅顺天光街南端），依山傍海，风景宜人。从元朝开始，随着妈祖信仰不断向北方传播，中国沿海地区先后修建了大批天妃庙。旅顺天妃庙虽始建年代不详，但根据历史记载，它应早于"大连湾、金州、大连等地的天后宫"[①]。另外，《天妃庙》碑的碑文曾记述，天妃庙重修时"兴工于永乐丙戌之二月二十六日"。庙宇在明初已经倾塌，"不堪瞻仰"，由此推断，旅顺天妃庙始建于元朝。

旅顺《天妃庙》残碑立于明永乐六年（1408），位于旅顺天妃庙院内。日本殖民统治大连期间发现该碑刻，并将其移至关东都督府满蒙物产馆（今旅顺博物馆），收藏至今。碑石为花岗岩质地，高165、宽79、厚21.5厘米，呈长方形，圆首。碑之左上角残缺。碑阳额题

---

① 曲传林：《旅顺"天妃庙记"碑》，《旅顺博物馆学术论文集》，旅顺博物馆2006年编印，第232页。

"天妃庙碑"四字，双钩篆书。碑阳文字17行，满行29字，阴刻楷书。碑阴文字5行，阴刻楷书，记载当时参与此次事件的主要地方官员名单，以及参与修庙工程的石匠、木匠、泥水匠、塑匠、画匠等人的名单，共计15人。额题"福户"二字。

碑阳额

天妃廟碑

碑阳

………西淮程樗撰干越白圭篆額干番易何謙書』
□□□□□□□依者人也神而依人則足以顯其靈而揚其威人之所以』
□□□□□□而事神則足以賴其休而蒙其福夫以神之與人初未嘗不』□依□相□也使其相須而不相依抑何足有以顯其靈而賴其福哉此神』之不可以無人而人之不可以無神者然也金州之旅順口舊有』天妃聖母靈祠歲久傾塌不堪瞻仰永樂丙戌春三月』推誠宣力武臣保定侯以巡邊謁廟睹其事召其郡之耆舊謂曰』天妃聖母海道』勅封之靈神也克庇于人食民之祭祀昔然矣今之渡鯨波而歷海道者莫敢』不致祭敬於祠下咸蒙其祐茲欲重新創造汝輩其效勤焉衆曰諾於是各』捐幣輸金鳩工掄材興工於永樂丙戌之二月二十六日畢工於永樂丁亥』之八月十五日殿堂門廡黝垩丹艧粧塑廟貌奐然一新豈意久稽奠享致』形夢寐有不可爲言者乎於是遣官進禋於祠下而立石焉嗟夫世謂神依』人而靈人依神而立是仰蓋有由者矣於此見吾侯之心誠感孚而神之所』以孚祐吾侯者有不可爲言者歟於是乎書』
永樂六年歲次戊子夏四月吉日』奉天靖難推誠宣力武臣特進榮祿大夫柱國保定侯孟善立石』

碑阴

助福遼東都指揮徐剛　　鐫石匠鄔福海 劉旺』
立石定遼前衛千户段誠　　木匠張福 泥水匠趙牌』
提調百户閆安　　　　　塑匠祁福名 鄧智』
□□致仕千户郝方　　　畫匠夏叔良 楊春 胡善 王智』
□愿安』①

碑文主要记述了保定侯孟善镇守辽东期间，于明永乐三年（1405）巡视旅顺，发

---

① 崔世浩编著：《辽南碑刻》，大连出版社，2007年，第108页。

孟善

现旅顺天妃庙"岁久倾塌，不堪瞻仰"，于是建议重修的史实。

据史料记载，孟善（1344~1412）系山东武定府海丰县孝理村（今山东省无棣县海丰街道办事处）人。《明史》列传第三十四有《孟善传》，其中记载："仕元为山东枢密院同佥。明初归附，从大军北征，授定远卫百户。从平云南，进燕山中护卫千户。燕师起，攻松亭关，战白沟河，皆有功。已，守保定。南军数万攻城，城中兵才数千，善固守，城完。累迁右军都督同知，封保定侯，禄千二百石。永乐元年镇辽东。七年，召还北京，须眉皓白。帝悯之，命致仕。十年六月卒。赠滕国公，谥忠勇。"据此得知，明永乐元年（1403），孟善因骁勇善战被朝廷委以重任，负责镇守辽东，精忠报国，7年后被皇帝召回北京时，已是须发皆白。

明洪武年间，明朝廷对辽东地区的统治极其不稳定，除金州、复州、海城、盖州降明以外，辽东大部分地区仍被元朝残余势力所控制，因此，归金州管辖的旅顺成为明朝政府向辽东地区供应粮饷物资的重要中转站。明朝统一东北后，在辽东金州实行卫所制，即左、右、中、前和中左千户所，前四所设在金州城内，中左千户所设在旅顺。同时，在旅顺另筑一城，即旅顺北城，充分显示了旅顺海路的重要性。

明永乐年间，辽东因地处偏远，土地贫瘠，物资匮乏，百姓生活困难，辽东驻军庞大的粮饷物资供应仍需要内地增援，并依靠海上运输到达旅顺，所以，当时全国各地通往旅顺的船只非常繁忙。朝鲜使臣李詹（1345~1405）曾两度出使中国，著有诗集《双梅堂箧藏文集》，其中《旅顺行》云："君不见旅顺口，山藏浦溆平如斗。千艘万舸可容受，官为置关使之守。"由此可见旅顺海运的繁忙景象。

当时，海上运输很不安全，船只经常遭到倭寇的抢劫和骚扰。因此，凡海运平安到达旅顺后，船上的官员和船员都要到天妃庙祭拜海神娘娘，答谢她的佑护恩德，孟善重修天妃庙之举也是为了显示皇室恩泽，安定民心。

旅顺天妃庙重修于明永乐四年（1406）二月二十六日，于永乐五年（1407）八月十五日竣工。此后，"殿堂门庑，黝垩丹雘，妆塑庙貌，奂然一新"，并一直香火延绵。清代以后改称"天后宫"。

1894年，中日甲午战争爆发，同年11月21日，日军侵占旅顺，进行了惨绝人寰的大屠杀，杀害旅顺百姓约两万人。日军在屠城过程中闯进天后宫，见70多岁的住持僧元君和尚正带领众和尚在太虚殿内做大道场，为阵亡的清军将士超度亡灵，日军军官

第一章 宗教碑刻与贞节碑

原旅顺天后宫

《旅大租地条约》共计九款，图为条约文本

抽出战刀抵着元君和尚的咽喉，要他立即为日军阵亡的将士做道场。元君和尚闭目垂首不语，两名日军士兵将一名和尚架到元君面前，日军军官举刀迎面将和尚劈成两半，鲜血直溅元君一身，但他仍坐在那里纹丝不动，闭目垂首。日军军官气得暴跳如雷，指挥士兵抱来一捆捆干草，密密麻麻地堆放在元君和尚的四周。火焰将元君和尚全身都烧成了一团火球，但他依然纹丝不动，巍然挺坐在大火中。1898年，俄国侵占旅顺，欲强拆天后宫建海军将校俱乐部，后经住持僧心一和尚拼死相争，终将天后宫易地重建，即出现了《创修天后宫序》碑。

（三）旅顺天后宫易地重建

1895年中日甲午战争结束后，日本侵占辽东半岛。俄国为了实现其远东扩张计划，联合德国、法国进行"三国干涉还辽"，日本迫于三国的强大压力，向清政府勒索白银3 000万两后，于1895年12月25日撤离旅顺。

1898年3月27日，俄国借口还辽有功，强迫清政府签订了《旅大租地条约》，租借旅顺口为军港、大连湾为商港。《旅大租地条约》第三款规定"租地限期，自画此约之日起，定25年为限，然限满后，由两国相商展限亦可"，由此可见，俄国的目标是要永久霸占大连。直至1905年日俄战争结束，俄国在大连地区实行了7年的殖民统治。

俄国侵占旅顺，目的是将这里变成"俄罗斯帝国称霸东方的军事要塞和政治中心"[①]。俄国军队在旅顺登陆后，除占用原清军兵营外，还大兴土木，修建俄国海军陆战队军营、陆军参谋部、海军医院、海军将校俱乐部、俄军将校集会所等。1898年7月，俄国在选址修建海军将校俱乐部时，看中旅顺天后宫，企图下令强行拆毁庙宇，遭到当时天后宫住持僧心一和尚的严词抗拒。

心一（1829～？），俗名不详，仅知姓李，法名心一，众称"心一和尚"，江南寿州（今安徽省寿县）人。他原是清军的一个下级军官，1888年来旅顺驻防，曾担任黄金山炮台的哨长，为人正直刚烈。1894年甲午战争后，因痛恨清政府的腐败无能，以及一些清军将领的贪生怕死，愤而削发为僧，隐居在旅顺黄金山脚下的天后宫（海神娘娘庙），后来一直担任住持。

俄国殖民当局派马队到天后宫后，以"军事用地"为名，强令和尚们搬迁，逼迫住持僧心一和尚拆毁寺庙。心一和尚怒斥道："天妃圣祠建立已有数年之久，顶礼膜拜的善男信女成千上万。尔等欲毁寺盖房跳舞淫乐，万无是理！假若有人将俄罗斯之神庙也如此对待，尔等能否允许！"心一和尚义正词严的抗议，将俄军军官问得张口结舌，他们恼羞成怒，欲强行拆庙。面对俄军暴行，心一和尚坚贞不屈，将干草木柴置于寺庙

---

① 顾明义等主编：《大连近百年史（上）》，辽宁人民出版社，1999年，第280页。

周围，并坦然置身于积薪之上，吩咐徒弟关上山门，赶快点火，"誓欲与庙同煨烬"。

俄军当时驻旅顺头目乌鲁克夫对"小平岛事件"[①]已有耳闻，心有余悸，他见心一和尚态度坚决，也怕强拆庙宇引起众怒，不好收场，便派汉奸纪凤台等人与心一和尚谈判。心一和尚坚持几项条件：俄军必须赔偿全部搬迁费用；赔款必须一次付清；新庙建成后才能搬家。俄军最终同意拿出2万卢布作为搬迁费，心一和尚才勉强答应。

时值战乱年代，"烽火频警"，心一和尚日夜经营，不敢有任何的懈怠，直到1899年才在旅顺教场沟西（今大连市第55中学校址）买到地基，开始重建天后宫。在施工期间，因费用不足，心一和尚又多次向"善人君子"募捐，以补其缺。历尽艰辛，两年之后终于将寺庙建成，7年之后立《创修天后宫序》碑。

（四）《创修天后宫序》碑

《创修天后宫序》碑，清光绪三十二年（1906）立。花岗岩质地，高209、宽82、厚19厘米，重约1吨。半圆形碑额，碑阳额额题天宫竖题"皇清"二字，四周雕刻祥云和二龙戏珠图案，威严庄重。碑身呈长方形，碑阳阴刻楷体18行，满行44字，共计700余字。碑身完整。碑文局部风化。碑刻原址位于旅顺天后宫院内，1950年大连市第55中学建校园时，旅顺天后宫被拆除一部分，《创修天后宫序》碑一直存放在学校院内。1976年6月学校扩建，将《创修天后宫序》碑捐献给旅顺日俄监狱旧址博物馆收藏。1996年6月，经国家文物局专家鉴定组鉴定，《创修天后宫序》碑为一级文物。

碑阳额

皇清

碑阳

創修天后宮序』
劫數之來惟神能歷之而不坏惟人能挽之以復安旅順白玉山之東南隅舊有天后宮一所於光緒十二年登萊』青兵備道劉含芳重新整理其間如來菩薩諸佛殿參錯掩映官民祈禱靈應如響香火由是鼎盛每水師巡海帥』艦則奉天后以行及入口停泊始復安其位蓋國家公設之神堂非鄉里私造之荒祠也光緒廿四年俄人租

---

① 1894年甲午战争期间，侵华日军先遣部队进犯大连的小平岛后，强占小平岛海神娘娘庙作为军营，并欲拆寺庙窗棂烧火，寺庙住持僧圆明和尚率众誓死反抗，终使寺庙得以保全。日军大部队侵入后，又想占据寺庙作为指挥部，圆明和尚宁死不迁，终被日军烧死。他的徒弟们悲痛万分，便于当天夜晚用炸药将已经成为日军指挥部的寺庙炸毁，并与之同归于尽，此次事件激起小平岛广大民众强烈的反抗。

借』兹土欲毁此寺以適其用斯時也遼東且欲佔而據之何有於一寺官長且將輕而侮之何有於一僧乃住持禪師法名』心一江南壽州人也拚命阻留捨生抗拒甚至四圍積薪誓欲與廟同為煨爐俄員感其真誠易強橫為和敬爰命通譯』再四慰藉後賜白銀萬圓有餘以為易地重修之助禪師不獲也乃勉強從之所尤難者時遭荒亂烽火頻警一椽茅茨』尚非易措剏樓神之所尤非可簡略從事者禪師乃夙夜經營無時或怠於光緒廿五年即購基址於教場溝庀徒度材』鳩工建造需用不足復募化於善人君子以補其缺由是天后之宮乃煥然一新鳴呼衰不復振毀不復成理之常』也兹則金碧輝煌而衰者以振樓殿聳峙而毀者以成以視白玉山昔年之□□天后宮有其過之無不及焉通計』如來佛殿三間左右僧寮各三間東西客舍亦各三間中間高建層樓奉祀天后其下左右看臺各三間其南戲樓三間』左右鍾樓鼓樓各一間蓋藉以為祝嘏酬神之用非僅欲以壯觀瞻也夫廟宇之毀人每疑神之無靈廟宇之成人又疑』神之有靈而吾以為不然廟宇之毀廟宇之劫數也於神何損廟宇之成成於挽回劫數者積誠以感之也人能如禪師』之積誠以感則天下無不靈之神況天后尤靈應素著者乎工竣之後兵端數起今值平定韓道觀郭殿春二公為』此特來求序因不揣固陋謹略述其巔末以俾禪師與斯廟永垂不朽』
侯選直隸州訓導喬德秀沐手拜撰』劉洪齡沐手敬書』
光緒三十二年七月十五日住持僧心一敬立』

　　碑文由直隶州训导乔德秀撰写。乔德秀（1849～1916），大连营城子人。清末民初大连地区著名的学者和教育家，著有《南金乡土志》等著作。乔德秀在碑文中回顾了天后宫的历史，并记述重修天后宫的始末，尽数俄国侵华的暴行，彰显住持僧心一和尚的抗俄事迹。同时，告诉后人天后宫"盖国家公设之神堂，非乡里私造之荒祠也"。

　　清康熙五十二年（1713），清政府决定在旅顺设置水师营，经过2年的建设，于清康熙五十四年（1715）建成，当时有木战船10艘，营房1 200间，水兵500人，分左、右两哨，每哨有250人。同时，在旅顺蟠龙山下设码头。每年三月，水师营战船从蟠龙山下高家屯出发，沿龙河而下入海，北到山东隍城岛，西北到葫芦岛外的菊花岛，东到鸭绿江口一带，主要是在海上巡视，保护沿海渔民不受海盗的侵扰。1888年12月17日，北洋水师在山东威海卫刘公岛正式成军，旅顺水师营在延续了166年之后被裁撤。当年，每当水师战船要出海巡视时，官兵们都要先到天后宫烧香，祈求"海神娘娘"保佑一路平安，即碑文中提到的"每水师巡海，帅舰则奉天后以行，及入口停泊始复安其位"。

　　另据碑文可知，清光绪十二年（1886）天后宫还位于"白玉山之东南隅"时，登莱青兵备道刘含芳曾命人重新整理过这座寺庙，使各个佛殿之间参差掩映，到寺庙烧香的官民络绎不绝。

第一章　宗教碑刻与贞节碑

《创修天后宫序》碑

《创修天后宫序》碑碑阳拓片

1976年，文物工作者采集《创修天后宫序》碑

停泊在旅顺龙河的货船和渔船

根据刘含芳驻守旅顺的时间及旅顺港修建工程进度进行分析，他命人重修天后宫时，正值旅顺港修建工程困难重重、举步维艰之际：一是主持旅顺建港和海防工程的旅顺工程局总办袁保龄身患重病，不能工作；二是旅顺港建设工程所面临的技术性问题越来越复杂；三是外请的德国工程师善威"才具太短，……万不能独立任此巨工"[1]。在"自建不成，外帮无效"的困境下，清政府决定将旅顺建港工程交由外商承包。因此，刘含芳重修天后宫之举，一方面是为了保护这座古老的寺庙，使之永

---

[1] （清）袁保龄：《阁学公集·书札录遗》。

当年旅顺居民在天后宫看戏

存；另一方面也是为祈盼"海神娘娘"保佑建港工程顺利，按期完工。正如碑文开篇所言："劫数之来，唯神能历之而不坏，唯人能挽之以复安。"刘含芳在旅顺驻守期间，十分重视文物保护，不仅安排人重修了天后宫，还相继重修了显忠祠、黄龙墓、鸿胪井等文物遗址。

新建的天后宫不仅"金碧辉煌""楼殿耸峙"，而且基本保持了原貌。内部建筑有如来佛殿、僧人住屋及东西客舍各三间，中间"高建层楼"奉祀天后，下面左右看台各三间，另有戏楼、钟楼、鼓楼等建筑。由此可见，心一和尚为之付出了毕生心血。新庙建成后，因规模宏大，与原来的天后宫相比有过之而无不及，香火四季不断。每年农历三月二十三日"天后"的诞辰日，天后宫都要举办庙会，人们纷纷前去祭拜，四乡赶庙会的善男信女更是络绎不绝。

《创修天后宫序》碑的碑文由大连营城子擅长欧体的书法家刘洪龄书写。刘洪龄（1868～1958），字梦九，出身于书香门第，自幼熟读四书五经，成年后在家中开设塾馆，常年教授乡里子弟，并刻苦研习书法，成为大连地区著名书法家。1948年，旅顺政府重新修建万忠墓时，由刘洪龄题写万忠墓碑。

每逢农历三月二十三，海内外炎黄子孙聚集在福建莆田湄洲岛妈祖庙前，隆重举行祭祀活动，传承民族文化，振奋爱国精神，携手并肩迈向民族复兴之路，共同祈盼世界永久和平。

五 "旌表贞节"碑

崔再尚

"旌表贞节"碑,清嘉庆二十二年(1817)立。青石质地,高194、宽68、厚18厘米。呈长方形。碑额已失,只存碑身。碑阳"旌表贞节"铭文为阳刻双钩楷书,其余碑文为阴刻楷书,3行,满行13字,碑文两侧饰以龙戏火珠纹图案。碑阴上下有凹槽,阳刻二龙戏珠图案,中间为碑文,阴刻楷书。1998年,旅顺日俄监狱旧址博物馆从旅顺市郊采集。

"旌表贞节"碑

"旌表贞节"碑碑阳拓片

"旌表贞节"碑碑阴拓片

碑阳

奉

旌表貞節

嘉慶貳拾二年歲次丁丑七月立

碑阴

聞之死節者易守節者難而節之守於□者尤難我母韓氏乃』節之貞於寒苦者也先父諱瑋少失恃至二十一□□□我□母』生不孝兩人方期竭力躬耕永奉我祖考於終□□□辛我』父染病病革囑我母曰生我者我不能奉我生者我不能□仰』事俯畜惟汝是賴汝好為之余言不再哀哉言已而□□斯時也我』祖考既屬鰥居我兄弟□復沖幼門衰祚薄零丁孤苦□我母者』亦極難矣母乃矢志冰霜甘心荼蓼竭誠懇奉侍我祖考』施訓養提攜我兄弟以長以教授室而緒嗣焉嗚呼□□□□母之節』烈昭矣 我母之孝慈全矣□蒙』
聖世旌獎之』恩故敬述悺悺以誌於碑末云』

□安敬立』

碑文注释

奉：赐予。旌表：由官府立牌坊，赐匾额，树碑立传，给予表彰。贞节，双音节词，"贞"最早出现在甲骨文中，《说文解字》释曰："贞，卜也。"这是贞德原意。从语源学的角度来看，"贞"的原意是占卜。节，气节，操守之意，常指一个人能够坚守信念，不污于事。贞、节连用而成的"贞节"，有两层含义：一是坚贞的节操，二是指女子不改嫁或不失身，从一而终。"贞"是"节"的一种，同"义""信""孝""仁"一样，属于伦理范畴，没有性别区分，所以用作男子有"节士""烈士"之称，后"贞节"专指女子。贞妇并非是守节的寡妇，应包括在义、信、孝等方面表现突出的妇女。丁丑：中国传统干支的表示方法，本文指丁丑年即1817年。鰥：无妻或丧妻。荼：古书上说的一种苦菜，古同"涂"，如涂炭。蓼：一年生草本植物，叶子互生，花多为淡红色或白色，结瘦果。本文中的荼蓼指辛苦。

中国自汉代以后，历代王朝都提倡封建礼教，特别是"义夫、节妇、孝子"等纲常伦理，明清时期大连地区盛行立贞节碑。此碑是清中期以后立的贞节碑，由于碑文磨损较重，部分碑文模糊难以辨认，故无法查阅全部的碑文。但从清楚的碑文中可以看出，此碑是清嘉庆二十二年岁次丁丑立，即1817年立，碑主韩氏的丈夫因病去世后，韩氏独立照顾孩子和家人，非常辛苦，坚守妇道和贞节。政府为表彰韩氏的贞节事迹而立贞节碑。贞节碑是封建礼教摧残妇女婚姻自由的遗物，一座贞节碑凝结着妇女的悲哀、辛酸和血泪，是贞节烈女们不幸生活的历史见证。随着岁月的流逝，许多贞节碑已经被毁坏或湮没，但仍有许多顽强地挺立下来，向后来的人们诉说着历史上的无尽沧桑与愁苦。

贞节特指对女性的要求，流传极广。从先秦时期贞节观念与行为产生，一直延续了两千多年，自始至终伴随着中国古代社会，甚至还向下延伸了很长时间。其中，贞节观念的流弊以极大的渗透力，带给各个时代的女性以不同程度的束缚和影响。汉朝以后，皇帝为构筑帝国的意识形态和伦理道德，通过政府行为公开旌表女子守贞节，这时对妇女的贞操只是对妇女品德上的要求。自魏晋南北朝至隋唐时期，妇女贞节观念又相对松弛下来，不仅妇女的改嫁与再嫁比较随意，两性交往也相对自由，从一而终、妇无二适的贞节观尚未深入人心。当宋朝理学家朱熹提出"存天理，灭人欲"的观点后，开始把本属于"人之大欲"的男女问题与道德范畴的男女观念混为一谈，并逐渐将贞节与女性的生理联系起来，从此宋朝、元朝在压抑女性的道路上越走越远。

明清时期，崇拜贞节的变态心理与专制主义的巅峰状态相结合，使得对贞节的道德要求日益走向宗教化、制度化的轨道。社会舆论和一般民众对妇女贞操的要求日益严酷，寡妇再嫁尤其是离婚成为女人最大的耻辱与罪过。自愿殉节的风气在"道德"的廉价奖赏下愈演愈烈。"妇道唯节是尚，值穷之变，不溺则刃耳"①成为明清时期制度化的贞节理念。据统计，仅清代旌表的节妇就有百万之众。这一时期，贞节牌坊也出现了。

明洪武元年（1368），明太祖朱元璋下诏旌表贞节："凡孝子顺孙，义夫节妇，志行卓异者，有司正官举名，监察御史按察司核，转达上司，旌表门闾，除免本家差役。"②建立贞节牌坊有了法律上的保证，因而逐渐兴盛。清朝初年则明确规定，旌表贞节时，由官府拨银三十两，专用于建立贞节牌坊。从此以后，贞节牌坊开始泛滥，甚至无处不在。根据《嘉庆会典事例》，清顺治十年（1653）题准"凡旌表节孝，在直省州府县者，官给银三十两，满洲蒙古汉军，支部库银三十两，听其自行建坊"。按这种方式建立的专坊，一般为一人坊，偶尔也有"双节坊""三节坊"等将贞节妇女两人或三人合并建坊加以旌表的情况。专坊的建立地点有以下三类。一为贞节妇女的居住处附近，如家门、街道口。二是贞节妇女的墓前，此类贞节碑坊的建立多为生前未得旌表，而于身后立坊以显，加以旌表。也有的是活着的时候已经获得旌表，但由于种种原因，未能建立碑坊，由后世追建。三是贞节祠、节孝祠门。这种专坊与旌表贞节的专祠合建，用以旌表显宦之家或节烈行为甚嘉者。

---

① 辛灵美：《贞节牌坊考论》，《聊城大学学报（社会科学版）》2006年第4期。
② 申时行等：《明会典》卷七八，中华书局，1959年。

六 "韩道亨之妻于氏贞节坊"碑

崔再尚

"韩道亨之妻于氏贞节坊"碑,清光绪十三年(1887)立。汉白玉质地,高237、宽63、厚15厘米。呈长方形,碑额和碑身通体,碑阳额额题天宫竖写阴刻楷书"圣

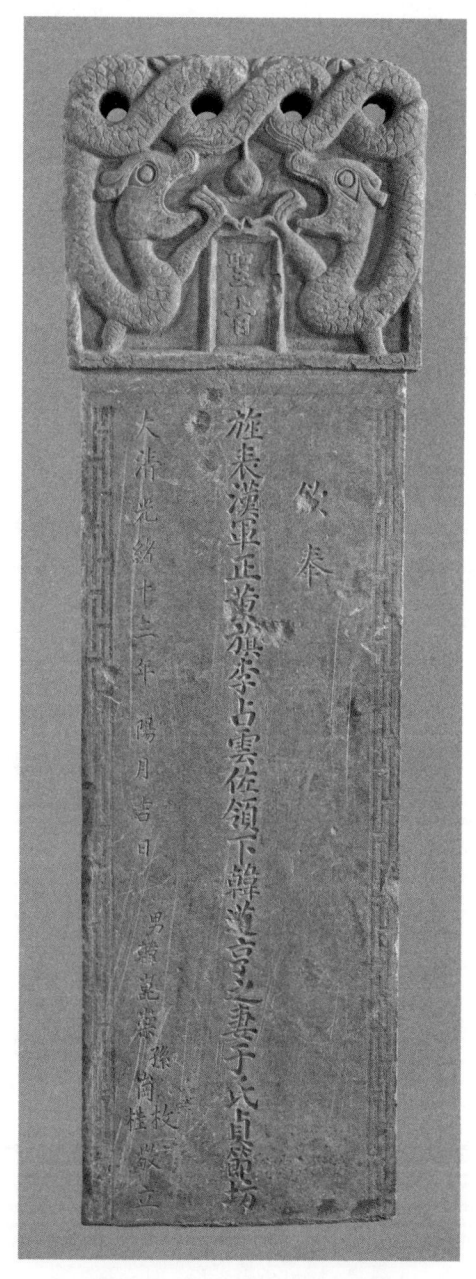

"韩道亨之妻于氏贞节坊"碑碑阳

第一章　宗教碑刻与贞节碑

"韩道亨之妻于氏贞节坊"碑碑阴

"韩道亨之妻于氏贞节坊"碑碑阳拓片

旨"两字，四周雕刻镂空四孔二龙戏珠图案。碑阴额额题天宫竖写两行阴刻楷书"万古流芳"四字，雕刻二龙戏珠图案。碑阳阴刻楷书，3行，满行23字，碑身四周为回形纹。2002年，旅顺日俄监狱旧址博物馆从旅顺市郊采集。

碑阳额

聖旨

碑阳

欽奉
旌表漢軍正黃旗李占雲佐領下韓道亨之妻于氏貞節坊
　　　　　　　　　　　　　　　　　　　枚
大清光緒十三年 陽月吉日 男韓崑崇孫崗　敬立
　　　　　　　　　　　　　　　　　　　桂

碑阴额

萬古流芳

碑阴

簡青標節』□詞勒□以示不忘』

此碑是清光绪十三年（1887）金州汉军正黄旗李占云佐领下属韩道亨的妻子于氏的儿子韩崑崇率孙子韩岗枚、韩岗桂敬立的贞节坊。碑刻铭文中的"汉军正黄旗"主要指今大连市区的清泥洼至营城子、龙王塘一带地区。"李占云佐领"是指汉军正黄旗的头领，为正四品，此碑也见证了大连地区汉民入旗的历史。

清初，随着清军主力大批入关，辽东半岛沿海清军的驻防兵力日益减少。同时汉族移民的人丁不断增加，农田开垦不断扩大，在农业生产逐渐恢复和发展的情况下，金州城守尉的设置与驻防开始提上日程。清康熙十九年（1680）清廷准奉天将军安珠护奏疏，在原驻防军的基础上，又从金州地区招徕的576丁中选募100人（骑兵、步兵各50人）编成驻军，设金州营，置守备、千总等官统领。清康熙二十年（1681），清廷按其"南卫政策"，在金州地区实行编民入旗，即以招徕民丁编制满洲八旗军，同时将原金州营驻军也改成八旗编制驻防金州。各旗置满洲防御1员、骁骑校1员，均隶属金州城守章京统辖。清康熙二十六年（1687）改由金州城守尉统辖。清康熙三十一年（1692）编蒙古巴尔虎正白旗，置蒙古巴尔虎佐领1员、骁骑校1员。

清康熙五十三年（1714）以城西（今大连市区、甘井子区、旅顺口区）招徕的

工作人员采集"韩道亨之妻于氏贞节坊"碑

移民编制汉军三旗（镶黄、正黄、正白），各旗置汉军佐领1员、骁骑校1员。满、蒙、汉军共12个旗军，统称"金州十二旗"，均隶属金州城守尉统辖。十二旗军有旗长（满军防御、蒙汉军佐领）、骁骑校，并置领催、兵勇等80余名。清乾隆二十九年（1764）金州八旗驻军共940名，其中满洲8个旗545名，蒙古巴尔虎旗1个旗154名，汉军3个旗241名[①]。

据《南金乡土志》载："界内分十二旗，由治城西至鞍子山为汉军镶黄旗界，鞍子山西至台子为汉军正黄旗界，台子西为汉军正白旗界，治城东为汉军八旗界。"[②]由此可知，汉军3个旗分驻于城西，满、蒙9个旗分驻于金州城东（大体上相当于金州区域和普兰店市南部地区）。

八旗汉军的后裔，是今天大连地区满族的主要成分。据《盛京通志》记载："查金州汉军佐领系康熙十九年经前任奉天将军安珠护将该城招安壮丁四百二十名编设二佐领，拣选甲兵一百名，按期发给饷银。嗣于二十六年……请编为镶黄、正黄、正白汉军三旗。"两黄旗驻防金州城南，正白旗驻防旅顺。清康熙五十三年（1714）又将金州城南的全部民人编入旗籍：镶黄旗包括毛茔子、南关岭、大连湾、革镇堡、辛寨子一带的民人；正黄旗包括老虎滩、青泥洼、小平岛、营城子一带的民人；正白旗包括旅顺口区长城、龙头、水师营、旅顺市街、双岛、铁山一带的民人。

这些民人主要是清顺治十年（1653）从山东登州、莱州、青州等府先后迁来的汉族居民，至此全部编入"上三旗"。因此，今天大连满族人习惯称金州南的镶黄、正黄、正白三个汉军旗为"汉三旗"或"三旗人"。

---

① 《大连通史》编纂委员会编：《大连通史·古代卷》，人民出版社，2007年，第533页。
② 乔德秀撰著：《南金乡土志》，新亚印务公司，1931年，第29页。

七 "志洁行芳"碑

崔再尚

"志洁行芳"碑,伪满康德九年(1942)立。汉白玉质地,高160、宽61、厚15厘米,碑额高81、宽76.5、厚21厘米。呈长方形,阴刻楷书,碑文3行,满行15字,碑阳碑文四周雕刻牡丹花卉图案。碑阴部分文字被破坏。碑额雕刻二龙戏珠图案,碑阳额竖题"光前"二字,额题天宫为碑楼形状。碑阴额竖题"裕后"二字。1996年3月21日,旅顺日俄监狱旧址博物馆从旅顺三涧堡街道蒋家村采集。

"志洁行芳"碑

"志洁行芳"碑碑阳额

"志洁行芳"碑碑阴额

第一章　宗教碑刻与贞节碑

"志洁行芳"碑碑阳拓片

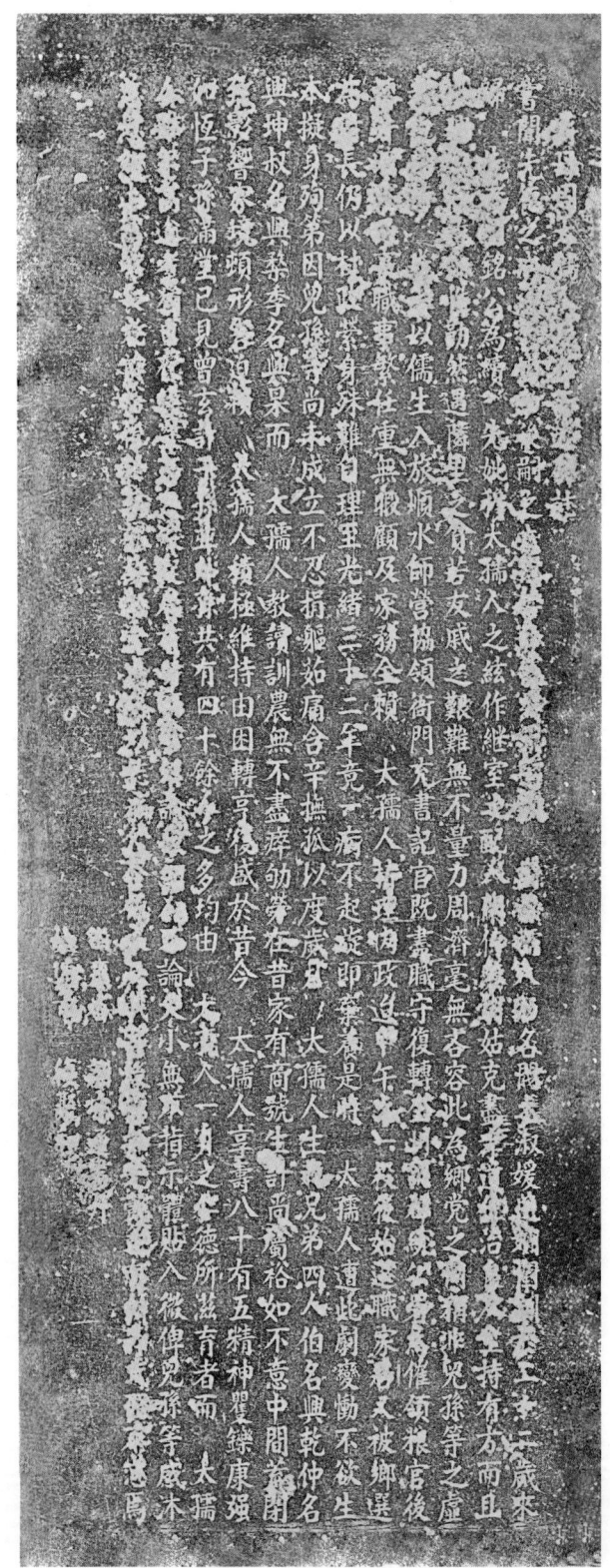

"志洁行芳"碑碑阴拓片

碑阳额

光前

碑阳

康德九年十月初六日吉旦
志潔行芳

男興	率孫基	暨曾孫立	敬立
坤	顯	忱	
桑	良		
呆	盈		
	餘		
	耀		

（乾　潤　尊）

碑阴额

裕後

碑阴

蔣母周太孺人□□□□碑誌』
嘗聞先德之□□□□□後嗣之立□□□□□□□□周太孺人乃名閥之淑媛□嫻閨訓於二十二歲來』歸先考國銘公爲續先妣穆太孺人之絃作継室之配入門侍奉翁姑克盡孝道佐治良人全持有方而且』□□□□□□□□勤然遇隣里之貧苦友戚之艱難無不量力周濟毫無吝容此為鄉党之同稱非兒孫等之虛』□□□□先考以儒生入旅順水師營協領衙門充書記官既盡職守復轉金州副都統公署為催領粮官後』轉升□□民事職事繁任重無暇顧及家務全賴太孺人持理內政迨甲午之一役後始退職家居又被鄉選』為村長仍以村政縈身殊難自理至光緒三十二年竟一病不起旋即棄養是時太孺人遭此劇變慟不欲生』本擬身殉第因兒孫等尚未成立不忍捐軀茹痛含辛撫孤以度歲月太孺人生我兄弟四人伯名興乾仲名』興坤叔名興桑季名興呆而太孺人教讀訓農無不盡瘁劬勞在昔家有商號生計尚屬裕如不意中間荒閉』致影響家境頓形窘迫賴太孺人積極維持由困轉亨復盛於昔今太孺人享壽八十有五精神矍鑠康強』如恒子孫滿堂已見曾玄計子孫並外孫共有四十餘人之多均由太孺人一身之仁德所滋育者而太孺』人雖年高逾耋猶日夜□□□□從起居有時□□□論□細□不論大小無不

指示體貼入微俾兒孫等感沐』□思□□□□長光前裕後於□□故□之貞珉以誌永久□□□□我等後□知先懿範有所□式而不忘焉』
山東省謝守通書丹』大連市後聚和□□』

碑文注释

孺人：明清时为七品官的母亲或妻子的封号，也用于尊称。先德：祖先的德行。此处泛指对祖先的敬称。来归：古代称女子出嫁（从夫家方面说）。佐治：辅佐管理。妣：（已去世的）母亲。继室：继配。翁姑：公公和婆婆。甲午一役：指1894年即甲午年爆发的中日甲午战争。萦：缠绕。光前裕后：给前人增光，为后代造福（多用来称颂别人的功业）。珉：像玉的石头，这里指碑。懿：美好（多指德行）。书丹：古代以朱笔在碑石上写字，以待镌刻。

此碑是伪满康德九年十月初六日（1942年11月13日）立，旅顺口区三涧堡街道蒋家村蒋氏家族蒋国铭继室周氏的儿子蒋兴乾、蒋兴坤、蒋兴桼、蒋兴杲率孙子蒋基润、蒋基显、蒋基良、蒋基盈、蒋基余、蒋基耀及曾孙蒋立尊、蒋立忱敬立的"志洁行芳"贞节碑。从碑文可知，周氏是旅顺当地名门的淑媛，22岁嫁入蒋家作为蒋国铭的继室。周氏精心照顾公公和婆婆，克尽孝道，持家有方，相夫教子，亲戚和邻居遇到困难，她都能竭力相助，受到左邻右舍的好评。蒋国铭以儒生被选入旅顺水师营衙门做书记官，工作恪尽职守。以后又转入金州副都统公署当催粮官，事务繁杂，无暇顾及家务。1894年中日甲午战争爆发以后，蒋国铭退职回家，又被选为村长。清光绪三十二年（1906）蒋国铭因病去世，周氏痛不欲生，本想殉节，但后来考虑到孩子太小，不忍心抛弃。周氏抚育有蒋兴乾、蒋兴坤、蒋兴桼、蒋兴杲四子，她努力教育孩子，勤劳务农。蒋家原有商号生意兴隆，后因经营不善衰落。周氏擅长经营之道，使商号扭亏为盈，渐入佳境。周氏享寿85岁时身体健康，精神矍铄，家业兴盛，四世同堂，子孙满堂有40多人。铭文中提到的"旅顺水师营衙门"和"金州副都统公署"是清末大连地区的行政机构。

清康熙五十四年（1715）旅顺水师营建成，驻兵员500人，设协领1员、佐领2员、防御4员、骁骑校8员。水师营协领（旗衙门）兼理汉民一般民政。水师营位于今旅顺口区北4千米的水师营街道，清朝时曾是保卫辽东海疆的水师驻地，现在仅存其地名而已。清初，清朝统治者的注意力在关内，旅顺只有守军百余人，防御力量薄弱。清康熙五十年（1711），兵部为防海盗，布置山东海防水师巡哨至旅顺港。尔后，清朝为了加强沿海周边的防御，于清康熙五十三年（1714）正式批准前任将军唐保柱奏请设立旅顺水师营。经过一年多的筹备，于清康熙五十四年（1715）正式成立，并开始出海巡哨，该营由金州招募入旗壮丁共计1 432名内拣选熟悉水性者30名作为教习，共500

名，分左右两营。设守备、千总、把总管理，将登州裁汰战船10只移至水师营，以备操演巡哨。尔后，每年分为两队，自铁山至菊花岛往返巡哨，冬季船停泊在水师营蟠龙山庙前。嗣于清嘉庆四年（1799），又由金州拨往汉军领催6名、汉军步兵94名。清嘉庆五年（1800）又由步兵内添放领催4名，共计前后拨往兵6 000名、水手100名。清道光二十三年（1843）又奏准，将水师营额设战船10只内，每年拨派6只，每船派兵丁水手60名，分三路，派官3员带领巡洋。其海上巡哨范围，南至与山东交界之隍城岛以北地方，赴山东登州镇衙门，呈验照票；东至岫岩大孤山与朝鲜交界处，由岫岩城守尉查验照票；西至锦州洋面与直隶交界处之天桥厂，赴锦州副都统衙门呈验照票①。

为了解决水师营官兵及家属的住房问题，清政府在水师营建造营房1 200间，官员按级别分配居住，协领20间、佐领15间、防御10间、骁骑校6间，余为兵丁每人住2间。水师营驻地设"十"字形大街，俗称衙门街，有协领公署、佐领公署、防御公署、接管所等。衙门街呈方形，长街居住官员，短街居住兵丁。

由于清政府的重视，旅顺水师营曾一度兴盛于辽东半岛的广阔海域，可谓战船巍巍，龙旗飘飘，对于保卫辽东海疆、防海盗、御贼寇、稽查海上鸦片走私等起到积极的作用。至清代中叶，由于社会比较稳定，海上比较平静，多年无战乱侵扰，水师巡防松弛，水师营逐渐衰落。清光绪七年（1881），朝廷决定裁撤旅顺水师，以北洋海军取而代之。

原金州副都统衙门

---

① 《盛京通鉴》，《近代中国史料丛刊（第6辑）》，文海出版社，1966年，第147~149页。

鸦片战争的爆发打破了大连地区一个半世纪的平静生活，清廷在帝国主义的坚船利炮下，开始注重海防建设。清道光二十三年（1843），清政府将宁海县升格为厅的行政建置，称金州厅，设海防同知衙门，这是一个兼有军事防务职能的行政机构，下设堆金社、积金社、雨金社、南金社、旅安社和光禄岛，即五社一岛。与此同时，同年6月，清政府使熊岳副都统衙门统辖金、复、盖地区的八旗军事和旗人事务，金州实际上成为辽南的军事和政治中心。此时旅顺地区属于金州副都统衙门的旅安社管辖。

第二章 纪 念 碑

　　纪念碑是为纪念某人的事迹或某一重要事件专门立的碑刻。近代大连地区经历甲午战争、日俄战争、俄国和日本殖民统治时期。特殊的历史环境，造就了不同的历史人物，有抗击日本侵略者的爱国将领，也有屈从于日本殖民统治的清末遗老遗少；有维护华人利益的商会领袖，也有反抗日本奴化教育的爱国人士。人们为了纪念他们，而立了纪念碑。在日本殖民统治大连的40年期间，大连人民进行了不屈不挠的反抗斗争，中国工人为了反抗日本资本家的奴役，进行了罢工斗争，并取得了胜利，维护自身的合法权益，新中国成立后所立"四二七"纪念碑，记载着光辉的事迹。

　　马玉昆，清末著名将领，清光绪二十年（1894），补授山西太原镇总兵，统领毅军协助宋庆防卫旅顺口北洋海军基地。1894年7月25日，日本海军在朝鲜牙山湾口西南丰岛海域偷袭北洋海军的运兵船，丰岛海战爆发。8月4日，清政府檄马玉昆率毅字军六营2 000人赴朝鲜，抗击日本侵略者。在马玉昆离开旅顺前的清光绪二十年（1894）五月，当地百姓立"马统领"功德碑。此碑是为纪念马玉昆在甲午战争前驻扎旅顺时期的功勋所立。此碑目前仅存上半部分，其他信息无从考证。

　　在日本殖民统治大连时期，大连商界华人为了维护华商的利益，成立了大连华人商会组织。这些商会领袖为了华人的权益与日本殖民当局据理力争，积极创办公益事业，对华人乐善好施。大连华商组织和百姓为了纪念他们的功绩，立了五通纪念碑。分别是：民国十七年（1928）立《前大连公议会总理刘公纪念碑记》碑、日本大正十四年（1925）立郭君精义纪念碑、夏历丁丑年（1937）立故李公子明纪念碑、日本昭和十六年（1941）立故庞公睦堂纪念碑、伪满康德二年（1935）立徐公香圃纪念碑。

　　1898年，俄国通过中俄《旅大租地条约》获得在旅顺和大连的租借权。1900年，俄国殖民当局责令华商成立商民自治自卫群团组织——大连洼口公议会，刘肇亿为协理（副会长），主持日常事务。1905年，日本侵占大连后，将洼口公议会改组并更名为"大连公议会"，刘肇亿被选为首任总理（会长）。刘肇亿担任总理期间，创办宏济善堂，发展民族慈善事业，创立大连地区第一份中文报纸《泰东日报》。1914年大连公议会改组，郭精义当选为会长。郭精义上任后，励精图治，锐意改革会务，公议会事业蒸蒸日上。1921年4月，日本殖民当局宣布实行"金建制"政策，企图以日本的货币统一大连地区华人使用的中国货币。这一举措，使大连的华商生意损失严重。郭精义为维护广大华商的利益，带领商民坚决抵制，多次组织商团代表到旅顺面见关东厅长官，申述民意。他还组建由80余名大连工商界人士组成的赴日请愿团。最终，日本殖民当局同意"金银并用",广大华商的利益得到保障。1923年,李子明任大连公议会会长。他带领广大华商抵制日本殖民当局对广大华商的剥削和压迫。1925年上海爆发了五卅惨案,大连各界爱国人士组成沪案后援会,举行游行示威,李子明积极组织商会会员捐款,支援上海人民的反帝斗争。1926年,大连地区爆发工人阶级反抗日本殖民统治的满洲福纺株式会社四二七罢工事件,李子明领导工商界大力支援"福纺"工人的罢工斗争。

1914年5月,西岗子华商公议会改选,徐香圃被选为副会长,至1926年连选连任三届副会长,接着又连任两届顾问。徐香圃在西岗商会任职的20年时间里,热心公益事业,兴办大连同善堂慈善救济团体,创建西岗子公学堂,为发展西岗工商业和为商民排忧解难做了许多有益的事情。1923年,西岗公议会改选,庞睦堂任会长。此后,庞睦堂连任四届会长。庞睦堂任会长后,先后主持成立大连中华幼稚园,修建新开大街,兴建睦堂机制造纸厂等有益于华商和百姓的事情。

在日本殖民统治大连时期,也不乏卖国求荣、勾结日本人的清末遗老,如肃忠亲王善耆。1912年2月6日,善耆来到旅顺,投靠日本人。善耆在旅顺期间,先后与日本人勾结策划"满蒙独立运动",并将自己的女儿培养成日本间谍川岛芳子。日本人于日本昭和六年(1931)为其立碑,即清故和硕肃忠亲王之碑。

为反抗日本殖民者的奴化教育,旅顺龙王塘林基满克服重重困难,创办民众学校,对乡邻子弟传播民族文化和进步思想。当地乡邻为纪念他的功绩,于伪满康德六年(1939)立民众学校设立者林公寿先纪念碑。

1926年4月27日,满洲福纺株式会社的中国工人为了反抗日本资本家的剥削,在中国共产党的领导下,爆发了声势浩大的四二七大罢工,罢工取得胜利,在大连历史上影响深远。1951年,大连人民为了纪念这个重大的历史事件,立"四二七"纪念碑。

一 "马统领"功德碑

陈 晨

"马统领"功德碑,清光绪二十年(1894)五月立。灰色石灰石质地,高75、宽56、厚12.5厘米,呈长方形。此碑碑身中部截断,四边残缺,现存上半通。碑文四周雕刻有花叶图案,碑文清晰,阴刻楷书,碑阳为立碑人的名字、官职和立碑时间。1973年,旅顺日俄监狱旧址博物馆从大连市甘井子区营城子村采集,现借展于旅顺万忠墓纪念馆。

"马统领"功德碑碑阳

"马统领"功德碑碑阴

碑阳

頭品頂戴賞穿黃馬褂記名提督
軍雲騎尉世職博奇巴圖魯隨
馬統領功德碑
大清光緒二十年五月上

碑阴

渤海保障

"马统领"功德碑碑阳拓片

碑文中的"马统领"指毅军统领、太原镇总兵马玉昆,统领是清代武职官名,为统兵将领、正二品。碑文中的"头品顶戴赏穿黄马褂记名提督军云骑尉世职博奇巴图鲁"是指马玉昆获得的赏赐官职、勋职、封号。记名:清制,官吏有功绩,交吏部或军机处记名,以备提升。

清光绪二十年(1894)立"马统领"功德碑,是驻防旅顺的北洋海军于清光绪二十年五月所立。碑主马玉昆时任山西太原镇总兵统率毅军协助宋庆驻防旅顺北洋海军基地。

马玉昆(1827~1908),字荆山,也作景山,原籍安徽省蒙城县西北马集,清末著名将领。马玉昆出身贫苦,年轻时迁居雉河集,后往河南汝宁(今汝南县)投淮军所属的毅军营当兵。当时,毅军正在汝宁、南阳、邓州一带镇压捻军。马玉昆作战强悍,因在攻占仁山寨战斗中立有战功,受赏千总,戴蓝翎,并升任毅军统帅宋庆的毅军马队营官,为宋庆所赏识。清同治六年(1867),毅军调防山东东平州(今东平县),背击张宗禹所率之西捻军。马玉昆舍命在前。继之,又在淮路口堵截捻军赖文光部。是年春,马玉昆在山东济阳率领便衣乘黑夜潜入捻营,内外夹攻,击败捻军。六月,马玉昆率部又在茌平围困捻军。不久,清廷准奏,将马玉昆提升为副将,以总兵记名,并赏给"振勇巴图鲁"称号。清同治年间,陕甘回民起义,清廷调宋庆毅军从陕北榆林一带堵击。清同治九年(1870),清军久攻回民据点金积堡不下,调马玉昆率部参战,破堡。为此,清廷加马玉昆提督衔。不久,实授提督,更勇号"博奇"。

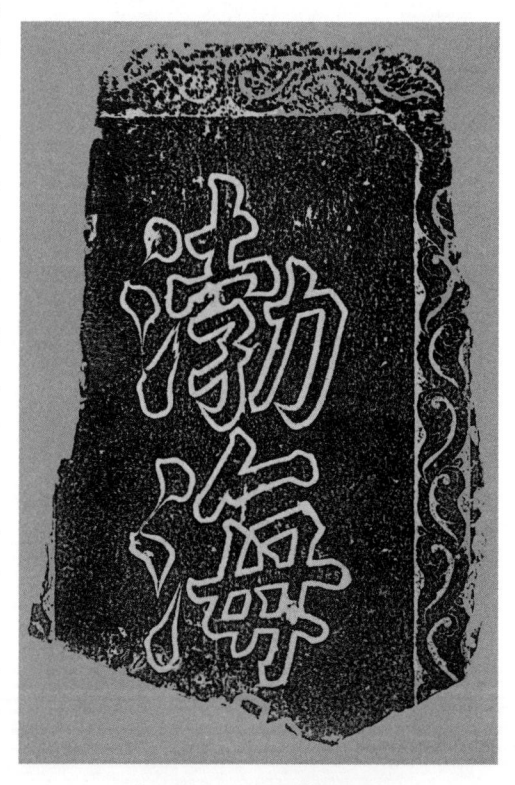

"马统领"功德碑碑阴拓片

清同治十三年（1874），马玉昆率部与左宗棠部共同抗击阿古柏和俄国的侵略。马玉昆随帮办新疆军务金顺出嘉峪关，依左宗棠所订之作战方针，参加收复乌鲁木齐、昌吉、玛纳斯城等战役，骁勇善战，屡奏奇捷。此后，马玉昆又令部下屯垦开荒，先后驻新疆达10年之久。清光绪年间，他被清政府调往直隶。清光绪二十年（1894），补授山西太原镇总兵，仍统毅军协助宋庆防卫旅顺口北洋海军基地。同年7月，中日甲午战争爆发。8月4日，清政府檄马玉昆率毅字军六营2000人赴朝鲜。与马玉昆部同时入朝者还有左宝贵奉军、卫汝贵盛军及丰升阿奉天练军盛字营等，计29营，14 000余人。

清军统领马玉昆

清光绪二十年（1894）九月十五日，日军分四路围攻平壤。马玉昆率毅军分守平壤东门及大同江左岸防线。15日凌晨，日军第九旅团分左、中、右三路进犯大同江左岸毅军阵地，马玉昆指挥所部奋勇抗击。日军进攻部队被阻于阵地外开阔地面，毫无掩蔽，伤亡惨重。日军官不顾士兵死活，驱赶士兵拼死冲击，清军以猛烈炮火还击，日军"死伤甚多，如第十一联队第一中队将校悉数战死或负伤，第二十一联队第一大队第二、第四中队，其士官亦皆战死"①。

马玉昆指挥清军乘势由堡垒冲出，向日军发起反冲锋，展开白刃格斗。进攻平壤南路的日军第九旅团，在马玉昆指挥的毅军抗击下，遭受"将校以下死者约一百四十名，伤者约二百九十名"②的重大伤亡后，狼狈退出战场，清军取得了保卫战的辉煌胜利。但不幸，这时平壤玄武门被日军攻陷，奉军统领左宝贵力战牺牲。贪生怕死的叶志超急令撤退。当夜9时，叶志超率军由平壤仓皇溃退。一路被日军埋伏邀截，"人马腾藉，相踩死者至二千余人"③，被俘五百余人，伤者无算。叶志超率败兵狂奔五百里，逃入中国境内。这样，马玉昆率部下英勇奋战所取得的胜利，被畏葸怯懦的主将叶志超白白葬送了。

日军占领平壤和黄海海战获胜后，便开始扩大侵略行动，把战火烧到中国边境。马玉昆率军退回国内，1894年9月21日，日军大本营决定将第一、二师团和第十二混成旅团编成第二军，任大山岩为司令官，与第一军配合入侵辽宁。其部署如下：山县有朋率第一军为右翼，从朝鲜义州渡鸭绿江入侵辽东地区；大山岩率第二军为左翼，在

---

① 〔日〕川崎三郎：《日清战史（卷三）》，东京博文馆，1897年，第120页。
② 日本参谋本部编：《明治廿七八年日清战史（第二卷）》，东京印刷株式会社，1904年，第172页。
③ 姚锡光：《东方兵事纪略》，《中日战争丛刊（第一册）》，中华书局，1989年。

中间者为马玉昆

辽东半岛登陆，攻夺金州、旅大，入侵辽南地区。清军为阻遏日军向中国本土进攻，采取了"严防渤海以固京畿之藩篱，力保盛京以固东省之根本"的战略防御方针。在鸭绿江右岸集结70余营23 000余人兵力，以九连城一带为主防御阵地，在东起长甸河口、西至大孤山一线设防。左翼由黑龙江将军依克唐阿指挥，齐字练军及镇边军共12个营分守安平河口至长甸河口一线。右翼由帮办北洋军务宋庆指挥，设司令部于九连城北苇子沟。刘盛休率铭军专防九连城；聂士成率牙山军驻守栗子园、虎山附近；马玉昆率毅军5个营驻守榆树沟附近；宋得胜率毅军4个营驻苇子沟附近；丰升阿、聂桂林率盛字练军和奉字练军共12个营分守安东、大东沟、大孤山各城邑。吕本元、孙显寅率盛字练军18个营驻沙河镇一带。

10月22日，日本第一军2.5万人于朝鲜义州集结，准备渡江攻取虎山，进而夺占九连城。为牵制对岸清军，他们采取"近而示之远"的战法，以一部兵力在义州作出渡江的姿态，暗地则以第三师团两个大队、炮兵一小队在水口镇徒涉渡江，袭取安平河口、古楼子，绕攻虎山；主力及第十旅团在中江架浮桥渡江，从正面进攻虎山附近的清军。

10月24日11时，日军佐藤支队先头涉渡至中流时，清军发现之并开枪阻击，继而双方炮击。清军出动马队，试图击退已渡江的日军，未获成功。13时30分，清军不抗而向宽甸逃退。佐藤支队轻取安平河口等处，随即向虎山前进。当日夜，日军在虎山对面的中江台和东侧支流架起两座浮桥，清军竟未察觉。27日凌晨，日军第三师团主力及第五师团的第十旅团在炮火掩护下渡江。第五旅团第六联队向右迂回抢占虎山东方高地，第三师团主力从正面向虎山阵地发起攻击。聂士成与分统马金叙指挥部队与敌相持鏖战1个多小时。7时许,日军右翼支队抢占了虎山东面高地,从侧后攻击虎山。清军腹背受敌,形势危急。宋庆急派马玉昆、宋得胜率马步队2 000余人渡河驰援,九连城清军也以炮火轰击,一度迫使日军不能向纵深发展,后续部队无法通过浮桥。10时左右,日军第十旅团绕至虎山西侧,马玉昆、宋得胜恐后路被截断因而率援军退向栗子园。日军乘势集中兵力向虎山发起4次冲锋。聂部寡不敌众,于11时30分败退。日军夺占虎山,占栗子园、苇子沟附近河两岸。虎山失守,防守九连城的铭军及沙河镇之盛军,先后惊溃。宋庆无力继续抵抗,当夜退守凤城。28日日军不战而取九连城,随即分兵一部西占安东。丰升阿、聂桂林率部奔岫岩。九连城战役,据日方记载:日军死伤149人,清军遗尸500余具。其中仅毅军牺牲于虎山者即达330人,被俘15人。日军掳获大炮78门,步枪4 400支。

当时由辽东半岛花园口登陆的日军第二军入侵金旅,旅顺危急。清廷调毅军回援。马玉昆又和宋庆撤军西进,先后与日军战于金州、海城附近之马圈子、感王寨。失败后,随宋庆退守田庄台。1895年2月,清军数路联合反攻被日军占领的海城。24日,马玉昆、宋庆、徐邦道与日军战于大石桥附近的大平山。马玉昆率部防守山北之东、西七里沟及附近村落,奋力抵抗。并驰驱于冰雪间,督队力战。坐马中炮毙,重新换马,继续督战。在战斗中,"马玉昆被困垓心,率其亲兵闯出重围,因见我兵尚在围内,重复杀入,冲开一路,护之而出,其亲兵百人两次冲杀,仅剩二十余人,战马三易,均被炮毙"①。大平山之战是甲午战争中的一次激烈战斗,双方伤亡惨重,"日军除在战场上伤亡300余名外,并有大量士兵被冻伤,全军达千人以上"②。清军伤亡亦多。

据宋庆所撰《大清勒建锦州毅军昭忠祠碑文》记载毅军"死于大平山者四百二十四人"。大平山之战,连日方记载的战史中也不得不承认:"此日之中国兵颇为顽强""忠勇力战""决无退却之色"③。大平山失守后,马玉昆随宋庆退往营口,3月9日与日军战于田庄台。吴大澄率部由田庄台退往双台子,宋庆则率全军主力退驻田庄台,只留少数兵力守营口。1895年3月7日,日军第二军第一师团夺取营口。12日,日军调集第一、第三、第五3个师团近2万人,火炮91门进攻田庄台。其部署是:第三师团正面主攻;第一师团为左翼,渡辽河由西南包围清军右侧并切断清军退路;第五师团为右翼,由东北包围清军左侧。清军在田庄台驻有毅字军、新毅字军、亲庆军、铭字军、嵩武军、凤字军等69个营,2万余人,火炮40门,统归宋庆指挥。马玉昆分守田

---

① 《清光绪朝中日交涉史料(二七〇四)(卷三四)》,故宫博物院文献馆编印,1932年,第3页。
② 〔日〕川崎三郎:《日清战史(卷九)》,东京博文馆,1897年,第469、472页。
③ 〔日〕川崎三郎:《日清战史(卷九)》,东京博文馆,1897年,第462~466页。

庄台东北曹家湾子，虽奋勇抵抗，但由于主将宋庆在田庄台"既不西南扼河曲、东北扼赴牛庄大道以截倭人前后来路，又不顾石山站大道以通后路声援，而拥数十营尽屯田庄台附近民舍"①，被日军分路包围截杀而失败。宋庆既不扼辽河和通牛庄的大道截日军前后来路，又不顾通石山站大道保障后路声援，仅以马玉昆毅字右军9个营约3 000人驻曹家湾子、守田庄台左翼，姜桂题铭字军11个营驻蔡家屯、下口子、亮子沟，其余尽屯田庄台附近民舍。

3月8日，日军一部在辽河左岸的孙家街对田庄台进行火力侦察，13日8时展开全面进攻。先以炮火轰击，清军亦以炮火还击。双方炮战45分钟后，日军第一师团步兵越辽河至田庄台西马连坡、西凹子、白家屯，从西南方突入市区。第三师团步兵于10时从正面越河突破清军阵地。退入市区的清军，受到日军西、南两个方向夹击，与敌进行短兵格斗，伤亡累累，向市街东北溃退。这时，日军第五师团已由赏军台越过辽河，占领蔡家屯，并从东北攻入市区，堵住清军退路。于是清军又大溃西奔，日军乘势从三面闯入城中。大队清军溃退，少数残兵在市区内据民房苦战。日军到处纵火焚烧，将田庄台千余间房屋、300多只民船烧毁。田庄台之战，日军死伤将校以下160人，清军弁兵死2 000余人。马玉昆率军退往石山站。从此，自田庄台沿辽河而东，自鞍山站而西，皆为日军所占。从此，清军在辽南战场全部瓦解。

该碑对研究甲午战争及甲午战争中清军将领有着重要意义。特别是对于甲午战前与战后马玉昆的研究具有特殊的意义。1895年末，日本迫于俄、法、德三国的干涉，将辽东半岛归还中国，日军撤出旅大。翌年1月，宋庆命马玉昆率毅军10营驻扎大连湾。清光绪二十四年（1898），俄国强租旅大，毅军奉命北迁锦州至山海关地区。1899年，马玉昆擢升为浙江提督，后调直隶。时八国联军入侵中国，马玉昆率武卫左军御之。清光绪二十六年（1900），八国联军进逼天津，义和团奋起抵抗，马玉昆和宋庆同驻天津城外，共有部队七八十营。马玉昆部与八国联军交战，死伤甚众，退守北仓。天津失陷，八国联军沿运河两岸向北京进发，至北仓，马玉昆曾予阻击，但因无援，遂向北京方向撤退。八国联军占领北京，慈禧、光绪离京西逃。当时，马玉昆军败退北京西郊，护送慈禧太后、光绪皇帝西避长安（今西安市）。

慈禧令宋庆驻军山西，阻击联军。马玉昆奏请代替宋庆。《辛丑条约》签订后，八国联军退出北京，马玉昆又回军京郊。清光绪二十八年（1902），马玉昆率军镇压热河朝阳花子沟义和团，并杀其领导人邓来峰。因护送皇帝、太后有功，加"太子少保"衔。清光绪三十二年（1906）春，马玉昆从东北撤防，回驻北京东郊通州，于清光绪三十四年（1908）在住所去世。清廷追赠太子太保衔，赏二等轻车都尉世职，谥号"忠武"。

---

① 姚锡光：《东方兵事纪略》，《中日战争丛刊（第一册）》，中华书局，1989年。

二 《前大连公议会总理刘公纪念碑记》碑

薛志刚

《前大连公议会总理刘公纪念碑记》碑,民国十七年(1928)立。汉白玉质地,高215、宽81、厚21厘米,呈长方形,由碑额、碑身、碑座组成。阴刻隶书,碑额雕刻

《前大连公议会总理刘公纪念碑记》碑

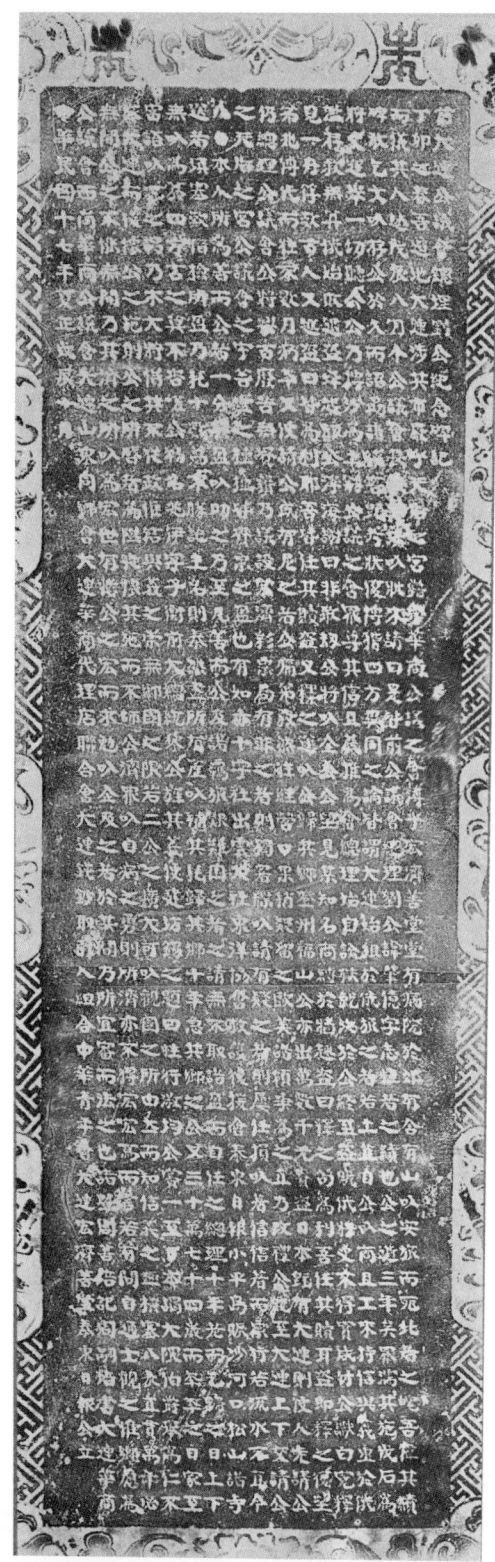

《前大连公议会总理刘公纪念碑记》碑碑文拓片

有二龙戏珠、祥云、浪花图案，天宫为碑楼形状，碑阳额和碑阴额题"寿"字，碑阳碑文两侧雕刻有掌扇、花篮、莲花、笛子、葫芦、宝剑、尺板、道情筒八种器物图案和菱形花纹图案，碑刻左右两侧分别雕刻有八仙人物雕像，左侧从上到下依次为吕洞宾、曹国舅、李铁拐、蓝采和，右侧从上到下依次为钟离权、张果老、何仙姑、韩湘子。碑文18行，899字。大连华商公议会、西岗华商公议会、大连山东同乡会、大连华商代理店联合会、大连钱钞取引组合、中华青年会、大连宏济善堂、《泰东日报》公立于大连。1989年，旅顺日俄监狱旧址博物馆工作人员采集于旅顺"八一"烈士陵园。

碑文

前大連公議會總理劉公紀念碑記』
丁卯之春吾避地大連涉其市嚴乎天后之宮歸乎華商公議之會溥乎宏濟善堂堂有病院於郊有舍有山以安旅而死此者之魄吾偉其績』而儀其人越戊辰八月今公議會長張本政以狀來請曰是皆前公議會總理劉公諱肇億字志恒者之績也公之逝三年矣眾濡其施伐石爲』碑敢乞文以存公於久而詔勳諸後吾既考狀復博稽四方異同之論皆謂大連始租於俄旅之者若土苴自公以商且工來持信與義重於俄』將史遂舉一切聽公公乃搏沙爲土朔公議之會界尊其信且義推爲會總理始自訟獄就決於公終至盜賊俄特吏來得實咸付公獄白寬釋』濫存救無算俄始敗退盜蜂起刼公浮海謝曰非敢刼公將以全公公望見某知名商縛於牆趣盜曰釋之苟爲利吾任其贖耳盜即釋之復望』見一舟俘數百人又趣盜曰皆爲利耶吾皆任其贖盜又釋之遂以公歸其鄉登州福山公亦出萬數千元資盜日本既有大連則使人走請公』弟兆傅代而往來數月病卒又使請公或有尼之者公痛弟毅然往經營口果稍疑留之歐美諸領事爲之直乃改禮公既至大連上下交請公』仍總理公議會公將興百廢苦無資済乃議設宏濟彩票局有非之者則獨署牒以請有疑之者則屢任損以者信信若而票行若流水不直今』之天后之宮公議會之宇善□之種種皆資票之盈也有如赤十字社出雲大社東洋協會救護後援會泰東日報小平島賑沙河口松山諸寺』凡日本人所爲善而公若一分其盈以助之乃至凡善而公及諸羈旅艱難困之者之請無不取諸盈而自任之總理十年老而乞歸之日上下』送者填塞歡臨檢所盈乃耗十數萬不勝記主名則泰然盡所有產以補其耗歸其鄉十年急其鄉之公又三十萬七十四歲而卒卒之日家至』無以爲養四方言之莫不咨嗟公揚名兆伊字子衡前大總統黎公旌其義使建坊錫之題曰：性行激均公曾一至日本謁大隈伯爵舉爲仁不』富語以見之謂乃木大將惜其不從政惟信與義之崇無鄉國之限若二公之廣大可以觀國之所由□而知信義之極橫塞八表直貫萬年必』旅大連而後懷公之施則公之所啓者爲臨從懷其施而不師公濟衆以自病之勇則所濟亦不得宏宏焉而言若有閒自通士觀之惟鄉德爲』無閒公之不能

無間乃其濟之所以爲宏世有從公之宏而求勉以企及之者於其間乃所宜審而法之也諸□周善培記周嗣培書大連華商』公議會西崗華商公議會大連山東同鄉會大連華商代理店聯合會大連錢鈔取引入組合中華青年會大連宏濟善堂、泰東日報公立』
中華民國十七年夏正戊辰十月』

刘肇亿

刘肇亿（1852~1925），字志恒，因其父亲早年病故，家境贫困，刘肇亿自幼习商，多年勤奋经营东兴杂货号。由于经商有方，杂货店蒸蒸日上，他在烟台商界崭露头角，具有极高的声望。

1898年俄国强租旅大后，开始殖民城市建设，旅顺地区的工商户日渐增多，开始形成新的城市。看到发展机遇的刘肇亿携巨资渡海来到旅顺从事商业活动，并结识了当时工商界的头面人物、大商人纪凤台。刘肇亿与纪凤台是山东老乡，他在纪凤台的大力帮助和合作下，开设了瑞祥木行。纪凤台是俄国在旅顺驻军的首席通译官，他利用职权，把兴安岭的廉价木材运到旅顺，由刘肇亿的木行自定价格销售，形成垄断企业，销路远达胶东与河北省附近地区，获得暴利。在纪凤台的庇护下，刘肇亿经营得非常顺利，发了一大笔财。不久，刘肇亿又在纪凤台的帮助下，在大连开设了顺发栈。

1900年大连正在建港筑路，城市建设急剧发展，需要大批劳动力。刘肇亿看到机会，便到山东、河北、河南各地大批招募劳工。刘肇亿兼任大劳工头，控制的劳工最多时达到十余万人，东省铁路南满支线各站、大连港、市区路街和今胜利桥北俄国殖民当局衙署及一般俄民住宅，绝大部分是这些劳工修建的。此外，刘肇亿还与另一个包工头张德禄合作搞海上运输，资产越来越多。俄国殖民统治时期，大连华商八大富豪，张德禄居首，刘肇亿名列第二。刘肇亿在大连期间主要做了如下几方面的贡献。

第一，成立洼口公议会。1900年，大连市区刚刚起步，市内居民主要是从事港湾、市街和铁路建筑的职员、工人，以及从山东、河北等地招来的大批"苦力"。当时的行政及社会治安管理机构尚未完备，特别是北方义和团运动波及大连地区，"杀

原大连宏济善堂

俄国鬼子"之声传到了市内,俄国人慌作一团。因俄国驻军大批开赴京津参与八国联军侵华行动,旅大地区防务空虚,为确保地方治安,俄国殖民当局责令华商巨富筹建商民自治自卫的群团组织。刘肇亿借此机会提出要求,一是立即成立华商团体,名称是洼口公议会,属于自治的商会组织,以保护商民利益。二是在此非常时期,成立商会的武装——商民自卫团,武器弹药请俄军供应,团员暂定名额为8 000人,另设短枪(手枪)队队员800名,商团团员统一着装,分驻市内四周,以维持正常秩序。刘肇亿的请求和建议,立即被俄国殖民当局批准。

商会组织定名为"洼口公议会"(这是大连最早的民间商会性质的组织),张德禄为总理(会长),刘肇亿为协理(副会长),主持日常事务。公议会下设公议处,募有800多名巡丁,还设统领和师爷各1名,专门负责地方治安工作及地方民、刑案件的审理[1]。商会成立于非常时期,其成立后,在商民自卫团的护卫下,市内外安静如常,帮助俄国殖民当局渡过了难关。因此,刘肇亿进一步得到殖民当局的信赖,公议会的权限也逐步扩大,具有代行地方行政管理的职能,成为俄国殖民统治机构的组成部分。此时的公议会除为殖民当局征税、发行地方钞票外,还办理华人子弟就学、医疗、为华人介绍职业及开设慈善机构等事务,受到广大华人的欢迎。因此,在华人的心目中,刘肇亿具有较高的威望。

1905年日本强占大连后,为进一步掠夺我国东北资源,倾销其商品,刻意开发大连,扩建港口,加紧市区建设,工商业开始发展。在这种情况下,洼口公议会改组并

---

[1] 顾明义等主编:《大连近百年史(下)》,辽宁人民出版社,1999年,第964页。

1934年，大连宏济大舞台

更名为"大连公议会"，主管区域为东大连（今中山区），刘肇亿被选为首任总理（会长）。但日本殖民当局以"通俄罪"逮捕刘肇亿。此事震动了全市工商界，广大商民一致向日方请求，将刘肇亿保释出狱。刘肇亿出狱后继续担任公议会总理职务。

第二，创办宏济善堂，发展民族慈善事业。1907年，公议会成为统一的民间商会，为筹集商民的医疗和福利费用，刘肇亿学习外地经验，仿照上海娱乐机构"世界大舞台"出售彩票牟利的方法，创办宏济彩票局，发行彩票，每月可得利益金5000余圆，多时可达9 000余圆[1]。这笔资金除去彩票局的经费，其余全部充作振兴大连及公共事业的基金。1908年4月，得到日本殖民当局的许可，刘肇亿用发行彩票的盈余资金在大连惠比须町（今西岗区英华街）创办大连宏济善堂。其主要业务是为华人举办恤寡抚孤、育婴养老、购地义葬、扶贫济困和为民戒鸦片烟等慈善事业，并创办医院常年为贫苦患者免费诊治。同时，公议会还购置大批房产，开设永善茶园（今民生街宏济大舞台、人民剧场前身）等产业，作为该慈善机构开展业务的永久基金。刘肇亿还主动承办大连红十字会，推进群众的慈善事业，修缮天后宫和松山寺。他自幼失学，深知贫民子弟就学之难，所以大力募捐创办华人公学堂一所，在家乡福山捐资创办彭城国民小学一所，获得当地政府的表彰。

---

[1] 顾明义等主编：《大连近百年史（下）》，辽宁人民出版社，1999年，第965页。

泰东日报社旧址　　　　　　曾任《泰东日报》总编辑的进步人士傅立鱼

第三，创办中国人在大连的第一份中文报纸。日本在占领大连以后，日本殖民当局把"新闻言论机关"视为其"贯彻（日本）国策的先锋"、喉舌，必须全面占领[①]。为加强殖民文化的侵略、加强思想控制，日本殖民当局在大连地区有目的、有计划、有步骤地创办了为数众多的为其殖民侵略服务的报纸。因此，在日本殖民统治下的大连地区，市面上充斥着日本人创办的报纸，却没有一张华人创办的报纸。为改变这种状况，由刘肇亿出面，大连华商公议会集资创办了中文报纸《泰东日报》，聘请日本著名汉学家、原《辽东新报》副刊总编金子平吉（雪斋）为社长兼主编。《泰东日报》为日本殖民统治大连时期的第一份中文报纸，版面分为政治、经济、社会、地方、副刊、少儿等各专栏，主要刊登国内外新闻、市场行情、金融动态等，为华商开展业务提供参考。该报持论公正，特别是1913年至1928年7月傅立鱼任主编时，发表了大量有利于中国人的言论，为民众鸣不平，声援兴办教育，报道大连人民的爱国活动等，受到中国人的欢迎，产生了很大的社会反响。因此，报纸的发行量极大，销路远及辽沈和胶东，在当时的大连地区乃至整个东北地区都有较大的影响力。九一八事变后，受日方控制，《泰东日报》逐渐成为关东军的喉舌，大肆宣传"日满亲善，共荣共存""王道乐土"等思想以愚弄中国人民。1941年太平洋战争期间，宣扬"大东亚战争必胜""英美必败"。1945年日本战败投降后停刊。

1914年大连公议会改选时，刘肇亿因年事已高而辞去总理职务，由其一手培养的原协理郭精义接任。他返回山东老家养老，将大连的所有产业交由其亲侄刘仙洲接管经营。刘肇亿回归故乡后，仍举办慈善事业，修桥铺路，访贫问苦。1925年，刘肇亿因病去世。

碑文的撰文者及书写者周善培和周嗣培为昆仲，祖籍浙江暨城区，均为晚清遗老，在当时的中国政治界具有较高的影响力，尤其是周嗣培擅长水墨山水，亦工书法，书画蜚声当时，有民国辽南四才子之谓。

---

① 顾明义等主编：《大连近百年史（下）》，辽宁人民出版社，1999年，第1295页。

三　郭君精义纪念碑

薛志刚

郭君精义纪念碑，汉白玉质地，高212.5、宽88、厚65厘米。石碑为碑楼形状由碑帽、碑柱、碑身和碑座组成。碑楼屋顶呈歇山式，在屋顶4条戗脊上都雕刻有鳌首图案，屋脊檐口雕刻有兽面像图案。石碑右侧雕刻松柏和荷花的图案，松柏象征坚贞，荷花象征洁白。石碑左侧雕刻耄耋富贵图，有猫和牡丹的图案。猫的谐音为耄，耋指八九十岁的年纪，牡丹为富贵之花，所以，此副图案为吉祥富贵、健康长寿之意。碑阳为碑主及立碑时间，其中碑阳碑文"郭君精义纪念碑"为阴刻隶书，其余碑文为阴刻楷书，碑阴为碑记，阴刻楷书，16行，满行50字。碑柱的阳面和阴面楹联为阴刻篆书。日本大正十四年（1925）8月，日本殖民当局把郭精义迫害致死，关东厅长官儿玉秀雄"倡议"，为已故原大连华商公议会总理、四届市会议员郭精义立碑，并亲自题写碑铭，其实是欲盖弥彰。1989年，旅顺日俄监狱旧址博物馆工作人员采集于旅顺"八一"烈士陵园。

郭君精义纪念碑

第二章 纪 念 碑

郭君精义纪念碑碑阳拓片

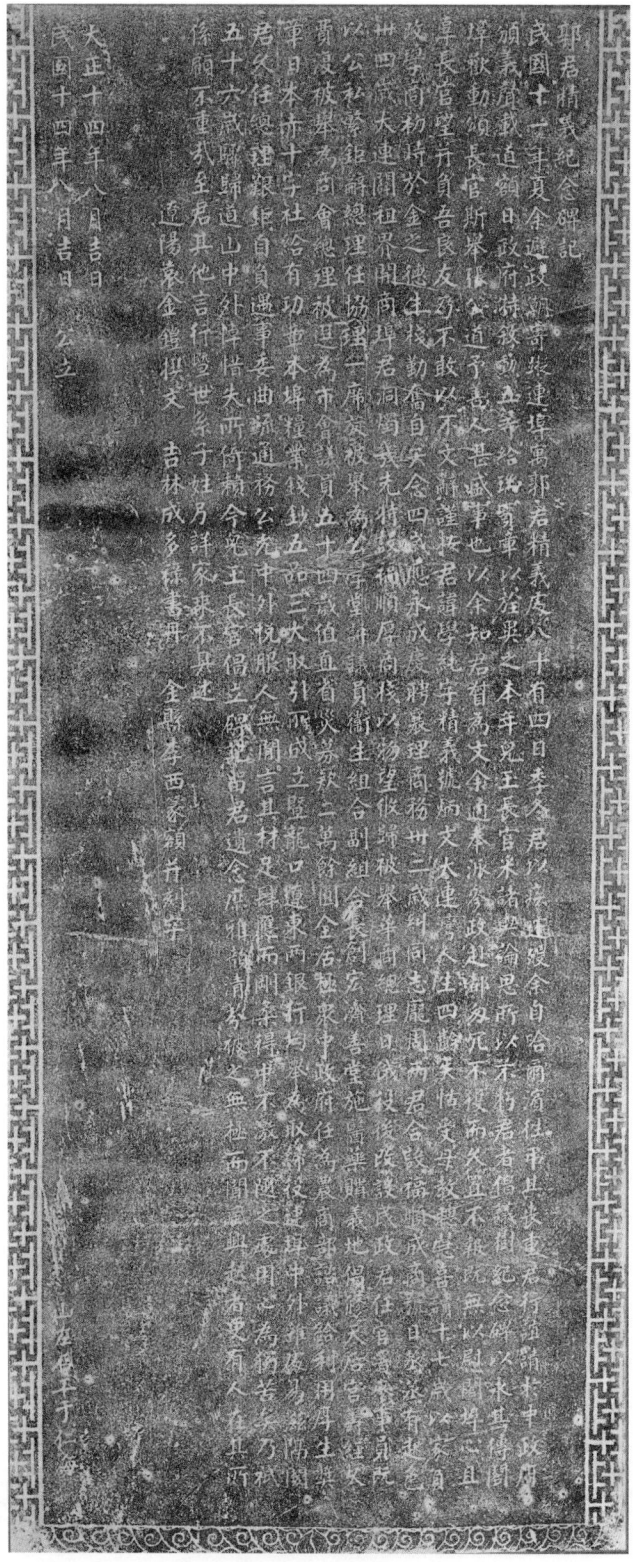

郭君精义纪念碑碑阴拓片

郭君精义纪念碑碑阳楹联横批拓片

郭君精义纪念碑碑阳楹联左侧拓片（下联）　　　　　郭君精义纪念碑碑阴楹联右侧拓片（上联）

郭君精义纪念碑碑阴楹联横批拓片

郭君精义纪念碑碑阴楹联左侧拓片（下联）　　郭君精义纪念碑碑阴楹联右侧拓片（上联）

碑阳

　　　　　正三位
關東長官　　伯爵兒玉秀雄題
　　　　　勳一等
郭君精義紀念碑
大正十四年歲次乙丑八月立

碑阳楹联横批

遺愛流芬

碑阳楹联右侧

肆應亦見經緯畧

碑阳楹联左侧

貨殖如斯濟世才

碑阴

郭君精義紀念碑記』
民國十一年夏余避政潮寄蹤連埠寓郭君精義處八十有四日季冬君以疾遽歿余自哈爾濱往吊其喪重君行誼請於中政府』頒義聲載道額日政府特敘勳五等給瑞寶章以旌異之本年兒玉長官采諸輿論思所以不朽君者倡議樹紀念碑以永其傳閣』埠歡動頌長官斯舉張公道予善人甚盛事也以余知君篤為文余適奉派參政赴都匆冗不獲而久置不報既無以慰闔埠心且』韋長官望并負吾良友乃不敢以不文辭謹按君諱學純字精義號炳文大連灣人生四齡失怙受母教聰慧喜讀十七歲以家貧』改學商初時於金之德生棧勤奮自矢念四歲應永成慶聘襄理商務卅二歲糾同志龐周兩君合設福順成商號日蒸蒸有起色』卅四歲大連闢租界開商埠君洞燭幾先特設福順厚商棧以物望攸歸被舉華商總理日俄役後改設民政君任官署參事員既』以公私繁鉅辭總理任協理一席旋被舉為公學堂評議員衛生組合副組合長創宏濟善堂施醫藥購義地倡修天后宮籌經久』費復被舉為商會總理被選為市會議員五十四歲值直省災募欵二萬餘圓全活極衆中政府任為農商部諮議給利用厚生獎』章日本赤十字社給有功章本埠糧業錢鈔五品三大取引所成立暨龍口遼東兩銀行均舉為取締役連埠中外雜處易滋隔閡』君久任總理艱鉅自負遇事委曲疏通務公允中外悅服人無閒言其材足肆應而剛柔得

郭精义

中不激不隨之處用心為獨苦矣乃祇』五十六歲驟歸道山中外悼惜失所倚賴今兒玉長官倡立碑記留君遺念庶雅韻清芬被之無極而聞風興起者更有人在其所』係顧不重哉至君其他言行暨世系子姓另詳家乘不具述』

遼陽袁金鎧撰文 吉林成多祿書丹 金縣李西篆額并刻字』山左石工于仁海』

大正十四年八月吉日』民國十四年八月吉日』公立』

碑阴楹联横批

郭君精義紀念碑記

碑阴楹联右侧

三致千金越范蠡

碑阴楹联左侧

善交久敬齊晏嬰

　　碑阴楹联上联"三致千金越范蠡",指春秋时期越国大夫范蠡。范蠡曾辅佐越王勾践卧薪尝胆,发愤图强,兴越灭吴。完成灭吴之举后,范蠡功成身退,离开越国经商,成为巨富。司马迁在《史记·货殖列传》中称范蠡"十九年之中三致千金,再分散与贫交疏昆弟。此所谓富好行其德者也"。关于经商之道,范蠡认为物价之贵贱在于供求之变化,贱时收购,贵时平价出售,必能稳定物价和社会秩序。

　　下联"善交久敬齐晏婴",讲的是春秋时期齐国大夫晏婴。晏婴辅佐齐国三代国君,是中国历史上著名的政治家、外交家。晏婴曾向齐景公论述"和同之别",认为"和"是相异的事物合而相济;"同"则是相同的事物简单地加在一起。由此,晏婴力劝齐景公治理国政应当去同存和,广泛听取不同意见。

　　郭精义(1867~1922),字学纯,号炳文。大连湾人,幼年丧父,受母教,17岁时因家境贫寒被迫进商店当学徒。在金州德生栈学做生意。

　　1905年日本侵占大连后,郭精义独资开设福顺成代理店,从事东北的特产物杂谷、大豆、豆粕、豆油等的交易,是大连地区首家华资外贸大商行,随后又经营油坊、钱庄、木厂等,因经营得法,事业蒸蒸日上,很快成为当时的工商界"八大家"之一,到1911年,其财产仅次于刘肇亿。1905年10月,"洼口公议会"改组为"大连公议会"后，刘肇亿为总理，郭精义当选为常务协理。1914年大连公议会改组，刘肇义因年事已高辞去总理职务，郭精义当选为会长，李子明、张本政当选为协理，会董32人。

郭精义上任后，励精图治，锐意改革会务，公议会事业蒸蒸日上。同时，他还经常向北洋政府汇报大连的工商业情况。1918年他被北洋政府委任为中央农商部咨议。郭精义靠近北洋政府的做法，引起日本殖民当局的不满。为了消除其在大连华商和居民中的影响，日本殖民当局禁止在报纸上刊登郭精义被北洋政府任命为中央农商部咨议的消息。此外，日本殖民当局还一直想撤换他，让大汉奸张本政控制商会。无奈华商公议会是中国人的民间组织，必须通过广大华商投票才能更换会长。日本殖民当局的阴谋因遭到广大华商的抵制而未能得逞。郭精义为维护广大华商的利益，带领商民坚决抵制日本殖民当局的"金建制"，表现了崇高的民族气节。

1921年4月，日本殖民当局为了加重剥削大连人民，进一步掠夺东北的物资，悍然命令关东厅实行"金建制"，企图以朝鲜银行发行的朝鲜券统一大连的币制。日本殖民当局的这一举措，不仅使华商的正常买卖遭到损害，还因金银价之间的差价造成华商的财产损失，这是日本殖民当局蓄谋已久的掠夺华商和大连人民财富的阴谋。日本殖民当局"金建制"令一公布，就遭到广大华商和中国居民的群起反对和抵制。广大华商们紧急集会，请求大连华商公议会会长郭精义主持公道。郭精义认为"金建制"是危及中国同胞的大事，决不能委曲求全，并在集会上慷慨陈词："吾等自应首当其冲，据理力争，虽牺牲营业，甚至陷于缧绁（即入牢狱）概所弗惜！"为维护华商的利益，以郭精义为首的大连华商公议会连续召开会议，最后决定：①由会长起草请愿书；②特产、钱钞两交易所停止交易；③致函日商团体——大连商工会议所，呼吁协助维持银建制[①]。随后华商们推举以郭精义及公议会协理李子明为首的32名代表组成华商银建保存会，极力抵制殖民当局的"金建制"令。同时，大连华商公议会、特产交易所、民用物品交易所、重要物产信托会社和钱钞交易所五大经济团体举行联盟罢市，以示抵制。

郭精义还以商会会长的名义多次到旅顺面见关东厅长官，申述民意，要求取消"金建制"，但毫无结果。郭精义看到商会力量太小，于是积极奔走于奉天（沈阳）和北京之间，恳求中国政府施以援手。但军阀政府畏惧日本，对郭精义的请求只是敷衍了事。郭精义回到大连后，日本警察当局派了四名武装警察到郭精义住处，以防暗害为名，实则是软禁了他。郭精义向警察署长说："我是个商人，没有仇人，绝对没人暗害我。你们好意保护，我很感谢，但一般商人看了害怕，都不敢来和我谈买卖。请让他们回去吧！"警察署长听后，撤回武装警察，改派两名便衣监视郭精义的行动。

---

① 郭铁桩、关捷：《日本殖民统治大连四十年史（下册）》，社会科学文献出版社，2008年，第993页。

当年华商赴日请愿代表团在日本

郭精义看到反对"金建制"仅靠华商的力量不行，便请原任大连商工会议所（日本商会）头目的相生由太郎帮助。此人在大连和中国人合伙开了几家买卖，如果实行"金建制"，对他也不利。相生在日本国会议员中认识一些人，他建议华商可以组织赴日请愿团，向日本政府申诉。于是郭精义在相生由太郎的帮助下，组建以自己为团长的由80余名大连工商界人士组成的赴日请愿团。请愿团出发的前一天，全市工商界代表在泰华楼为请愿团举行欢送会。郭精义当众表示，去日本一定要达到目的，不辜负大家的期望。正当众人鼓掌时，突然一声枪响，一颗子弹从郭精义的脑后擦过耳边飞过，很明显这是殖民当局对郭精义下的毒手，目的是阻止他东渡日本。但请愿团并没有被刺杀事件吓倒，毅然启程赴日，同时，全市华商进行了更大规模的罢市，抗议日本殖民当局的掠夺暴行。中国商人的此次罢市持续了4个月之久，给日本殖民当局的贸易造成了巨大的损失。据统计，当年的对外贸易额与上年同期相比，大豆减少6.3万多车，豆饼减少4 678万片，高粱减少2.7万多车。

郭精义一行到达日本后，日本殖民当局又派杀手于半夜潜入郭精义住的旅馆房间。凑巧郭精义的儿子腹泻，郭精义在厕所里照顾儿子，刺客四处寻找郭精义未见，反被旅馆工作人员发现并报警，郭精义再次逃过一劫。请愿团在日本的活动极不顺利，日本的当权派知道大连的殖民长官是军阀元老山县有朋的儿子，谁都不愿参与此事，装聋作哑，不予支持。

眼看请愿活动毫无结果，郭精义心急如焚。他利用个人的人脉关系，花了大量人力、财力，打通了日本内阁和皇室的关系。郭精义终于得到了面见天皇陈说利害的机会，但高高在上的大正天皇仅是告知郭精义"迅速返回大连，事情必能妥善处理"，并未予以明确答复。

请愿团在日本停留了40余天，毫无进展，郭精义无奈，只得率团返回大连。直到1922年9月大连殖民长官山县伊山郎去职后，新任殖民当局长官伊集院彦吉才宣布"金银并用"，并且重申大连是自由贸易商港，不论哪个国家的钱币，一律通用。

郭精义返回大连后，立即向奉天的张作霖和北京政府汇报了情况。之后不久，由于长期的奔波劳累，郭精义感到身体不适，并且牙床出血，随即到北大山通（今上海路）久保田牙科医院医治，当即被打上一针后回家。到晚上9时，郭精义神志不清，说不出话，家属急将其送往"满铁"医院，经该院纯上博士在手指头上放血检查，只见血已变成黑紫色。纯上叹了一口气说："来晚了，无法抢救了。"郭精义于1922年11月13日半夜去世。郭精义去世后，由协理李子明继任会长职务，在郭精义勇敢斗争精神的感召下，继任者李子明带领广大华商与日本殖民当局进行了更为艰苦卓绝的抗争，同时，也遭到了日本殖民当局更加严厉的打击和迫害。

郭精义为维护大连华商的利益，置个人安危于不顾，带领广大华商与日本殖民当局进行悲壮抗争并为此付出生命的斗争精神赢得了广大华商和市民的爱戴。在他去世后，大连市华商停止营业以志哀。奉天张作霖政权特派代表来大连致祭。北京的中华民国政府特颁给郭氏家属匾额一方，题词是"义声载道"，以表彰郭精义的爱国精神。

1922年日本殖民当局将郭精义迫害致死，为了欺骗社会舆论，时隔3年之后，即1925年，由日本关东厅长官儿玉秀雄出马，"倡议"为郭精义立碑，并亲自题写碑铭，笼络人心。剥去画皮，儿玉秀雄其实是侵华的急先锋。1927年日本内阁继召开制定侵华政策的"东方会议"之后，同年8月又于旅顺关东厅长官官邸即儿玉秀雄的住地秘密召开所谓"大连会议"，而儿玉秀雄就是会议的参加者。会后日本便制造了一系列政治事件，直到发动九一八事变，侵占整个东北，历史的教训值得警惕。

四　故李公子明纪念碑

薛志刚

故李公子明纪念碑，夏历丁丑（1937）仲夏立。汉白玉质地，高193.5、宽75、厚19厘米，呈长方形，阴刻楷书。碑额为二龙戏珠图案，额题天宫为碑楼形状，碑阳额竖题"万古"，碑阴额竖题"流芳"。碑阳为碑主、立碑时间及立主。碑阴为碑记，16行，满行50字，共648字。碑身四周均刻有菱形花纹和暗八仙图案。该碑系大连市绅商各界暨本乡亲友会为纪念故大连华商公议会会长李子明而立于大连。1989年，旅顺日俄监狱旧址博物馆工作人员采集于旅顺"八一"烈士陵园。

故李公子明纪念碑

故李公子明纪念碑碑阳拓片

故李公子明纪念碑碑阴拓片

碑阳

歲在丁丑仲夏之月　穀旦
故李公子明紀念碑
大连市紳商各界公立

碑阴

昔者周人懷召伯之德甘棠為之不伐越王思范蠡之功鑄金以存其像若夫勳著社稷則銘諸景鐘功在民生則刊諸樂石故扶』風留必拜之地襄陽有墮淚之山崇德報功因人及物紀念立碑由來久矣前大連華商公議會會長李公子明福山望族通德』高門生負瓖資幼秉琦行馳白傅凤慧之譽有黃香孝童之稱而瞻識邁群衆咕嗶謝拘儒年逾弱冠焚書營商馳騁名場幾及一』世綜其經歷可得言焉其初蒞連濱也任職盛泰洋行經理殫慮鈎稽億則屢中致使清聲飆發成績斐然劍出豐城燿列星而氣』壯雲生泰岱聯九霄而雨興從茲錯節盤根始基漸固乃復高掌遠蹠雲路飛騰不數年間脫離依傍獨立經營展其經濟長才就』任銀行主縉其超然卓立不求援助此不可及者一厥後俊譽滿中外高名聞婦孺摩霄之幹衆目賞其奇照乘之珠彌世驚其寶』甲寅秋當選為大連華商公議會副會長公當仁不讓見義勇為力求金融穩固創立錢鈔信託交易公允中外稱便歲辛未金』建問題發生公本其熱忱辭職呼籲為廛民謀幸福勞怨不辭為經濟爭生存人言奚恤其公而忘私不避艱險此不可及者又』一迨夫風潮平靜捲土重來庶流仰止奉之為魯殿靈光物望攸歸尊之如泰山北斗甲寅之夏因被公選為公議會正會長薰宏』濟善堂協理並被官選為大連市會議員公力任艱鉅應付餘裕心師虛竹履凜春冰對外則不亢不卑對內則矢勤矢慎解紛』排難有魯仲連之高風焚券周貧慕孟嘗君之雅度寧人息事惠及商廛任卹睦婣澤普鄉里其謙懷首挹陰德耳鳴此不可及者』又一惜乎天不假年壯猷未竟年繞知命遽謝塵世易簀之日耕者輟耘舂者不相及其葬也揮涕執紼縞素送喪者途為之塞噎』公之感人有如斯之深且切者日月不居倏越十稔雖音容已歸天上而典則猶在人間同人等緬想前型追懷遺愛公議醵資立』碑以留紀念僉報日可於是鳩工庀材觀成不日聿將盛德昭示來茲藉此貞珉永垂不朽』
江蘇武進蔣武租拜撰』山東福山杜其中書丹』王仁和刻字』

　　碑文由蒋武租撰写，主要从商业经营、反对"金建制"和任职大连公议会期间为商民排忧解难等方面，盛赞了李子明的商业才华和为大连民族工商业发展所做出的巨大贡献。

李子明

　　李子明（1887~1927），山东省福山县人。父亲李梦臣，是当时烟台有名的富商，长期担任烟台市商会会长。李子明自幼聪颖，深受其父宠爱。8岁入私塾，17岁开始在烟台顺泰洋行学习商业和外国语。1900年离开烟台，到海参崴学习商务。3年后，学成回国，仍在烟台顺泰洋行任职。由于工作出色，李子明很快升任协理。

　　1908年春，李子明来到大连发展，任顺泰洋行大连分行经理。由于经营有方，业绩显著，在大连华人工商业中崭露头角，成为大连工商界远近闻名的后起之秀。后来，李子明独资经营源成泰杂货代理店，主要经营面粉、砂糖、麻袋等商品，获得巨大成功，不到一年时间，利润翻倍。1918年开始经营英美烟草公司产品，到1920年，源成泰代理店已经发展成为华商中的大户。

　　1914年，大连公议会进行改组，具有较高社会声望的李子明当选第一副会长（协理）。为了区别于日商商会组织，李子明倡议公议会加上"华商"二字，更名为大连

原大连取引所

华商公议会①。公议会冠以"华商"二字，在殖民统治时期有利于提高民族意识，也有利于同胞之间的团结合作，得到了广大华商的欢迎，但却引起了日本殖民当局的不满。

1921年，大连殖民当局为了掠夺中国居民手中的白银，以统一币制为名，悍然下令实行所谓"金建制"，每一银圆只能换到朝鲜银行的钞票7角，到期仍再使用银圆者，银圆没收，并科以重罚，赤裸裸地掠夺中国人手中的真金白银。广大华商识破日本阴谋，群起抵制。华商公议会为了维护华商利益，义不容辞地与殖民当局交涉，然而殖民当局却置之不理。李子明认为日本殖民当局欺人太甚，激于民族义愤，在反"金建制"斗争中，率先组织商民举行部分罢市，在取引所（交易所）中与日商展开"不买不卖"的休场抗争，造成作为金融枢纽的取引所一时处于瘫痪状态，给日本殖民当局造成巨大损失。日本殖民当局大为恼火，下令将李子明驱逐出境，以示惩戒。在广大华商掩护下，李子明到营口避难。

1922年11月，华商公议会总理郭精义因劳累过度及患牙疾，医治无效病逝。1923年初，"金建制"风潮完全平息后，经龙口银行大股东田中向殖民当局疏通，李子明回到大连，被推举为华商公议会会长。李子明继任会长后，为不辜负广大华商的重托，更加积极地为商民办事，对日本殖民当局不合理做法，一如既往地予以抵制。日本殖民当局对他旧恨新怨一起发作，处处给李子明找麻烦，使他的商会领导工作无法开展。

遭到日本殖民当局排挤的李子明并未气馁。1925年上海爆发了震惊中外的五卅惨案，大连各界爱国人士组成沪案后援会，举行游行示威，李子明积极组织商会会员捐款，支援上海人民的反帝斗争。1926年大连地区爆发工人阶级反抗日本殖民统治的满洲福纺株式会社罢工事件，李子明同样领导工商界大力支援"福纺"工人的罢工斗争。李子明的爱国举动，更加激起了日本殖民当局的暴怒，他们把有关商会和工商界之事完全避开李子明，直接命令华商公议会第一副会长、亲日派分子张本政全权处理。并唆使张本政与李子明公开不合作，致使李子明的会长职务徒有虚名。李子明性情刚烈，难以忍受，加之生意经营得不如意，终在悲愤交集中抑郁成疾，于1927年夏饮恨去世。李子明去世后，大连华商公议会的领导权落入大汉奸张本政之手，彻底沦落为日本人的附庸，成为其推行殖民政策的工具。

---

① 顾明义等主编：《大连近百年史（下）》，辽宁人民出版社，1999年，第965页。

五　故庞公睦堂纪念碑

薛志刚

　　故庞公睦堂纪念碑，日本昭和十六年（1941）立。汉白玉质地，高194、宽76、厚20厘米。整座碑由碑额、碑身、碑座组成。碑额雕刻二龙、祥云图案，篆额天宫为碑楼形状，碑阳额竖题"遗爱"，碑阴额竖题"流芳"。碑身四周均刻有菱形花纹及暗八仙图案，碑座刻有菊花图案。阴刻楷书，碑阴18行，满行59字，共907字。1989年，旅顺日俄监狱旧址博物馆工作人员采集于旅顺"八一"烈士陵园。

故庞公睦堂纪念碑

故庞公睦堂纪念碑碑阳拓片

故庞公睦堂纪念碑碑阴拓片

碑阳

昭和十六年八月穀旦
故龎公睦堂紀念碑
　　　　副會長邵慎亭
大連市商會長 張本政
　　　　副會長劉仙洲
　　　　副會長劉儒風
西大連商會長許萬亭
　　　　副會長呂作源
　　　　　副會長徐憲齊
大連西崗商會長周子揚代表紳商仝立
　　　　副會長王少臣

碑阴

故大連西崗商會會長龎公睦堂紀念碑記』
大連據渤海之門戶作滿洲之鎖鑰為東亞商塲冠滿華商民懋遷兹土者以西崗為中心商會成立迄今三十餘年矣歷任會長擘畫經營日新月異始』臻今日之盛而其任職最久者以龎公睦堂為首公籍金州之泉水屯賦性豪爽見義勇為其平生事跡彰丂在人耳目試撮其大端敘之民國十二年公』初膺會長時崗會以建築會舍積欠舊債至八千餘元公就任伊始即裁減冗費蠲不急之需未及數年而積欠以清又以會務進展須財政充裕於是籌』建九聖祠院內平房若干間又買平順街樓房一處即以所收租金補助本會經費崗會根基因以日固此公之有益於會務者也當時西崗市面雖發達』而滿鉄之貨車站及倉庫尚屬闕如商家運貨極感不便公以本會代表商民向滿鉄當局請求卒獲增設站庫又商家由鉄路運貨請領儀紙繳銀行切』手車站長恐有詐偽拒絕收受公與當局交涉由商會盖印保証始免異議他如請准改訂戶別割及所得稅籌設大龍街夜市此皆有利於商民者也公』對於市民則籌款設立庇寒所及施粥塲以救濟貧民又與各會同人發起募捐在天后宮旁隙地建築寄柩所兼大禮堂以為各地僑商死亡連市者厝』置靈柩設奠發喪之地此公之有功於社會者也大連人口日增而教育機關收容滿華人子弟者僅有數公學堂均止於高小階級無中等學校有志之』士升學困難公與本市同人一致向市政當局多方陳請卒於康德元年創立協和實業學校滿華學子始有向上求學之機公又獨力創辦睦堂幼稚園』以教齠齡兒童此公之有裨於教育者也大連市民託庇於友邦保護之下公之行誼尤為日方所推重故上自官府紳耆下至商販平民罔

不敬重而稱』頌之自當選會長前後連任者六次歷十六年之久至康德六年七月卒於任識與不識罔弗歎惋其德望可想見矣夫連地商賈駢集習尚各殊而能以』一人之才智籌全市之福利屢數十萬市民之心屢思退避賢路以息仔肩而西崗商民情殷維繫依如長城非有特殊之才力能令人信仰若此乎公於』是可傳矣至公之家世淵源與其生平行事另有傳狀紀敘茲不著僅敘其會長任內之措施可法可傳者揭於碑而系之以銘曰』甘棠憶召攀轅借寇遺愛之永由於德懋黎民保障商界領袖事雖殊途理無差謬翳惟厖公連濱望崇人心所向如草偃風興利除害殫智竭衷一十六』年市廛怦愴然選首屢思退休萬商愛戴耆容游優老成典型永垂千秋山高水長仰此宏猷』

光緒甲辰進士江蘇長洲王季烈撰文』山東萊陽縣邑庠生尹拙安書丹』山東掖縣王仁和石工』

庞睦堂

庞睦堂（1882~1940），名志顺，大连市甘井子区泉水子人，出生在一个比较富裕的农家。共有兄弟四人，他排行第四，人称"庞老四"。

1898年俄国租借旅大后，庞家兄弟做购运羊草的生意。因庞睦堂在兄弟中最有文化，且善于交际，在购运羊草和对外联系的业务中发挥了重要的作用，为庞家的经济发展、也为他个人以后事业的发迹奠定了良好的基础。

1905年日本侵占大连，俄军退出了大连地区，庞家贩运羊草的生意随之结束。日本殖民者把青泥洼开发成为商业地区后，大连湾的商铺纷纷迁往大连市区的青泥洼营业。庞家抓住商机，也把资金转移到市区，开设福顺恒杂货代理店，从此庞家正式步入大连工商界。

日本殖民当局宣布大连为自由港后，金融业开始兴旺。1907年夏，庞睦堂出资20万日元，在当时华商集中的繁华地区小岗子（今西岗区）久寿街附近开设福顺义钱庄，庞自任经理。由于庞睦堂交游广泛，且平易近人，恪守信用，福顺义钱庄生意兴隆，不到两年，已发展成为一流钱庄。不久，他又在东大连（今中山区）的东乡町（今修竹街）开设福顺义钱庄，规模与西岗福顺义钱庄相当，由庞睦堂兼任经理。至此，25岁的庞睦堂已成为公认的工商界后起之秀，具有较高的声望。

1910年以后，大连油坊业兴起，庞睦堂在小岗子西部的刘家屯（今西岗民权街）开设福顺义油坊。1921年，他又在寺儿沟（今二七广场附近）开设福顺义油坊，其规模与小岗子开设的油坊相当，获利甚大。二十世纪二十年代初，由于庞睦堂苦心经营，钱庄和油坊业都取得较大的发展，企业规模及资金实力已相当可观，以庞睦堂为代表的庞家兄弟成为当时大连华商八大富豪之一。

西岗，又名小岗子，位于原西青泥洼村西边。1905年日本占领大连以后，殖民当局将西岗规划为中国人营业和居住地区，并勒令在市内的空隙地段搭盖板房营业的华人一律迁入该地区。为便于商人报领地皮手续，经日本殖民当局同意，1906年春在西岗成立了小岗子公议处，专门负责办理报领地皮手续，兼理商民自治事宜。1908年，小岗子公议处改组为小岗子华商公议会。

1923年，小岗子华商公议会改选，原会长牛作舟坚持不再连任，公议会推选政记油坊主张叚臣（张本政之子）为会长，张叚臣坚辞不就。于是由庞睦堂补任为会长。此后，庞睦堂四届连选连任，开启了小岗子华商公议会的庞睦堂时代。

庞睦堂接任会长后，热心为商民服务，深得商民信赖。1924年3月，为振兴民族工商业，庞睦堂率领满蒙文化协会组织的中国实业视察团赴日本各地参观考察20余天。认为"欲求商业之发展，非有相当知识无以为力"[①]。返回大连后便立即创办实业补习学校，庞自任校长，培养了许多有相当学识的华商青年。

1926年秋，小岗子华商公议会换届，庞睦堂连选连任会长。同年，他个人出资成立大连中华幼稚园，解决华商子弟的学前教育问题；设立庞寒所和施粥场，救济贫苦百姓。1927年冬，他又与东大连商会共同发起募捐，在宏济善堂前建筑灵柩祭奠大礼堂一处，为中国各地商民在大连死亡者寄柩祭奠之用。自此，小岗子商会在庞睦堂的带领下声誉大振，在全市商民中赢得了良好的评价。

二十世纪二十年代中期，大连的油坊业处于鼎盛发展时期，西岗街及西岗公议会所辖的工业地区的油坊已达30余家。但因为距离码头远，来往载运大豆、豆饼的运费，比东大连的各油坊要高出两倍，严重影响经济效益。小岗子华商公议会与"满铁"交涉了近5个月，终于使"满铁"答应在小岗子北部设立货车站，建筑存储货物的仓库，以便于西岗地区的油坊企业降低生产成本、提高利润。

1929年秋，小岗子华商公议会又面临换届选举，庞睦堂再次以高票当选会长，这与会章规定会长任期只能连任一次相悖，但由于庞睦堂资格声望较高，深得商民拥护，于是经会员大会讨论，将会章改订为"会长无任期之限制"。至此，每次换届庞睦堂都是连选连任，直至1940年。

1932年，小岗子华商公议会在庞睦堂的领导下，代表全区商民要求废除"小岗子"的俗称，正式更名为"西岗"。从此商会更名为"西岗商会"。同年，因伪满政府新订大连关税税率太重，有碍于大连商业的发展，西岗商会便联合大连日本商工会议所、大连市商会、西大连商会组成请愿团赴新京（今长春市）要求酌减大连关税。

---

① 顾明义等主编：《大连近百年史（下）》，辽宁人民出版社，1999年，第973页。

1935年设立的大连市立协和实业学校

经过多方奔走,终于获准核减关税。这一举措减轻了工商业者的负担,维护了工商业者的利益,为大连及东北工商业的发展做出了贡献。

二十世纪三十年代的西岗为中国人居住区,人口已经占全市一半以上,住房密集。居住者为省钱,所建居所均为简易房,房前屋后街巷狭窄,且多为石子石板路,甚至是土路。与此同时,西岗以东的日本街早有了数条柏油路。为了实现人们修建现代化马路的迫切要求,1932年,庞睦堂以商会的名义向广大华商集资,在小岗子的中心地段繁华区开辟现代化的马路一条,定名为"新开大街"(今西岗区新开路)。1933年夏天,大街建设完工后,西岗商会呈请殖民当局批准开设新开大街夜市,并交涉,在大街两旁装设路灯,便于商贩夜中营业。此后,各大商号纷纷迁入,成为市内重要的商业大街。

二十世纪三十年代的大连,工商业日益繁荣,中国人口已增至40万以上,但在日本殖民教育体系下,招收中国人的学校只有4所公学堂和1所商业学堂,中国人子弟升学非常困难[①]。在此情况下,庞睦堂偕副会长周子扬以市议员身份积极联络其他华人议员,筹划成立协和实业学校,并且热心奔走募捐,经费由华人负担15万元。1935年4月1日,大连协和实业学校正式成立,解决了华人子弟升中学的困难。

为挽回民族工业的利润外流,庞睦堂于1933年在南关岭泉水屯独资兴建睦堂机制造纸厂,1936年工厂正式投产。凡居民用纸,包括生活、卫生、学习、丧葬及农户冬天糊窗用纸,全由睦堂机制厂供应。1937年,庞睦堂因患病在身,工厂事务交由其长子庞永铭以副厂长身份进行管理。1940年,庞睦堂因患痢症不治去世,会长一职由长

---

① 顾明义等主编:《大连近百年史(下)》,辽宁人民出版社,1999年,第974页。

期任副会长的周子扬继任。此后，在日本殖民当局严格的经济统制下，西岗商会日趋没落，除为殖民当局摊派"国债"和苛捐杂税外，无所作为。

庞睦堂在就任西岗商会会长期间，为西岗区乃至大连地区工商业的发展做出了巨大贡献，因此得到广大商民的爱戴和拥护。1941年8月，为表彰其功绩，大连市商会会长张本政、副会长邵慎亭、刘仙洲，西大连商会会长许万亭、副会长刘儒风、吕作源，大连西岗商会会长周子扬、副会长徐宪斋、王少臣等共同发起，为其立碑纪念。

该碑由清光绪甲辰进士江苏常州王季烈撰文，山东掖县王仁和石工，山东莱阳县邑庠生尹拙安书丹。王季烈，字晋余，号君九，又号螾庐，1873年9月7日出生于江苏省长洲县（今苏州市）。清光绪甲辰科进士。后入上海江南制造局，专研西方物理学。1900年，转入汉阳制造局，受到张之洞的器重。辛亥革命后，他反对袁世凯，拒绝入仕袁氏政权。1918～1920年，应北洋政府交通总长叶恭绰之聘为交通部筹办子弟学校。1927年，由北京迁居大连文化台（今中山区白云街9号），在大连居住10年。王季烈在大连期间，与工商界颇有接触，对庞睦堂亦有深刻的了解，对其为人较为欣赏。王季烈在碑文中对庞睦堂设小岗子货站、开夜市、施粥济民、创办实业学校和幼稚园等惠商惠民的行为大加颂扬，"上自官府（日本殖民当局）绅耆，下至商贩平民，罔不敬重而称颂之"。

六　徐公香圃纪念碑

薛志刚

徐公香圃纪念碑，汉白玉质地，高186、宽76.5、厚21厘米，呈长方形，由碑额、碑身、碑座组成。碑阳碑文"徐公香圃纪念碑"为阴刻隶书，其余碑文为阴刻楷书，碑额雕刻有二龙戏珠、祥云图案，额题天宫为碑楼形状，碑阳额为徐香圃像，碑阴额竖题"流芳"。碑身四周均刻有菱形花纹和暗八仙图案。碑阳为碑主、立碑时间及立

徐公香圃纪念碑

徐公香圃纪念碑碑阳拓片

徐公香圃纪念碑碑阴拓片

碑人。碑阴为碑记，18行，满行49字。该碑碑文字迹清晰，阳面碑铭32字，阴面碑记共19竖行，773字。此碑系伪满康德二年（1935）大连市商会、西岗商会、西大连商会倡立碑纪实，大连绅商各界暨本乡亲友会为纪念已故的原西岗商会副会长徐瑞兰，而公立于大连。1989年，旅顺日俄监狱旧址博物馆工作人员采集于旅顺"八一"烈士陵园。

碑阳

康德二年歲次乙亥九月穀旦
徐公香圃紀念碑
大連紳商各界暨本鄉親友公立

碑阴

西崗商會前任副會長香圃徐公紀念碑記』
去金縣濱海迤南漁火明滅沙鷗翔集景物蕭然斯爲當年大蠣灣西一寥落荒邨耳今則閭閻撲地樓榭連雲遂成繁盛之』西崗區域其始規畫會務多出故副會長香圃徐公勤勞所獲成績昭然遐迩其瞻不有表彰久或湮沒將何以詔後之人耶』公姓徐氏諱瑞蘭字香圃籍隸金州玉皇頂會西北溝村人光緒季年旅大開闢商港公挾漢醫學術來連創設天一藥行且』懸壺濟衆時國人商工百業多集於西崗爰立公議會得監督官廳許可舉定正副總代二人公實副之是爲國人在連□□』機關伊始而總代人選限於本方有資產者身家觀念慕重每憚開罪於人遇事恒多顧慮公方以第四區長薦任議董□□』聘爲關東廳第五方面委員關於興革力任勞怨有所圖維初終貫徹當局施政方略擬就市區西部畫分工商用地序□□』緯街基遠近來者日增貨家供求不給國人租領地址建築宅市或因規章不明或由語言誤會輒起糾紛莫衷一是賴□□』中斡旋成全實多今雖事過境遷偶談往事而口碑流傳猶多感念不置者尒時西崗全區荊榛甫薙舉凡廣療治而建醫□』潔飲料而掘井泉立掃除事務所收塵芥以重衛生聘醫科專門家杜傳染而防癘疫繼之招募巡丁偵防匪賊添設夜警□』保公安以及排難解紛咸使引繩就範更若法律尊重人民習慣有司恒向正紳考詢每因公一言鑑□而得其平頓令□□』爭端豁然消弭由是聲譽益宏公在會中尤能毅力苦心捍災禦患最著爲編練國人消防組一事前後十數年間正躬率□』奮勇當先直至官設消防成立迺由關東廳警保局長與西崗石井署長躬臨慰勞置酒大酺勉勵殷拳然後解散是不特□』人對公同聲感頌即當道官吏亦且嘉獎而致謝矣公體格魁梧秉性剛直見義勇爲不避艱阻服務公職垂三十年諸所措』施散見會務大略一書此其犖犖大端耳卒由積勞致疾以康德元年甲戌九月二十一日奄忽藏形卒年五十有六歲鄉閭』市鎮咨嗟悼

惜追懷謨猷信足流芳迺由大連市商會西崗商會西大連商會主倡暨碑紀實本邦暨鄉屯紳耆父老詢謀僉〡同於是為文壽之貞瑉永昭矜式庶幾不朽云爾〡
寧羌謝廷麒書丹〡
康德二年乙亥十月既望〡

徐瑞兰

徐瑞兰（1879~1934），字香圃。大连市金州人。徐瑞兰幼年读私塾，天资聪慧，品学兼优，结业后在金州城内天育堂药房当伙计，悉心学习汉医学术。日本占据大连后，开港建市，徐瑞兰来大连西岗子开设天一堂药房，自任经理，出售中药。

1908年，西岗子华商公议会成立，徐瑞兰被选为董事，出任西岗子第四区区长。

1911年，徐瑞兰为繁荣西岗子经济、活跃市民文娱生活，在大龙街创建同乐茶园，又称同乐舞台。该园为木板楼泥石结构的建筑，面积1 105平方米，可容纳观众800人，设有桌凳，楼上有包厢，在当时是比较讲究的中国茶园。这里的演出活动一直非常频繁。1913年，徐瑞兰被选为大连卫生组合副组合长、西岗子消防会长。当时消防为公益事业，由商会出面管理。西岗子华商公议会拨款和捐资，招募消防人员，同时购置水车、水袋等物资，并且每日按照消防规章进行练习。每遇火警，消防会长徐瑞兰必亲临现场监督扑救，为保护商家店铺财产做出了贡献。1914年5月，西岗子华商公议会改选，原正副会长杜寿山、苏贵卿因年老告退，新选牛作舟、徐瑞兰为正副会长。至1926年徐瑞兰连选连任三届副会长，接着又连任两届顾问，直至1932年。

1915年，徐瑞兰开设天和药房，自任经理，同时又出任大连华商公议会评议员。1919年，当选为华东信托株式会社社长。1921年，开设香泉堂浴池。

1922年，北京政府农商部鉴于徐瑞兰在大连工商界有卓越的贡献，赐三等奖章。日本殖民当局为削弱他在中国人中的影响，下令不准新闻媒体传播获奖消息。同年，徐瑞兰筹办大连同善堂慈善救济团体并出任会长，副会长为孙德璋。经费由会员和热心人赠助。主要活动有：讲授儒家、佛教和道教的经义，进行修身养性、劝善改过的教诲；救济、抚恤灾民，并设立贫民学校，接收贫民子弟入学[①]。第二年，徐瑞兰任大

---

① 王胜利等主编：《大连近百年史人物》，辽宁人民出版社，1999年，第225页。

连慈善机构宏济善堂评议员。1925年，被选为西岗子北区区长、北区纳税组合长。第二年，出任大连华商药业组合长、汉医自治研究会会长，为大连地区中医药事业的发展做出了巨大的贡献。

徐瑞兰为人耿直，热心公益事业，在西岗商会任职的20年间，为发展西岗工商业和为商民排忧解难做了许多有益之事。他为解决华人子弟读书困难，创建西岗子公学堂；为适应商家经营业务的需要，培养职员的业务能力，举办了数期实业会计、英语、日语补习班；为保障市民生命财产安全，集资成立西岗子消防队；为解决商家货物堆场的不足，将小岗子客站改为货物站；又集资建设大连华人最繁荣的商业街新开大街。因此徐瑞兰在商民中享有崇高的威望。同时，徐瑞兰在经营中药方面有一套成功的经验，而且对中药的性能和作用颇为熟悉，亦是一位中药专家，是华商中不可多得的人才。

徐瑞兰一生担任过10多种社会职务和行政职务。徐公香圃纪念碑碑记对徐瑞兰来大连创设天一堂药房到服务公职的30年时间，对社会公益事业秉持见义勇为、不避险阻的精神，以及在大连工商界享有很高声誉的种种事迹大加赞赏。

七　清故和硕肃忠亲王之残碑

尹玉兰

　　清故和硕肃忠亲王之残碑，民国二十年（1931）立。灰色石灰石质地，残碑下半部高133、宽86、厚32厘米，原碑立于旅顺肃亲王府院内。碑额篆书"清故和硕肃忠亲王之碑"十字。阴刻隶书，碑文共26行，1 353字。此碑记述了肃忠亲王善耆这位政

清故和硕肃忠亲王之残碑下半部

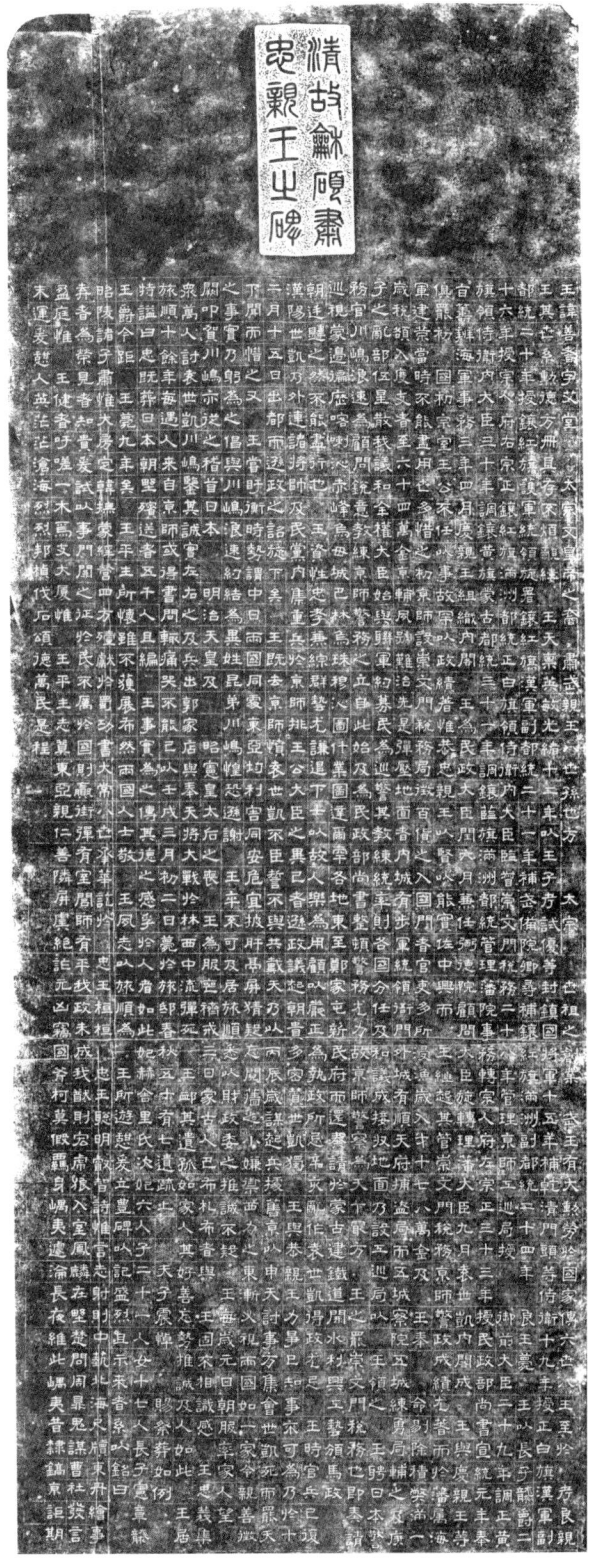

清故和硕肃忠亲王之碑拓片

清故和硕肃忠亲王之碑和善耆铜像

治人物的生平及其在东北、旅顺期间的经历，是研究中国近代史的重要材料，较为珍贵。1985年2月4日，旅顺日俄监狱旧址博物馆将旅顺博物馆移交的下半通清故和硕肃忠亲王之碑入藏。目前，在旅顺日俄监狱旧址博物馆"日俄侵占旅大物证展"展出。2012年，旅顺肃亲王遗居改造，在其院内挖掘出土此碑上半通，目前，藏于旅顺肃亲王善耆旧居陈列馆。

碑阳额

清故龢碩肅忠親王之碑

碑阳

王諱善耆字艾堂太宗文皇帝之裔肅武親王八卋孫也方太宗卋祖之創業武王有大勳勞於國家傳六卋八王至於考良親』王其卋系勳德方冊具存不煩覙縷王天禀英敏光緒十二年以王子考試優等封鎮國將軍十五年補乾清門頭等侍衛十九年授正白旗漢軍副』都統二十年授鑲紅旗護軍統領旋署鑲紅旗漢軍副都統

二十一年補武備院卿尋補鑲紅旗滿洲副都統二十四年良王薨王以長子襲爵二』十六年授宗人府右宗正鑲紅旗滿洲都統正白旗領侍衛內大臣監督崇文門稅務二十八年管理京師工巡局授御前大臣二十九年調正黃』旗領侍衛內大臣三十年調鑲黃旗蒙古都統三十一年調鑲藍旗滿洲都統管理藩院事務轉宗人府左宗正三十三年授民政部尚書宣統元年奉』旨籌辦海軍事務三年四月慶親王組織內閣王為民政大臣閏六月兼任弼德院顧問大臣旋轉理藩大臣九月袁世凱內閣成王與慶親王等』俱罷初國初宗室王公不任以事故罕以政績著惟恭忠親王以賢以能實佐中興而王繼起其管崇文門稅務京師警政成績尤著而於藩屬海』軍建業當時不能盡用卋多惜之初京師設崇文門稅務局徵百貨之入國門者官吏多所浸漁歲入才十七八萬金及王奉命別除積弊滿一』歲稅額入度支者至六十四萬金京輔夙號難治先是彈壓地面者內城有步軍統領衙門外城有順天府捕盜局而五城察院五城練勇局輔之及庚』子之亂部伍星散我議和全權大臣始與聯軍約募民為巡警其教練統率則各國分任及和議成接收地面乃設工巡局以王領之王聘日本警』務官川嶋浪速為顧問銳意教練京師警務之立自此始及為民政部尚書整頓警務尤力故京師警察為天下最方王之罷崇文門稅務也即奏請』巡視蒙邊遍歷喀喇沁赤峰烏母城巴林烏珠穆沁圖什業圖達爾罕各地東至鄭家屯新民府而還奏請於蒙古建鐵道開水利興工藝頒馬政』朝廷韙之然不能盡行也王資性忠孝兼綜群藝尤謙退下士以故人樂為用顧以嚴正為執政所忌辛亥亂作袁世凱得政尤忌王時官兵已復』漢陽世凱乃外連諸將帥及民黨內集重兵於京師排王公大臣之異己者遜政議起朝貴多密贊世凱獨王與恭親王力爭已知事不可為乃於十』二月十五日出都而遜政之詔旋下矣王既去京師憤袁世凱不臣誓不與共戴天乃以丙辰歲謀起兵據舊京以申天討事方集會世凱死而罷天』下聞而惜之又王嘗盱衡時勢謂中日兩國同處東亞均利害同安危宜披肝膽屏猜疑忘鬩牆之小嫌禦西力之東漸必視兩國如一家令親善徵』之事實乃躬為之倡與川嶋浪速約結為異姓昆弟川嶋惶恐遜謝王卒不可及居旅順悉以財政委之推誠不疑王每歲元日朝服率家人望』闕叩賀川嶋亦從之稽首日本明治天皇及昭憲皇太后之喪王為服喪禫戒三日蒙古人巴布札布者與王固不相識感王忠義集』衆萬人討袁世凱川嶋鑒其誠實左右之及兵出郭家店與奉天將大戰於林西中流彈死王卹其遺孤如家人其好善忘勢推誠及人如此王居』旅順十餘年每遇人來自京師或得書問輒痛哭不能已以壬戌三月初二日薨於旅邸春秋五十有七遺疏上天子震悼賜祭葬如例』特諡曰忠既葬日本朝野殯送者五千人且編王事實為之傳其德之感孚於人者如此妃赫舍里氏次妃六人子二十一人女十七人長子憲章襲』王爵今距王薨九年矣王平生所懷雖不獲展布然兩國人士敬王夙志以旅順為王所遊憩爰立豐碑以記盛烈且示來者系以銘曰』昭陵諸子肅惟

大房定韓撫蒙經營四方殫獻於蜀功書大常八卣承華託於忠王桓桓忠王聰明睿智詩惟言志射則中藝北海尺牘東丹繪事』去者爲榮見者知貴爰試以事門關之征於民不屬於國則嬴街彈有室閭師有平我政未成我獻則宏虎狼入室鳳麟在野楚問周鼎鬼謀曹社發言』盈庭惟王健者吁嗟一木焉支大廈惟王平生志冀東亞親仁善隣屛虞絶詐元凶竊國斧柯莫假覊身嵎夷遽淪長夜維此嵎夷昔隸鎬京詎期』末運爰憩人英茫茫滄海烈烈邦楨伐石頌德萬民是程』

善耆（1866~1922），字艾堂，清太宗皇太极的直系子孙。太宗长子豪格受封和硕肃亲王，后世沿袭王位。清光绪二十四年（1898），善耆以长子的身份被立为第九代肃亲王。1900年，八国联军入侵北京后，肃亲王善耆极力与日本侵略军相勾结，结识了日本浪人川岛浪速，并聘其为顾问，从日本购买教育器材，"锐意教练京师警务"①。1901年4月，善耆在北京创办警务学堂，其表面上是清政府的警备学堂，实际上是扶植日本势力的一个机构。川岛浪速结识肃亲王善耆之后，便成了他家的座上客，相互勾结就更加紧密了。

1911年，孙中山领导的辛亥革命以排山倒海之势冲击着清王朝的黑暗统治，肃亲王善耆看到清王朝灭亡之势不可挽回，然而又不甘心清王朝的败亡，匡复大清基业便成了他最强烈的愿望。为了寻求势力，东山再起，1912年2月2日，善耆化名金晏治，打扮成商人模样，由日本陆军大佐高山公通陪送，从北京坐火车去秦皇岛，准备在奉天树起清朝大旗。由于火车到山海关时铁路被炸毁，不能前进，又不得不转乘日本军舰，于2月6日到达旅顺，住在旅顺旭川町69号（今旅顺新华大街9号）。

肃亲王善耆一离开北京，川岛浪速马上给日本参谋本部发出"肃亲王在完成举事之前，约需五万元"和"肃亲王已于二日午后七时二十分平安离京"②的电报。随后，川岛浪速又亲自从大沽乘日本军舰护送肃亲王善耆的家属到达旅顺港。从此，旅顺便成为肃亲王善耆与日本人共同策划"满蒙独立运动"阴谋活动的中心。肃亲王善耆在旅顺时，受到关东都督府的热情接待。日本外务省与陆海军当局协商，决定向旅顺官员发出指示，对肃亲王善耆要给予充分保护并提供方便，但须注意尽量不要惹人注目。关东都督府把当地民政长官官邸提供给善耆充当住所。

肃亲王善耆把家属接到旅顺是要"固结其同日本的关系"③。在旅顺，"每岁元日朝服率家人望阙叩贺""日本明治天皇及昭宪皇太后之丧，王为服丧斋戒三日"④"为

---

① 清故和硕肃忠亲王之碑的碑文。
② 〔日〕上坂冬子著，巩长金译：《男装女谍——川岛芳子》，解放军出版社，1985年，第49页。
③ 清故和硕肃忠亲王之碑的碑文。
④ 清故和硕肃忠亲王之碑的碑文。

善耆

善耆（右）与川岛浪速（左）

修建白玉山的表忠塔供献二百元番资，以吊念天皇的赤子"①。

1912年，清朝灭亡。肃亲王善耆企图借助日本之力复国，与时任日本公使馆驻华外交官的川岛浪速结为"异姓昆弟"②。肃亲王善耆在旅顺的10年间，与川岛浪速形影不离。作为友情的见证，他还把6岁女儿过继给他，改名为川岛芳子。川岛芳子（1906~1948），原名爱新觉罗·显玗，

旅顺肃亲王府旧址

中文名金璧辉，是肃亲王善耆的第14位女儿。她成了川岛浪速的养女后便去了日本，开始接受纯粹的日本殖民主义教育，并被训练成一名高级间谍，成为日本谍报机关的"一枝花""东方的玛塔·哈丽"。川岛芳子回到中国后长期从事间谍活动，为日本侵略军效鹰犬之力，曾参与了皇姑屯事件、九一八事变、满洲独立等秘密军事和政治活动，还在上海兴风作浪，亲自导演了震惊中外的一·二八事变；还将婉容偷运到大连。她所从事的一系列祸国事件，受到特务头子田中隆吉、土肥原贤二等人大加赞

---

① 〔日〕上坂冬子著，巩长金译：《男装女谍——川岛芳子》，解放军出版社，1985年，第52页。

② 清故和硕肃忠亲王之碑的碑文。

赏，被日本军部称为"可抵一个精锐的装甲师团"。

1945年8月15日，日本宣布无条件投降后，这个被称为东方魔女的"男装女谍"，在北京被国民党军统逮捕，作为日本间谍被提起公诉，并判处死刑。1948年3月25日，川岛芳子被执行枪毙，终年42岁。

1913年，善耆在日本政府的指使与援助下，经过川岛浪速等人的策划，正式组织成立了以复辟清王朝统治为目标的宗社党，其首领就是善耆。宗社党人员中包括日本黑龙会头目及一些日本人，其组织仅是日本帝国主义手中的工具。宗社党成立之后，善耆又与日本财阀勾结，得到他们在经济上的支持。川岛浪速在旅顺和日本大肆活动，从关东军那里购买了枪支弹药，在东北进行军事复辟活动的准备。川岛浪速还把土匪出身的巴布扎布拉入宗社党内，促成其与善耆的合作。巴布扎布在日俄战争期间曾投靠日本帝国主义，参加了由桥口勇马少佐所领导的日本特遣队，战后充任彰武县巡警局长。1915年6月，巴布扎布秘密派遣手下2名军官塔沙和巴塔赴日本请求援助，为复辟清王朝和"满蒙王国"的独立所需要的武器弹药进行活动。巴布扎布对"满蒙独立"热情如此高涨，对川岛浪速来说，无疑是个合适的帮凶。巴布扎布与善耆为了表示结盟，1916年初，巴布扎布将其子农乃和甘珠尔扎布送到旅顺肃亲王府。甘珠尔扎布原为伪满兴安局蒙务科事务官，后为伪满第九军管区司令官，曾与川岛芳子有过一段婚姻，后离异。川岛芳子又为甘珠尔扎布之弟、原伪满兴安省警务科属官、后为伪第十军管区参谋长的正珠尔扎布拉配了一桩"国际婚姻"，女方为日本人米山莲江。

川岛芳子

善耆也把儿子宪奎送到了巴布扎布军中，实际上是互换人质。不久"肃亲王善耆被推出充当'满蒙独立运动'的傀儡统帅，总后台是日本参谋本部次长田中义一中将和该部第二部长田雅次郎少将，还有海军预备中将上泉德称，出头挂帅人物是川岛浪速。在旅顺和东京之间担任联络工作的是参谋本部军事谍报军官小矶国昭少佐"[①]。川岛浪速由于得到新任关东都督中村觉陆军大将的支持，便很顺利地在大连地区搞了个办事机构。1916年3月，日本陆军参谋部曾密令关东军利用宗社党加速策划"满蒙独立运动"，准备在庄河、辽阳等地进行暴乱。4月，肃亲王善耆招募"勤王军"千余人，在大连的"满洲特殊部队"，"有二千八百多人，编成三个旅，屯扎在大连寺儿沟等地进行训练"[②]。5月28日，巴布扎布率所部在哈拉哈河沿的阿穆古郎吐祭告天地，集众誓师，宣布拥戴"大清"，挂起了龙旗，准备起事。不料，6月6日袁世凯猝死。不久，日本政府改变了策略，停止对善耆的援助。巴布扎布在郭家店通往哈拉哈河畔途中被奉军击毙，残部溃败四处逃窜。此次叛乱就这样失败了。

1918年前后，川岛浪速为肃亲王善耆向日本殖民当局申请，将今大连市西岗区长江路以南、黄河路以北、长春路以东、沈阳路以西总面积4.63万平方米的地皮批给肃亲王，并由川岛浪速经办向日商东洋拓殖会社贷款30万日元，开办了规模很大的大连露天市场（俗称破烂市场）。该市场的法人代表虽然是肃亲王善耆的长孙金连祖，但经营管理大权实际则是由川岛一人控制。大连露天市场分为四个区，经营有剧院、澡堂、妓院、烟馆、赌场及旧货等，是东北在殖民统治下城市商业化的缩影，历年盈余颇多，成为肃亲王善耆全家的生活来源。1932年，伪满洲国成立，肃亲王善耆的儿孙大部分去长春任伪职。后来，露天市场被川岛卖掉。

1922年3月29日，善耆因患病死于旅顺，终年57岁。废帝溥仪特谥曰"忠"。1931年即善耆死后9年，其挚友日本人小平总治与罗振玉、李西相商于旅顺新市区肃亲王府院内立此碑，以宣扬善耆所谓"功德"。碑文由罗振玉撰写并篆额，小平总治以汉隶书丹，李西刻字。

[①] 王振坤、张颖：《日特祸华史：日本帝国主义侵华谋略谍报活动史实》，群众出版社，1988年，第245页。

[②] 王振坤、张颖：《日特祸华史：日本帝国主义侵华谋略谍报活动史实》，群众出版社，1988年，第245页。

原大连露天市场

八　民众学校设立者林公寿先纪念残碑

汪　旻

　　民众学校设立者林公寿先纪念残碑，伪满康德六年（1939）立。汉白玉质地，高124、宽69.5、厚16厘米，呈长方形，阴刻楷书，碑文周边雕刻暗八仙图案。碑身断裂为两部分，部分残缺，碑额已失。新中国成立后，此碑被砸断，后由旅顺口区党史办征集，1987年7月6日，又将其捐赠与旅顺日俄监狱旧址博物馆收藏。

民众学校设立者林公寿先纪念残碑

民众学校设立者林公寿先纪念残碑碑阳拓片

民众学校设立者林公寿先纪念残碑碑阴拓片

碑阳

民衆學校設立者林公壽先紀念碑

碑阴

……友天……有□人風家貧未□卒讀每引□□□□語人一日苟』……師講學以啓迪……就商競肆於建濱不數年以致素封□斯宿願克遂而』……學校馬北屯山嶺……風化弗開智誠簡陋衣食其間者率以漁農其子弟雖有向』□□□□□學地公不忍坐視其……□兒童終淪為蒙昧無知之民衆遂毅然奮起懇請廳署許可徵』□□□□同意□於昭和四年歲……址築校舍耗數萬血汗金錢創□初高兩級小學於當年秋重九』□□□始授業文教乎斯乎興風……立其功其德為何如乎公之一生素抱己饥己溺之□憂民樂民之』心凡有益於社會有禆於名教……欣然勇為視為己任試觀其立宗祠以敦睦宗族建廟宇以警化愚□』施義捐以救濟災黎設學校以……人材諸所義舉□雖罄述公一商人竟以身先之真所謂人傑乎哉當□』十周紀念嘉辰爰建豐碑庸垂……鄙人來長斯校雖文□□拙義不容師□□斯文以述梗概云爾』

贊助人』

林鈞□ 林鈞□ 林鈞□ 林鈞□ 林鈞□ 林鈞□ 林鈞□ 林鈞□ 林鈞□』
林鈞□ 林鈞□ □□□ 林治□ 雙□號 恒興號 永□□ 周遠□ □基□』
民衆□校長韓崐仰 仝教□郝洪有………』生□□……林鈞□ 陳培宗 陳培□陳培棟 □德功 陳士長 □中富 陳培□』……林鈞□ 林鈞□ □□□ 陳□□……』林鈞□……』林治□ 林治□』……耿素珍、陳碧松、羅廣興』陳培□ 陳維恭、門德章……』董永□ 叢慶發 □永□ 林治□ 林鈞□』韓崐仰撰書李雲□ 鎸石 陳培松 梁達禮 張□□ 潘□麟 梁□國……』

此碑系日本殖民统治时期旅顺龙王塘林家村民众学校（亦称为旅顺林沟民众学校）为纪念建校10周年，于伪满康德六年（1939）十月在民众学校院内所立。碑主林基满，号寿先，故称"林公寿先"。林寿先，旅顺龙王塘林家村人，在旅顺开设盛兴汽车行，捐资兴办林家村民众学校。碑文主要是褒扬林寿先重视教育的品行。

该碑是日本殖民统治大连40年间，旅顺民众自发进行爱国主义教育的有力见证。另外，碑文内容对于大连地区的党团组织发展史研究也有重要的意义，特别是党组织在大连地区进行活动时期，旅顺民众学校成为革命志士躲避殖民当局搜捕的藏身之地，成功地掩护了参加反帝爱国斗争的仁人志士。碑主林寿先的弟弟林升亭（即林基堂，系中共党员）在民众学校当校长，成立旅顺民众学校共青团支部，对广大团员进

原旅顺民众学校

林升亭向党史工作者介绍当时的工作情况

行爱国主义教育。

1931年2月,中共满洲省委指示中共大连特支书记张洛书,找"旅顺管内王家店会林沟屯民众学校内林升亭面谈一下"。1932年3月,张洛书指示林升亭继续做好农村工作,并要求他在旅顺民众学校建立共青团的组织。同年4月,根据中共大连市委的指示，林升亭在民众学校学生中发展林钧模等8人入团。这一点，可以从碑文左侧的赞助人中有15个"钧"字辈的"林钧□"得到证实。1932年6月下旬，共青团旅顺民众学校支部建立，林升亭为负责人。8月，团员由成立时的七八人发展到20人，年龄都在十五六岁。此后，旅顺民众学校成了党的秘密联络点和活动阵地。1933年2月，原中共日照县委书记王德海被当局通缉，因而来大连隐蔽，经张洛书介绍，由林升亭将王德海转移到民众学校当教员。1933年五一节和九一八纪念日，林升亭在校内油印反对日本帝国主义的革命传单，交由张洛书带至大连散发。1933年10月林升亭被捕入狱，共青团旅顺民众学校支部遭到破坏。

九 "四二七"纪念碑

金栲青

"四二七"纪念碑，1951年7月1日立。汉白玉质地，高100、宽44、厚46.5厘米。呈方柱形，碑阳阴刻仿宋体，"四二七"纪念碑铭文和红色五角星图案。碑阴铭文12行，满行31字，共计394字。碑顶部凸出，碑座呈正方形，此碑是1951年大连纺织厂为纪念反抗日本殖民统治压迫的四二七大罢工25周年而立于厂内的。1976年，为纪念四二七大罢工50周年，大连纺织厂在工厂南门外重修纪念碑。1991年7月27日，大连市文管办把从大连纺织厂征集的纪念碑转交给旅顺日俄监狱旧址博物馆收藏。另外还把四二七大罢工时发出罢工开始信号所用的汽笛手阀一同捐赠。

"四二七"纪念碑碑阳

"四二七"纪念碑碑阴

"四二七"纪念碑碑阳拓片

碑阳

「四二七」纪念碑

碑阴

一九二六年四月二十七日,日本帝國主義統治下的大連福島紡織工廠工人,在中國共產党及其所領導的大連中華勤工儉學會的領導之下,在當時工人階級和全國人民的反帝高潮中,為反對日本帝國主義者的奴役,為爭取起碼的勞動條件與生活條件,進行罷工闘爭。罷工者得到了國内和大連工人及附近農民的支援,經過九十五天的團結戰闘,擊敗日本帝國主義者的分化和鎮壓,取得了罷工的勝利。在闘爭中福紡工人及其領導者,在敵人的封鎖、酷刑和追捕下,表現了頑強的戰斗精神和堅貞不屈的階級氣節。一九四五年八一五,英勇蘇軍解放旅大,福紡重歸為中國人民的財產,改稱大連紡織工廠。大紡工人為紀念「四二七」的英勇闘爭,為継承和發揚「四二七」的光輝傳統,努力發展生產,反對美帝國主義侵畧,反對美帝國主義重新武裝日本,建設與鞏固我偉大祖國,特建紀念碑以誌不忘。為反抗日本帝國主義統治而犠牲的先烈永垂不朽!

一九五一年七月一日

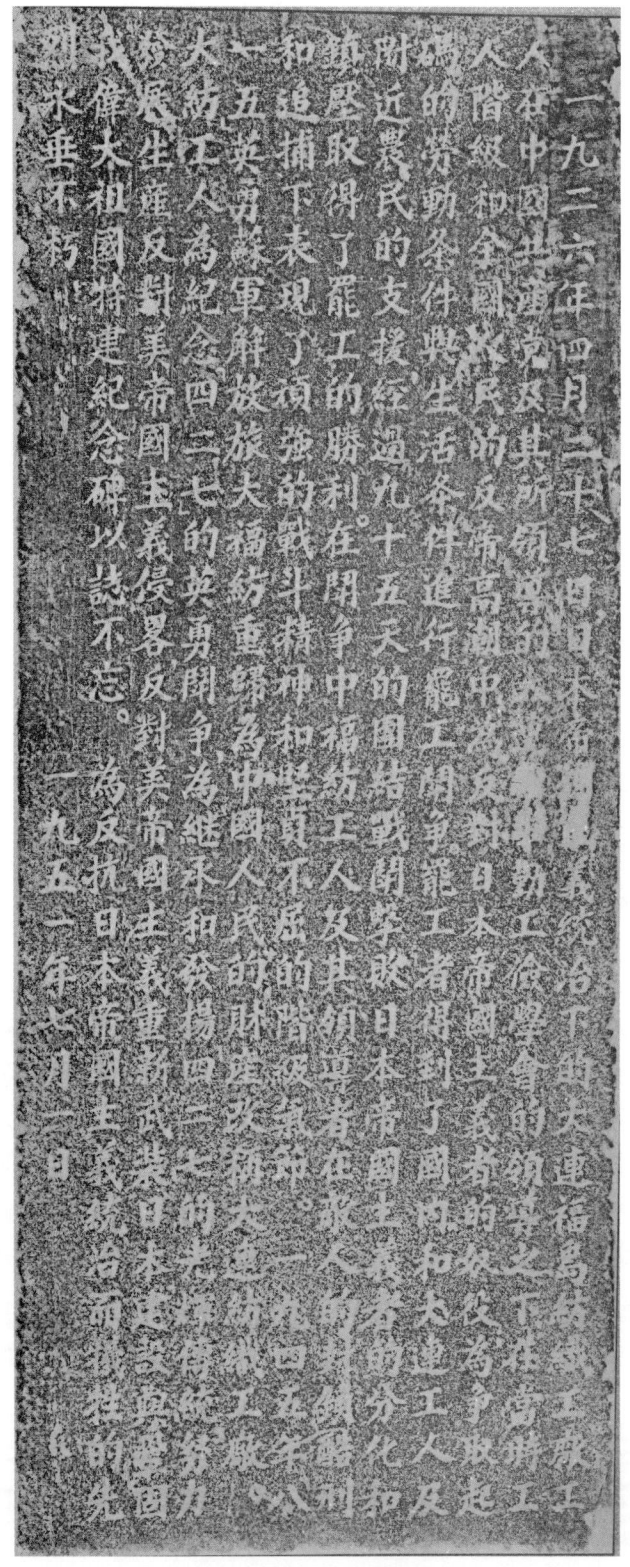

"四二七"纪念碑碑阴拓片

大连中华工学会旧址

1923年12月2日，东北地区最早的工人运动团体、最先自觉接受中国共产党领导的工会组织——大连中华工学会（当时称沙河口工场华人工学会）正式成立。它的成立，有力地促进了当时大连地区工人革命运动的开展。它把对工人进行政治思想教育、提高工人觉悟作为首要任务，同时开展各项福利救济活动，组织工人同日本殖民当局进行坚决斗争。其中，影响较大的便是1926年4月27日领导满洲福纺株式会社大罢工。

满洲福纺株式会社始建于1923年，1924年2月起陆续开工，1925年1月全面投产。资本金300万日元，厂址设在大连周水子周家屯155番地（今大连纺织厂），占地1 115.976公亩。有工人近1 200人，其中绝大多数是女工和童工。福纺的专务取缔役（厂长）为角野久造；取缔役（副厂长）为同三村保、胜木宗太郎；监查役（总社监督）为八代佑太郎。在日本资本家的残酷压榨和剥削下，工人们的生活待遇和劳动条件极为恶劣。

1925年冬，大连金融市场上的日币金票开始升值。日本殖民者将日本金票与中国小洋的兑换规定为1：1.2，但两种货币的实际比值应该相等。满洲福纺株式会社厂方的资本家将职工的饭费从收取小洋改成收取金票，但是工人们的工资却仍然按照小洋来支付。这种变相克扣工资的做法，引起了福纺工人们的强烈不满。1926年4月24日，男工们向厂方提出饭费改回以前按照小洋比价折扣的要求。但4月25日开工资时，工厂却仍然按照金票比价折扣收取饭费。中国工人们被激怒了，女工们也一起行动了起来。最后一致表示：不给涨工资就不干了！对此，大连中华工学会福纺分会委员长、共产党员侯立鉴立刻向党组织和大连中华工学会委员长傅景阳作了汇报。工学会认为，当

傅景阳　　　　　　　　　侯立鉴

前是一个好时机，决定坚决支持和领导满洲福纺株式会社工人们的斗争，要向厂方日本人提出条件和谈判。如果不答应，就进行全厂有组织的罢工。

4月27日上午8时，共产党员、工人们的代表侯立鉴、初玉昆和刘庆枝三人找到日方专务取缔役（厂长）角野久造，正式提出工人们的六项要求：第一，不准打骂和虐待工人；第二，准许孩子妈妈在工间给孩子喂奶；第三，要增加工资的三分之一，不许涨饭费；第四，每两周有一个公休日，公休日干活发双倍工资；第五，要缩短劳动时间，每天以10个小时为限；第六，对内宿工人要降低房租，不拿电灯费，对外宿工

满洲福纺株式会社工人大罢工使用的汽笛手阀

人要发补助金。工人们提出的条件,遭到角野久造的断然拒绝,而且态度十分蛮横,愤怒的工人们再也按捺不住心中的怒火。上午10时30分,侯立鉴下令电工刘庆枝拉下全厂的总电门,又令锅炉工夏重山推响了汽笛。随即沸腾的车间死一般地沉寂下来,工人们在怒吼的汽笛声中,浩浩荡荡地涌出了工厂大门。一场轰轰烈烈、持续百日的大罢工由此揭开序幕。

初玉昆

大罢工开始后,中共大连地委派工运部长、大连中华工学会委员长傅景阳出面领导罢工,成立了罢工委员会。工厂内成立了罢工指挥部,下设纠察队、救济队、宣传队。4月28日,为争取罢工的主动权,中华工学会草拟了《福纺纱厂一千二百名工友泣告各界同胞书》,宣传单发送到了市内的各大报社和工厂。月末,傅景阳在泰华楼举行了记者招待会,揭露日本资本家压迫、剥削中国工人的真相及破坏罢工的阴谋活动。

6月24日,在满洲福纺株式会社北门外召开了全市近3 000名工人和附近农民参加的声援罢工大会。会后还举行了声势浩大的示威游行活动,工人们齐唱由安娥改写的《工人团结歌》,高呼"打倒日本资本家!"等口号。翌日,日本殖民当局逮捕了傅景阳等19名罢工领导骨干。日本人的这一行径,激起了大连各界人士的愤慨和不满。大连工人与进步人士发起"救出同志运动",并派专人到上海、广州、武汉等地求援。

这次大罢工得到了中共北方区委和中华全国总工会的密切关注,李大钊、邓中夏、刘少奇等领导亲自过问并分别予以指导。在斗争的关键时刻,中共北方区委负责人李大钊先后派遣张炽、邓鹤皋、尹才一、张式沅来大连加强对罢工的领导。上海总工会、天津总工会、中华全国铁路总工会、全国总工会、香港金属业总工会分别先后来电声援。中华全国总工会还致函日本领事称:如不圆满答复工人要求,"将通令全国工人以对付香港英帝国主义的手段对待贵国,所有日本进口轮船停止一切工作"。为了救助罢工工人,在广州的国民政府为此拨款2 500元。时任中华全国总工会秘书长的刘少奇建议国民党捐款来援助满洲福纺株式会社罢工工人,此后不久,这笔捐款顺利分发到满洲福纺株式会社罢工失业工友手中。除了经济援助,包括刘少奇在内的中华全国总工会的诸位领导人,听取了有关满洲福纺株式会社四二七大罢工的具体情况汇报后,当即决定以中华全国总工会的名义致电大连关东厅与日本驻广州沙面领事,提出强烈抗议和严重警告,要求日方圆满答复工人的要求,否则将通告全国一律抵制日货,并停止日本进口轮船一切工作。8月4日,按照李大钊罢工要"适可而止"的指示,中共大连地委派唐宏经(又名唐韵超)以大连中华工学会的名义来到工厂,召开复工大会。1926年8月6日，坚持了101天的福纺大罢工取得胜利，工人们正式复工。罢工的胜利，充分地显示出大连地区中国工人阶级的伟大力量，沉重地打击了日本殖民统治当局的嚣张气焰。日方被迫答应中国工人们提出的"六项要求"，撤换了日本厂主。至此，罢工斗争宣告胜利结束，党的组织也在这次罢工中得到锻炼和加强，党的队伍不断壮大，党员数量很快达到200多名。

第三章 日俄战争碑刻

2016年是日俄战争爆发112周年，战争的硝烟早已散去，但战争遗留下来的碑刻却成为见证那段沧桑历史的最好物证。我们不会忘记，1904年2月8日，日本和俄国为了争夺中国东北和朝鲜的权益，爆发了日俄战争。由于清政府软弱无能地施行"局外中立"政策，使大连地区沦为日俄战争的战场，广大百姓深受战争的浩劫。1905年9月5日，日俄两国签订《朴茨茅斯和约》，俄国将其在旅大的租借权转让给日本，日本开始了对大连长达40年的殖民统治。

当年日俄战争在大连地区先后经历过海战和陆战，在旅顺、大连、金州、瓦房店等地区的日俄战争战场，都遗留有日俄战争的战迹碑。二十世纪七十年代，不少日俄战争战迹碑被推倒，旅顺日俄监狱旧址博物馆的工作人员抢救性地保护日本侵华的这些物证，并将其征集入馆进行保存和陈列。本章通过馆藏的日俄战争碑刻真实地还原了日俄战争在大连地区的历史。

日本战胜俄国后，野心极度膨胀，为了大肆宣扬军国主义，对国民进行皇国化教育，从1908年开始，日本在大连地区日俄战争的战场修建和竖立日俄战争碑刻。首先修建日本神社、忠灵塔和墓碑。1905年11月1日，日本殖民当局开始在旅顺白玉山北峰修建纳骨祠，用于存放日俄战争期间战死的18 940具日军遗体的骨灰，1908年3月建成，并于日本明治四十一年（1908）9月立白玉山纳骨祠"奉纳"净手槽。1907年6月20日至1909年11月12日，日本殖民当局又在白玉山南峰修建表忠塔。随后，日本大阪旅行俱乐部组织国内的人到旅顺进行"战迹圣地"参观，并于日本昭和四年（1929）立"白玉山"碑。1906年初，日本将日俄战争期间在旅顺争夺战中战死的14 873具俄军官兵遗骸迁葬于俄国公墓，合葬于12座墓中。日本明治四十一年（1908）在每座墓前立"露兵之墓"碑。

1916年，日本成立了满洲战迹保存会，专门负责日俄战争遗迹碑的管理和维护，并在大连地区修建了大量的日俄战争碑刻。此后，每逢日俄战争纪念日或日本的节日，日本殖民当局就会组织日本军人和民众到日俄战争遗迹举行悼念活动，以此蛊惑人心，美化侵华战争。

日俄战争中，日俄两军首先进行了海战。日军为了取得制海权，分别于2月24日、3月27日、5月3日，分三次炸沉17艘闭塞船对旅顺口的航道进行沉船塞港行动。为此，日本满洲战迹保存会于日本大正五年（1916）立"旅顺港口闭塞"碑。日俄两军海战过后，日军于1904年5月5日在金州盐大澳（今杏树屯）登陆。5月26日，日俄两军在金州南山交战。金州南山战役结束后，6月7日，日本第三军司令官乃木希典视察南山战场，面对尸横遍野、血雨腥风的情景，赋诗一首。日本昭和十二年（1937）5月26日，日本殖民当局借纪念日俄金州南山战役33周年之际，将乃木希典的诗刻于巨石立在南山上。

金州南山战役结束后，5月28日，日军占领大连市，通过大连港运输大批物资。1904年8月19日，日军在大连建立满洲军仓库，为日俄战争中的日军提供后勤保障。日本昭和十年（1935）2月，由日本殖民当局在大连立《满洲军仓库记》碑，主要记述满洲军仓库在日俄战争期间的"功绩"及满洲军仓库的业务发展情况。日军占领大连后，北部俄军南下支援，日军第二军挥师北上，两军于1904年6月14日和15日在瓦房店得利寺交战。日本昭和四年（1929）10月10日，日本殖民者在修建瓦房店神社妙法寺的工地上，挖出两具日俄得利寺战役中丧命的日军士兵尸骨。为了祭奠战死的亡灵，在日本昭和五年（1930）6月15日，即日俄得利寺战役26周年之际，由陆军少将三宅光治题字，并立"尽忠报国"之碑。

自1904年6月26日开始，日军发动旅顺要塞外围战，8月19日对旅顺要塞发动总攻击，经过6个月时间的争夺，日军打败俄军，占领了旅顺。1904年6月26日，在日俄旅顺外围战役的老横山争夺战中，日军第十一师团步兵四十三联队打败俄军后占领此山。战后，日军第三军司令官乃木希典为表彰四十三联队，根据联队官兵的出生地将老横山改名为"剑山"。日本昭和二年（1927）立旅顺"剑山"碑。1904年8月15日，日本东京高崎十五联队攻下碾盘沟西南方一座海拔164米的高地。战后，日本殖民当局为表彰高崎十五联队，将164高地命名为"高崎山"，并在山下路口处立路标刻石。

日俄旅顺陆地争夺战开始后，8月15日，日本将第三军司令部设在旅顺柳树房屯13号周玉德家的五间草房里。日俄战争结束后，日本殖民者将旅顺柳树房原日本第三军司令部的五间草房拆除，把建筑材料和石头运到日本京都伏见桃山，在乃木希典"神社"后面依原样重新盖起来，名为"日俄战争第三军司令部纪念馆"。日本大正五年（1916）10月，在柳树房原址立"第三军司令部驻营地"碑。日俄旅顺争夺战期间，日本第三军将攻城炮兵司令部设立在旅顺龙头凤凰山东南高地。战后，日本将凤凰山东南高地改名为"攻城山"，日本大正五年（1916）在此立"攻城山"碑。

在日俄旅顺陆战中，日军步兵第十一师团四十四联队第一大队负责攻占东鸡冠山第二堡垒，自1904年8月21日至1905年1月2日，经过4次攻击，日军占领此高地。日本大正五年（1916）10月立"东鸡冠山第二堡垒"碑。在日俄旅顺争夺战的西线战场上，11月30日，日军第三军司令官乃木希典的二儿子乃木保典在参加争夺203高地的战斗中战死。日本大正五年（1916），满洲战迹保存会在其战死的地方立"乃木保典君战死之所"碑。日本昭和十年（1935），在白玉山30周年祭祀中，日本殖民当局为祭拜日俄战争中日军攻占203高地阵亡士兵的亡灵，在尔灵山子弹型碑前设立香炉。同年，在二龙山堡垒碑前也设立香炉。

1905年1月2日，日俄在旅顺签订《开城规约》即俄军投降书后，于1月5日，日军第三军司令官乃木希典与俄军关东防区司令斯特塞尔在旅顺水师营进行会见。1913年，关东都督福岛安正的夫人凭吊水师营会见所，并将当年拴过斯特塞尔赠送给乃木希典的阿拉伯马的枣树保护起来，日本大正七年（1917）关东都督秘书官白须直识立水师营会见所枣树下碑。

一 "露兵之墓"碑

崔再尚

"露兵之墓"碑，日本明治四十一年（1908）立。花岗岩质地，高129、宽25、厚18.5厘米。呈十字架形，阴刻楷书，顶部和右侧残缺，碑额是俄文铭文，碑阳铭文为阴刻楷书。此碑是日本殖民当局为在日俄战争中阵亡的俄国官兵立的墓碑。1977年7月8日，旅顺日俄监狱旧址博物馆从旅顺苏军烈士陵园采集。

"露兵之墓"碑

"露兵之墓"碑碑额拓片

碑额

ВЕЧНАЯ ПАМЯТЬ

碑阳

露兵之墓

  碑额上俄文"ВЕЧНАЯ"的意思是永远，右侧残缺部分的俄文是"ПАМЯТЬ"，整个碑额上俄文的意思是永垂不朽，碑阳汉字为"露兵之墓"。俄罗斯的日文翻译为"ロシア"，当时称"露国"。露兵之墓的意思就是俄国士兵的坟墓。

  1895年，中日甲午战争结束后，日本强迫清政府签订了丧权辱国的《马关条约》，将辽东半岛割让给日本。俄国为了强占辽东半岛，联合德国和法国，"三国干涉还辽"，迫使日本退出辽东半岛。俄国又以"还辽有功"为名，于1898年取而代之，强行租借旅大，统治达7年之久。俄国侵占旅顺后，为强化其武装占领及殖民统治，开始在旅顺周围大兴土木，修建炮台和堡垒。同时，在旅顺三里桥选择了一片荒芜的土地修建俄国公墓，用来埋葬1898年至1904年俄国强租旅大期间居住在旅顺，因海难、疾病而死亡的俄国人。

  1904年2月8日，日本和俄国为了争夺中国东北和朝鲜半岛，爆发了日俄战争，旅顺成为日俄争夺的主战场。从1904年2月8日日舰偷袭旅顺口到1905年1月2日俄军宣布投降，日俄旅大争夺战历经329天。日俄双方在旅大厮杀期间，日军参战人员累计13万人，死伤官兵59 000余人；俄军死伤30 000余人（其中，陆军死伤24 299人，水兵死伤4 000人，另有3 000人死于饥饿和疾病），30 000余人当了俘虏。

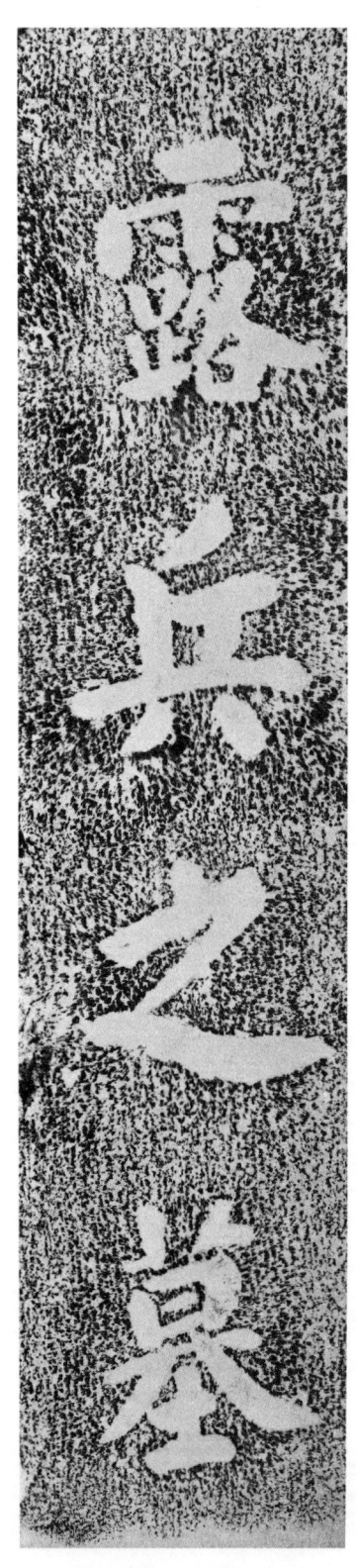

"露兵之墓"碑碑阳拓片

1906年初，俄国向日本提出关于埋葬这些死者遗骸之事，双方经协商，于8月7日成立将卒遗骸委员会。日本将日俄战争期间在旅顺争夺战中战死的14 873具俄军官兵遗骸迁葬于俄国公墓，每座墓前有日本殖民当局立的"露兵之墓"碑，1908年6月10日完工，共立12通墓碑。对战死俄军官兵的遗骸采用合葬方式，每个墓穴中，少则埋有几十人，多则埋有几千人的骨灰。其中，东鸡冠山北堡垒和盘龙山西堡垒的俄军战死者322名，埋葬在同一个墓穴中。203高地和西太阳沟的战死者6 550名，埋葬在另一个墓穴中。

日俄战争后，俄国政府在公墓的中心位置立有一座白色东正教标记的纪念碑，称为"日俄战争纪念碑"。碑刻上的俄文铭文的中文意思是"为了信仰、沙皇和祖国而英勇阵亡的旅顺口保卫者永垂不朽！"铭文下面镶嵌着彩瓷耶稣头像，并饰以花卉图案。纪念碑阴面雕刻着参加日俄战争旅顺争夺战俄军各部队明细表。

日俄战争结束后，俄国侵略者为了欺骗本国人民，美化侵略战争，在这里立碑。他们在纪念碑上将侵略者称为"勇士"，将中国的旅顺当成他们"祖国的要塞"，充分暴露了俄国企图长久霸占旅顺的险恶用心。

1907年10月，日本政府在俄国公墓里修建了一座大型欧式建筑风格纪念碑即旅顺阵殁露军将卒之碑。纪念碑正面汉白玉石柱上用俄文花体字母镌刻着碑铭，中文意思是"这里是在保卫阿尔杜尔港的战斗中悔过的、阵亡的俄罗斯士兵的遗骸"，阿尔杜尔港是俄文ПОРТ-АРТУР的音译，是俄国人对旅顺的称谓。1908年6月10日，日本殖民当局在此碑建成之时，举行了盛大的落成典礼，日本和俄国分别派遣陆海军将领参加。在旅顺阵殁俄军将卒之碑揭幕仪式上，俄国大主教做祈祷。

1916年以后，日本满洲战迹保存会引导日本国民特别是青少年来旅顺"观光游览"，用这种形式美化侵略战争、蒙骗日本国民。俄国公墓作为当时"战迹旅游"的一个重要观光景点，日本当局在公墓内修建了花坛、藤萝架和凉亭长椅，同时还印刷出版了关于俄国公墓照

"露兵之墓"碑原貌

日本为阵亡的俄国军人修建的俄国墓园

1908年6月10日,阵殁俄军将卒之碑揭幕仪式俄国大主教做祈祷

片的《旅游观光写真集》,在各观光景点公开出售。

  1945年8月9日,苏联红军出兵东北。8月22日,苏联红军解放旅顺。此后,苏联红军开始使用俄国公墓东部安葬死难的红军官兵及家属。旅顺当地政府出于中苏两国军队和人民的友好感情,经上级批准,将俄国公墓改称苏军烈士陵园,并派专人进行看护和管理。1992年,苏军烈士陵园正式向国内外游人开放,成为建立在中国土地上的最大外籍陵园。

二 白玉山纳骨祠"奉纳"净手槽及"白玉山"刻石

关国磊

(一)白玉山纳骨祠"奉纳"净手槽

白玉山纳骨祠"奉纳"净手槽,日本明治四十一年(1908)9月立。花岗岩质地,呈斗状。长152、宽78、高74厘米。内槽呈弧形,长118、宽46、高24厘米。槽底有一直径4厘米圆孔斜穿过背面。净手槽正面及两侧刻有文字,正面阴刻篆书"奉纳"二字,左侧阴刻隶书,其中右侧字迹因被凿而难以辨清。1978年7月18日,旅顺日俄监狱旧址博物馆采集入馆收藏,现陈展于"日俄侵占旅大物证展"。

白玉山纳骨祠"奉纳"净手槽

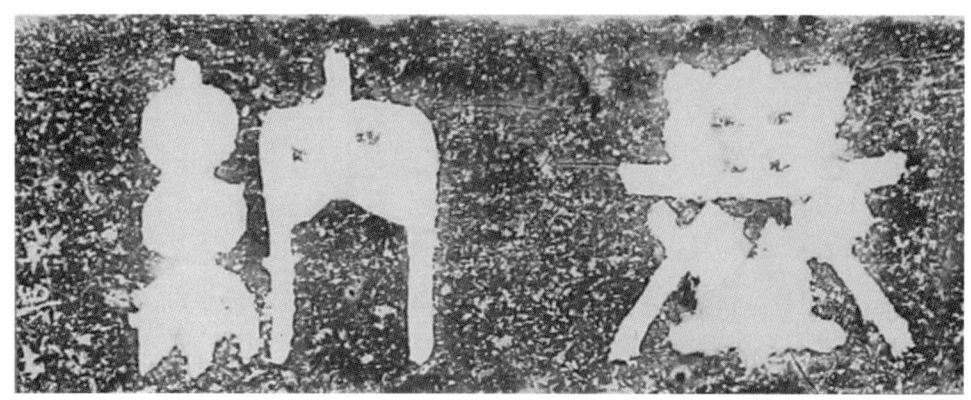

白玉山纳骨祠"奉纳"净手槽刻石正面拓片

白玉山纳骨祠"奉纳"净手槽刻石左侧拓片

正面

奉納

左侧

明治四十一年九月吉日

  在日俄战争刚刚结束,《朴茨茅斯和约》笔墨未干之际,日本联合舰队司令官东乡平八郎和日本第三军司令官乃木希典即作为主要倡导者,假借祭祀侵略军亡灵之意,提议于旅顺白玉山开始修建纳骨祠和表忠塔,以达到愚弄日本人民、美化侵略战争的目的,并在日本国内倡议募捐活动,最终筹集经费26万日元。

  1905年11月1日至1908年3月1日,日本殖民当局首先在旅顺白玉山北峰修建了一座日本神社祠院风格的纳骨祠。位于地面的神社占地16 829平方米,而其下即为地穴式

当年日军在白玉山纳骨祠前祭祀亡灵

原表忠塔(现改名"白玉山塔")

原白玉山纳骨祠

建筑纳骨祠。纳骨祠为20坪6合[①]（67.8平方米），由3个拱形墓穴组成，用石块砌筑，其中存放18 940具日军尸体骨灰[②]（一说为22 723人的骨灰）。白玉山神社纳骨祠共耗用资金2 425日元。自纳骨祠建成后，白玉山就成为日本帝国主义春秋两季举行招魂仪式的祭坛。每年6月8日，日本殖民当局在此举行大规模的祭典仪式和"招魂"、阅兵活动，组织日本陆海军士兵等各界人士参加祭拜活动，通常都是日本皇室和内阁重臣亲自从日本国内乘船跨海到旅顺白玉山参加主祭。日军还在表忠塔周围举行阅兵式。同时，还请来民间艺人在表忠塔周围表演踩高跷等娱乐节目，以此来粉饰"大东亚共荣"和"王道乐土"的"太平盛世"。通过炫耀"战功"，祭奠亡灵，大肆鼓吹军国主义政策。

该净手槽，即是当年祭祀参拜过程中净手所用。所谓净手，即清净自身之意。按照日本参拜神社的流程，在祭祀参拜前需要清净身心、焚香沐浴，以此来表示对神明的尊敬，而这一传统在后来大多简化到以净手来代替。之所以确定其为净手槽，原因有二。其一是据日本殖民统治时期发行的明信片显示，当年白玉山纳骨祠投入使用后，该净手槽即放置于纳骨祠台阶下左侧，并且一根水管环绕其上，而且，当年曾在白玉山上见过该净手槽的老人也说是如此构造。其二是根据该净手槽"奉纳"碑文来

---

① 坪、合：日本近代面积单位，1坪=10合=3.3平方米。
② 〔日〕关东都督府陆军部：《明治三十七八年纳骨堂写真》，1911年3月。

看，"奉纳"意为敬献、奉献，符合净手参拜之意。而且在当今日本国内神社参拜净手的过程中，也用到刻有"奉纳"字样的柄杓，故两相对正，确定其应为净手槽。只是当年白玉山纳骨祠前的净手，名为清净身心，祭祀亡灵，可是那一汪清水，岂能洗净侵略者那满手的鲜血！怀着侵略之心，祭祀侵略中的亡者，所谓的净手，也只能是一个掩耳盗铃的过场而已。

1907年6月20日至1909年11月12日，日本殖民当局又耗资22.9万多日元[①]，在旅顺白玉山距离北峰300余米的南峰上修建了一座高约65米的表忠塔。表忠塔的建筑工程设计由日本工学博士石黑五十二和渡边让担任；施工现场由工室主任、海军技师兴平清贞负责。整个塔的外观设计如蜡烛和烛台的组合，由底座、基柱、塔身、塔顶、炮弹塔台及内部回廊等部分组成。在筑塔过程中，日本殖民当局从国内运来大量的花岗岩、水泥、木材及钢材。日俄战争中，日军为了阻止俄军舰队来往通行，采用沉船和大量石头堵塞旅顺口航道。因此，修建塔的底座和台阶时，将堵塞航道的石头打捞出来用于建筑基石。塔基柱是用大块花岗岩石叠筑而成，这些石料是用船从乃木希典的家乡山口县黑发岛运来的。塔身由钢筋混凝土灌注构成，塔身从下而上螺旋状开有21个采光窗，塔身底部建有正北、东南和西南方向3个入口，北方入口额石上由日本伏见宫贞爱亲王题写表忠塔塔名。塔内中空，分作10层（螺旋9层，直线1层），筑有243级铁制螺旋楼梯，是由美国制造的。塔顶为烛尖形状仿280毫米榴弹炮的子弹形状，高29尺（约8.7米），并在塔尖周围选9处安装了200烛光的电灯[②]，寓意为祭奠纳骨祠亡灵的蜡烛长明不熄，并大肆标榜"为慰战死者英灵，千秋传载其烈迹"。塔顶设有观光台，可以俯瞰旅顺市区全景，四周筑有铁质围栏，铁艺图案为太阳旗的放射形状，南部是登台口，北部镶嵌署名乃木希典和东乡平八郎、其实是日本第一高等学校教授盐谷时敏撰写的铜匾额。铜额纵1.2、横2.16米，其内容如下：

明治三十七年，露國之難作。二月，我海軍襲旅順艦隊轟破其數艦。尋用汽船十數支，乘夜冒砲火進港口，自爆沈以杜塞航路者，前後三次。又沈設水雷於港外，游弋偵邏，屢挫敵艦，遂封鎖海道，絕其接濟。八月，露艦十餘支，圖脫出。我邀擊之黃海。敵艦潰敗四散，其大半遁歸旅順，潛伏不復出。

先是，第三軍從金州半島上陸，攘劍山敵，次陷凹字形山、太白山，及鳳凰山、于大山，又取大小孤山、高崎山，四面進逼，包圍全成。於是，

[①] 〔日〕光风馆编辑所编：《中学汉文教科书（教授备考·卷1）》，光风馆书店，1938年，第313页。

[②] 〔日〕菱刈隆：《忠灵塔物语》，童话春秋社，1942年，第118页。

遣使宣詔旨，令婦兒避難，並勸降。不應。全軍乃轟炮齊攻，艦隊自海上援之，強襲數晝夜，取盤龍山東西二壘。而要塞守禦堅固，不可輒拔。更用正攻法，掘塹穿壕，雁行曲折，以漸逼壘下。九月，破龍眼、水師營、海鼠山諸壘。十月，再大舉肉薄，奪鉢卷山、瘤山、一戶等壘。彼我對峙，益近接。

當是時，北進軍既拔遼陽，克沙河。敵增派大兵，且令波羅的艦隊繼援旅順。攻略不得不急。十一月三十日大舉進擊，劇戰十數日，遂拔爾靈山，瞰制港內。敵艦隊竟歸剿滅。而海軍常出入風濤冰霧之間，蒙砲火，犯水雷。以續行封鎖。既而坑道作業成，東雞冠山、二龍山、松樹山首壘，相繼爆壞。至明年一月，望臺又陷，露軍不能復支。撤守出降。嗚呼，此險要拔矣。雖謂一賴皇上之威靈，亦豈非將卒忠勇義烈，盡誠奉上之效乎。未幾，奉天、日本海，海陸連捷，和議卒成。

顧旅順之役，自春涉冬，陣歿者，無慮二萬三千人。而某等躬從事其間。每追想當時，未嘗不慨然於懷也。茲與有志謀，建塔於白玉山頂，以表忠烈於千載云爾。明治四十二年十一月，海軍大將正三位大勳位功一級伯爵東鄉平八郎、陸軍大將從二位勳一等功一級伯爵乃木希典。①

白玉山納骨祠中存放的日軍骨灰盒

1945年8月15日，日本战败投降。8月22日，苏联红军进驻旅顺。苏联红军曾准备将表忠塔作为战利品拆迁到莫斯科重建，后因技术方面等诸多困难，被迫放弃。最后，应苏联红军要求，"表忠塔"三字和铜匾铭文被铲除。同时，将塔顶观景台围栏上的太阳旗放射状图案用水泥改成五角星。

至于纳骨祠骨灰的下落，在大连解放后的1952年，旅顺城建部门急用石材重修解放桥（即大连解放前的日本桥），经有关部门批准后将纳骨祠拆除，骨灰移到海岸桥北原日本西本愿寺（此庙现已拆除，仅剩石砌钟楼）存放。二十世纪七十年代，旅顺房产部门将骨灰运到三里桥销毁。当时，房产保管员韩少学捡到一个空的木质骨灰盒，后来交给旅顺日俄监狱旧址博物馆收藏。

---

① 〔日〕光风馆编辑所编：《中学汉文教科书（教授备考·卷1）》，光风馆书店，1938年，第307~309页。

（二）"白玉山"刻石

"白玉山"刻石，日本昭和四年（1929）6月立。花岗岩质地，高120、宽30、厚30厘米，呈长方柱形。阴刻楷书，碑身四面刻字。1978年7月18日，旅顺日俄监狱旧址博物馆从旅顺白玉山山坳采集该刻石入馆。目前，在旅顺日俄监狱旧址博物馆"日俄侵占旅大物证展"展出。

"白玉山"刻石

"白玉山"刻石正面拓片

顶部

東南西北

正面

白玉山

"白玉山"刻石顶部拓片

背面

昭和四年六月建之

左侧

大阪旅行俱樂部

右侧

大阪旅行俱樂部

　　白玉山原称西官山，分南北两峰，海拔130米，位于旅顺新老城区间，龙河入海口东侧，南临旅顺港口，北接旅顺后路。传闻1881年李鸿章视察旅顺时，曾登上此山俯瞰旅顺全景，当得知对面港口左侧的山峰名为黄金山时，随即说道："既有黄金，当有白玉。"此后，西官山改称白玉山。自晚清建设北洋海防之日起，这里就成为旅顺地区的军事设施重地。清光绪九年（1883），清政府在白玉山西北麓修建了16间军械总库，其中含有5间舰炮火药库和9间弹药库。库门楼书"武库"两字，为李鸿章亲笔

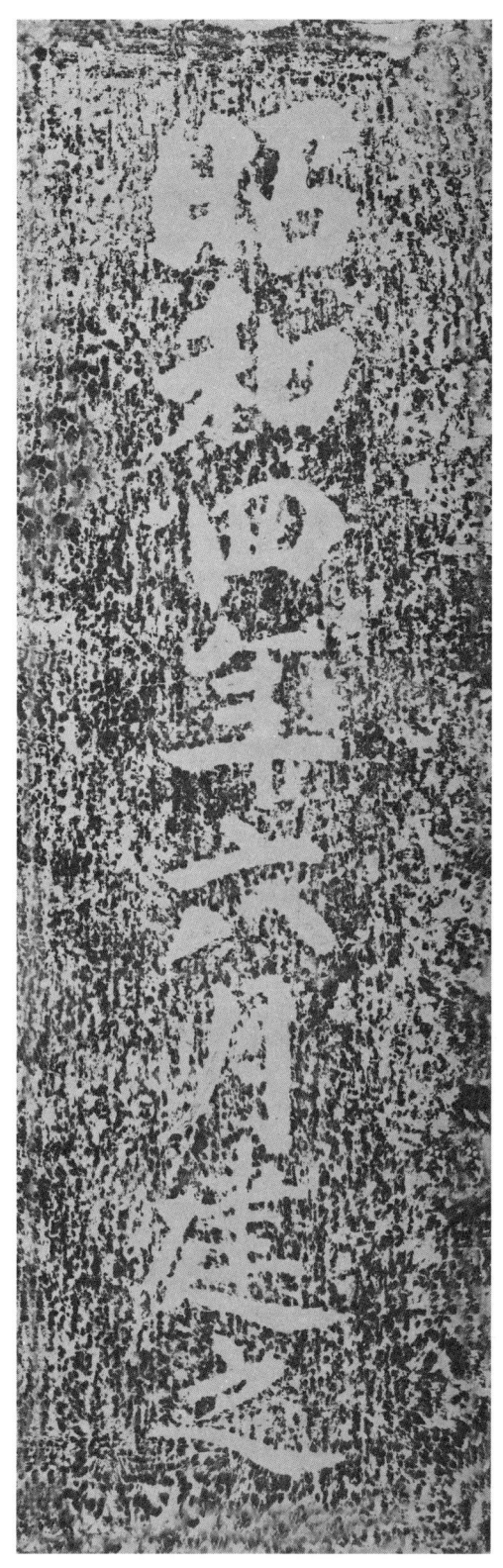

"白玉山"刻石背面拓片

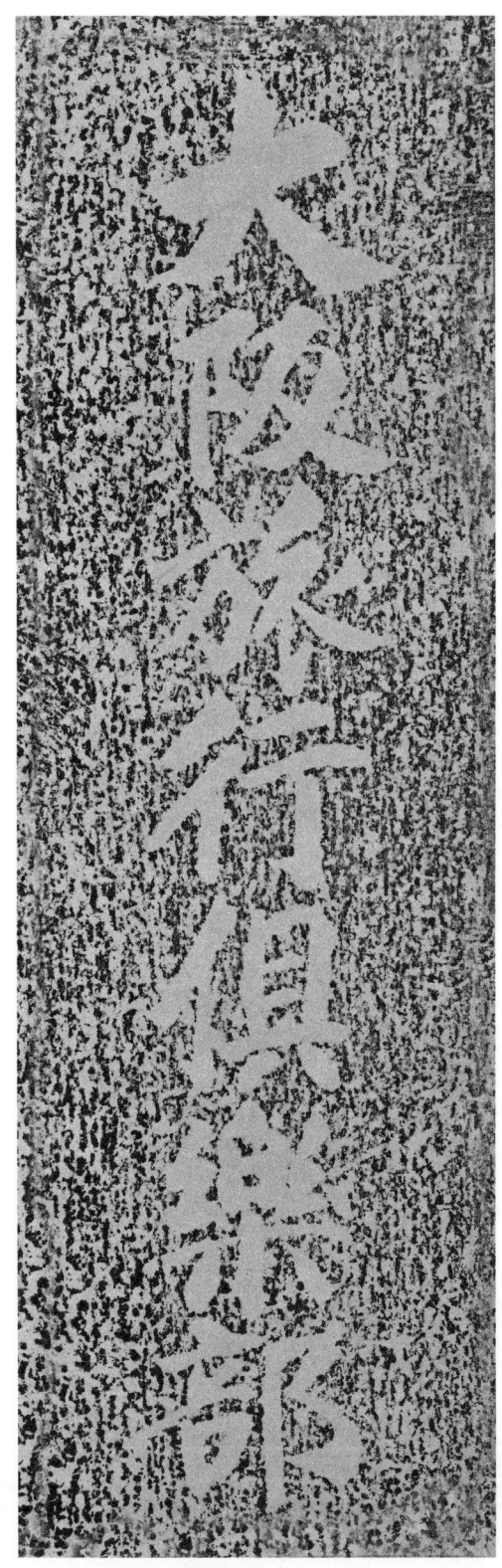

"白玉山"刻石左、右侧拓片

手书。此外，清廷还在白玉山北侧修筑了炮台，协助旅顺港口的防御。

1894年中日甲午战争中，旅顺被日军攻陷并占据，随后俄、德、法三国"干涉还辽"，然而旅顺刚被清政府从日本手中赎回不久，俄国即于1898年强行租借了大连地区。在此期间，白玉山被称为鹌鹑山。俄国在7年的殖民统治期间，重修了甲午战争中被日军摧毁的清军白玉山炮台，于其上安装了两门152毫米榴弹炮和一门120毫米炮，并继续使用原清军的军械总库。1900年，俄国在白玉山南麓修建了一座豪华的欧式别墅（今旅顺海军第一招待所）。最初是俄国远东总督阿列克谢耶夫大将的侄子启里尔亲王居住，后来又成为俄国关东军副司令乌罗柯夫的私人官邸，最后成为日本关东厅长官官邸。

1904年，日俄战争爆发，双方经过329天的火拼，俄军战败投降。日俄两军于1905年1月2日签订《旅顺开城规约》，日军再次占据旅顺后，开始施行长达40年的殖民统治。伴随着殖民统治的稳定和加深，殖民当局认识到旅游业在殖民体系和经济领域中的地位和作用，于是开始积极推进大连地区旅游业的发展。随着城市化的推进与各项城市基础设施的完善，在日本殖民当局的推动和操控下，来大连旅游的人数猛增。仅以大连港旅客进出港量为例即可以反映出每年来大连的人数和规模，虽然这里面占有相当大比例的人是来大连的民工，但是来大连进行旅游观光的人数还是很可观。据统计：1908年是19万人次，1909年超过20万人次，1916年突破30万人次，1919年增加到40万人次，1926年增加到54万人次，1927年陡增到85万人次，1931年有所下降，为56万人次[①]。

日本在大连发展旅游业，主要目的之一就是大力宣传殖民侵略的历史"功绩"，利用旅游业为侵略者的"战绩"歌功颂德，大力宣扬其殖民文化。为此，日本政府成立了旅顺战迹保存会，专门把旅顺开辟为"战迹圣地"的特殊旅游观光地。保存会在旅顺战场上修建18座纪念碑。同时，修建从市区通往203高地、东鸡冠山、白玉山、二龙山、松树山、水师营的6条约30千米长的"战迹线"旅游道路。至1916年，旅顺日俄战争遗存战场修建工程基本完成后，大规模"战迹圣地"旅游活动开始。"圣地旅游"分半日游、一日游、两日游三种形式，主要参观战争遗迹。殖民当局每年在春、夏、秋季，组织日本国内相关人员，包括军事学院学员、日本国内中小学生和关东州内中小学生分期分批到旅顺参拜"战迹圣地"。即使是国外的观光团，也必组织到旅顺进行"战地游"[②]。

---

① 荆蕙兰：《殖民文化的张扬——对近代大连旅游业的深层次考察》，《佳木斯大学社会科学学报》2012年第2期。

② 荆蕙兰：《殖民文化的张扬——对近代大连旅游业的深层次考察》，《佳木斯大学社会科学学报》2012年第2期。

日本殖民当局更是通过各种传播媒体大做旅游广告，甚至在旅游食品包装盒上也不惜工本极力宣传"圣地旅游"。殖民当局通过关东州和日本国内的报纸杂志、广播电台等新闻媒体大肆宣传"圣地战迹旅游"，并通过大连观光协会和旅顺观光协会与日本国内的大阪旅行俱乐部联合组织大规模旅游促销，甚至在日本国内宾馆饭店和商业区繁华地段设有大幅旅游广告栏。在日文报纸、书刊上也大量刊登有关大连、旅顺、金州、普兰店、瓦房店旅游方面的广告、旅游路线及价目表。日本在大连的广播电台还配合"圣地旅游"经常进行专题介绍。这种宣传的力度和手段，与同时期其他地方的旅游业相比，是比较超前的[①]。

在"圣地旅游"中，白玉山则较为突出，每一年度来"圣地"旅游参观的游客为10余万人，而且这些人必然把白玉山作为参观必选之地[②]。同时日本殖民当局为了更好地管理"圣地旅游"，更是不遗余力地做好旅游的各个服务环节，各种服务设施的配套服务，交通、饭店、娱乐、购物、休闲一应俱全，在同时期的中国，也是屈指可数[③]。诸如日本殖民当局在旅顺各景点大量发售《旅行案内（指南）手册》《战迹纪念写真帖》《旅顺市街及战迹案内地图》及印有各景点图案的明信片、工艺品和大量旅游书籍、图片集等，以供游客了解"圣地"和珍藏。其中，作为旅游中介机构的大阪旅行俱乐部，为了更好地组织推进"旅顺战迹旅游"，更是于1929年6月在白玉山盘山公路边上竖起醒目的石刻旅游指路标石，此标石即为"白玉山"刻石。同时，日本殖民当局还把一门从俄军手中缴获的原清军购自德国的1881年铸造的210毫米加农炮炮身置于白玉山山腹陈列，供游人参观，以显示日军的"赫赫战功"。

---

① 荆蕙兰：《殖民文化的张扬——对近代大连旅游业的深层次考察》，《佳木斯大学社会科学报》2012年第2期。
② 〔日〕菱刈隆：《忠灵塔物语》，日本童话春秋社，1932年，第120页。
③ 荆蕙兰：《殖民文化的张扬——对近代大连旅游业的深层次考察》，《佳木斯大学社会科学报》2012年第2期。

三 尔灵山香炉刻石

孙桂翠

尔灵山香炉刻石，日本昭和十年（1935）立。花岗岩质地，上宽下窄，呈米斗形，上沿长90、下底长76、宽39、高60厘米。正面四边凸出，平滑规则，中间凿一凹槽，凹槽上顶长67、下底长55、高38、深1.5厘米。上顶平面设有3个插香孔。中间插香孔内径为15、外凸径为22、深20厘米，两边插香孔规格一样，直径为9、深18厘米，左上角残损。正面刻石铭文被打磨掉，左右两侧刻有铭文，阴刻楷书。二十世纪七十年代，尔灵山香炉刻石被推倒于山下。1988年4月19日，旅顺日俄监狱旧址博物馆的工作人员在旅顺光荣街道石板桥村水库边采集入馆。目前，在"日俄侵占旅大物证展"展出。

尔灵山香炉刻石

正面

香爐

昭和十年白玉山

三十周年大祭記念

尔灵山香炉刻石左侧拓片

尔灵山香炉刻石右侧拓片

左侧

贰千贰百拾名戦死ノ所

右侧

明治三十七年八月ヨリ
同年十二月二且リ交戦

尔灵山香炉刻石译文

　　明治三十七年（1904）八月开战，至同年十二月交战结束，共有2 210人战死在这里。

　　而实际上，在这次战役中日军的死亡人数远远多于这个数目，正如乃木希典在诗中所写道"铁血覆山山形改"。

　　1904年5月28日，日军占领大连港后，加速向旅顺逼近。因俄军在旅顺港的舰队随时威胁着日军的海上交通线，加之日本舰队需要回到日本本土进行维修以应对波罗的海舰队的到来。按照日军的战略部署，攻占旅顺成为整个军事行动的重中之重。为了尽快攻克旅顺，日军于5月31日组建了第三军，共辖三个步兵团（第一师团、第九师团、第十一师团）、两个预备旅团（第一旅团、第四旅团）、野炮兵第二旅团和攻城特殊部队，共有48 000人，火炮386门，其中大、中口径火炮198门。并由以骁勇著称的乃木希典出任军长，负责攻打旅顺要塞。日俄双方于6月26日开始在旅顺要塞外围展开争夺战，到7月30日，日军攻下旅顺后路外围防线，并对旅顺形成了从陆地到海上的全部包围。日本第三军以3个师团、2个预备旅团、2个野战炮兵旅团共计4.8万人和386门大炮向旅顺要塞发动总攻。而俄军在旅顺全长29千米的海陆防线上也设置了大量的防御工事。其中：海岸防线长9千米，陆路防线长20千米。在陆路防线上，除了永久性工事和堡垒、炮台之外，还在陆路防御工事间构筑有步兵掩体，掩体前设有铁丝网、陷阱，要害地段埋有大量的地雷。陆上防线分为3段，东部防线长约8千米，是最为坚固的防线，由崂崔嘴往东北东鸡冠山、二龙山、松树山等堡垒炮台组成，由俄军戈尔巴托夫斯基少将担任司令。中部防线主要由小案子山、椅子山、四号堡垒工事和2个永备炮台构成，该防线全长5.3千米，由谢苗诺夫上校担任司令。西部防线是旅顺防线中最薄弱的一段，从猴石山到羊头洼，大部分工事都是临时构筑的，仅有2个永备工事即五号工事和5号炮台（Ⅳ炮台），原计划要修筑永久性堡垒，但到7月30日仍未动工。该防线长6.7千米，由伊尔曼上校担任司令。然而，西部防线的203高地，却是日军最难攻的高地。

203高地，当地百姓称之为老爷山，位于旅顺市区西3千米处，距市区和港口要塞较近，因海拔203米，被称为203高地。203高地是俄军后路25千米西部防线上的制高点，与东部防线的东鸡冠山遥相呼应。俄军把这两处制高点视为保卫旅顺口要塞的东西两扇大门，而日军也把这两个制高点称为打开旅顺要塞大门的钥匙。在日俄旅顺争夺战中，它将起着决定成败的作用。攻守双方为这"两扇大门"展开高地厮杀，论伤亡人数和战况激烈程度，可谓近代战争史上极其残酷的阵地攻坚战，实属罕见。

战时203高地山麓的俄军预备队

攻打203高地期间在南山坡山一侧待命的日军

203高地，虽然是俄军陆上防线的制高点，但在战争爆发前并没有在此动工修筑防御设施，仅有3个步兵连和1个水兵连，4个连仅有机枪4挺、火炮7门在此防守。直到战争打了4个月，才于5月下旬着手修筑防御工事。由于时间紧迫，仅在主峰的下面挖了两条散兵壕。一条向西通到滕家大山（172高地），另一条向东与老虎沟山（日军称赤坂山，俄军称平顶山）阵地相通，两条散兵壕外设有带刺的铁丝网，散兵壕间由暗道相连。9月开战以来，俄军不断地向此高地增加兵力，增设两门152毫米舰炮。为解决吃水问题，在山上修建了一座抽水站。至日军第四次总攻前，俄军由五、十四、十五3个团中调5个连的兵力加强此高地的防守，另在右翼的老虎沟山阵地上设有8个连的兵力防守，俄军在整个战役中累计共投入兵力达80多个连、近万人参战。

1904年8月19～24日，日军第三军围攻旅顺要塞。右翼纵队一部分攻打西部防线。其右翼纵队（第一师团）分为三路：左翼支队由中村少将统率向斯特塞尔堡进攻，中路军由山本少将统率向海鼠山进攻，右翼支队由友安少将统率向203高地进攻。

1904年9月19日晨，日军聚集100多门大炮，其中野战炮60门、重攻城炮30门、速射炮8门，另外还有位于狼山的5个远程海岸炮连向西部防线的南山坡山、203高地俄军堡垒轰击。俄军沉寂，没有应战，当日军接近俄军时，俄军突然枪炮乱射，使日军

俄军正在203高地附近掩埋士兵尸体

203高地北坡层层叠叠的日军尸体

伤亡惨重。日军经过4个多小时的火炮准备，于13点30分又开始向南山坡山、203高地实施猛烈炮击。俄军野战炮也在实施反击。日军摧毁了俄军部分掩体、2挺机枪和1门大炮。18时，日军以2个步兵联队的兵力分别向南山坡山、203高地发起10余次猛烈进攻。日军的进攻持续到22时，遭到了俄军的顽强阻击，毫无进展，日军伤亡惨重，22个连的兵力仅剩下2个连的兵力（400多人）。

9月20日5时，日军再次向两山实施猛烈炮击，其对203高地的进攻更是不惜一切代价。日军在占领南山坡山之后，炮兵向203高地实施猛烈的炮击，另有两艘炮舰从羊头湾配合陆上炮队同时轰击203高地。日军步兵于20、21日又多次向203高地发动攻击，均未成功。左右翼战场，经过4天恶战，日军攻下水师营南堡垒几个小炮台，但主攻目标203高地久攻不下。乃木希典心急如焚，以致病倒在床。无奈于9月22日下令停止攻战。这次总攻，日军死伤7 500人，俄军伤亡1 500人。

在此期间，日本最高军事当局却产生了尖锐矛盾。原来围绕攻打旅顺要塞问题，从一开始，日本陆海两军之间就对攻击重点产生了分歧，以后又发展到大本营同满洲军总司令部的对立。

大本营倾向于海军意图，认为第三军应首先攻下203高地，因为203高地是一个理想的观测点，有助于打败旅顺港内的俄国舰队。为了增加第三军的实力，大本营决定把新的精锐第七师团调给第三军。乃木希典不想分散自己的兵力，把第三次总攻击目标定为俄军东部防线，并开始围城的准备工作。他的计划是，在11月2日即日本天皇的诞辰前，即使不能攻克整个要塞，也务必夺取俄军东部防线各堡垒，以作为献给日本天皇诞辰的贺礼。围城一方面是加紧挖掘坑道和前沿平行壕，另一方面，不断实施破坏性炮击。当倾向于海军意图的大本营知道第三军总攻旅顺的攻击重点仍是东线堡垒没有改变之后，非常气愤。

根据这种情况，11月9日，在大本营陆海军幕僚会议上通过决议，要求第三军要加速击溃俄军舰队，并通知给满洲军司令部。满洲军总司令官大山岩却认为临时更改计划对进攻不利，况且占领203高地只是能利用这个观测点。于是大本营在1904年11月14日的御前会议上奏请，要求满洲军司令部督促第三军攻克旅顺，得到明治天皇批准。

从11月28日起，乃木希典指挥50 000兵力攻打203高地，并亲临前线督战，多次驱使士兵向山顶冲锋，俄军也多次进行反击。此时，日军已将冲锋出发的平行壕挖至距俄军环形壕150~200米处。与此同时，部署在水师营附近的6门305毫米、西沟附近的2门350毫米、4门280毫米的大炮和其他一些大炮开始猛烈轰击203高地。至17时，该山的22个掩蔽部和一段胸墙被摧毁。接着，日军步兵2个团发起地面进攻。俄军面对绝对优势的日军进攻，进行了顽强的反击。至21时，击退了日军多次进攻，并抢修工事。激战至当晚，日军攻占203高地东侧的老虎沟山，但半夜时又被俄军夺回。

11月28~30日,日军继续向203高地轮番进行地面进攻和炮击,仅280毫米的炮弹就倾泻了1 000余发(约217吨)。俄军的环形壕全部被炸毁,43个掩蔽部只有2个完整无损。此时,守备部队已经完全失去掩蔽,只能靠手榴弹、白刃格斗实施反击,伤亡惨重。满洲军总参谋长儿玉源太郎在辽阳总部看到战局僵持不下,便亲自来旅顺督战,最后直接参与指挥。12月1日,儿玉源太郎到达旅顺后,立即召开了军事会议,并让乃木希典暂时让出指挥权,这实际上是剥夺了乃木希典的权力。儿玉参谋长将主攻方向由俄军东部最坚固的防线改为西部的203高地。12月2~4日,日军进行了战地整顿。

12月5日,日军对203高地进行了孤注一掷的进攻。5时55分,开始向203高地倾泻280毫米的穿甲弹和爆破弹。8时15分开始地面进攻。日军进攻的最大障

尔灵山战迹碑及香炉

碍是俄军设置的铁丝网,日军不惜一切代价对其加以破除。用刀砍、手扯,拔出铁丝网的木桩,或是拴上粗绳将其拖走,从西南方向强攻目的地。上午10时,西北方向强攻的日军也占领俄军一部分阵地。俄军因无援兵援助,战到最后,弹尽粮绝,但仍然没有放弃203高地,不停地进行顽强的反击,用带刺的滚木、尖锐的石头向山下推滚,给日军进攻制造障碍,使其损伤惨重。双方多次短兵相接,展开激烈的白刃格斗。日军经过猛烈的炮击和频繁的地面进攻,使俄军守卫部队的幸存者遍体鳞伤,精疲力竭,再也无力继续抵抗,于17时30分撤出203高地。

日军占领203高地后,立即在山上设置炮兵观测所,可将旅顺军港和俄军防守的阵地尽收眼底。日军以巨炮猛烈轰击旅顺港内俄军舰艇,致使俄军舰船全部被击沉,接着,松树山、二龙山、东鸡冠山、望台炮台等俄军永久性堡垒相继陷落。

为争夺这块长不足250米、宽仅30多米的山头,日军自1904年9月19日开始攻打,至同年的12月6日占领,持续78天血战,出动兵力6.4万人,仅280毫米口径的炮弹就发射11 000发,以死伤1.7万人的惨重代价,最终占领203高地,在俄军西部的主防线上撕开了一个口子,为全部占领旅顺要塞赢得了时间。日军第三军司令官乃木希典在此战

役后的第9天即1904年12月14日登上此山,赋诗一首:"尔灵山险岂难攀,男子功名期克难。铁血覆山山形改,万人齐仰尔灵山。"这是日本军阀的自供状。203高地在群山包围之中,山坳起伏,绝崖峭壁,险而难攀,日军动用了上万人的兵力攻打此高地,其中包括炮兵、步兵及舰上的兵力,同时向203高地多次发起进攻,铺天盖地的子弹、炮弹把整个203高地炸得遍地开花,漫山遍野都堆满了尸体,山谷间血流成河。为"慰藉"亡灵,乃木希典根据203高地的谐音将此山更名为"尔灵山"。

日俄战争结束后,日本殖民当局为了纪念日俄战争的胜利,日军第三军参谋长伊知地等人成立了满洲战迹保存会,在旅顺主要战场立碑、筑塔,宣扬"武力圣战",炫耀其"赫赫战功"。

尔灵山战迹碑始建于1905年1月6日,直至1913年8月31日竣工,历时8年8个多月。碑的基石用石头筑成,碑体部分分别是用铁和铜铸成,铁和铜由战后从这个山头上拾取的炮弹皮、子弹壳冶炼而成。碑高10.3米,形似日式步枪子弹。碑上"尔灵山"三个字为乃木希典所题。

203高地主峰的尔灵山战迹碑,是日本殖民当局在旅顺建的较为特殊的一座子弹型战迹碑。时隔30年,即昭和十年(1935),日本殖民统治当局为祭拜日俄战争中日军攻打203高地阵亡士兵的亡灵,又在尔灵山子弹型碑前增设香炉用于焚香。

四　二龙山香炉刻石

孙桂翠

二龙山香炉刻石，日本昭和十年（1935）立。花岗岩质地，上沿长91、下底长78、宽39、高60厘米。呈米斗形，上宽下窄，正面四边凸出部分经过打磨，光滑平整。中间凿一凹槽，凹槽上沿长70、下底长60、高40、厚1.5厘米。上面凿有3个插香孔，中间插香孔内径为15、外凸径为22（边沿残损）、深20厘米。两边插香孔规格相同，直径为9、深18厘米。正面及左右两侧刻有铭文，阴刻楷书。1977年6月，旅顺日俄监狱旧址博物馆的工作人员在旅顺各个山头考察日俄战争遗迹时，于二龙山堡垒战迹碑前发现这尊香炉，将其采集回来。目前，在"日俄侵占旅大物证展"展出。

二龙山香炉刻石

二龙山香炉刻石正面拓片

 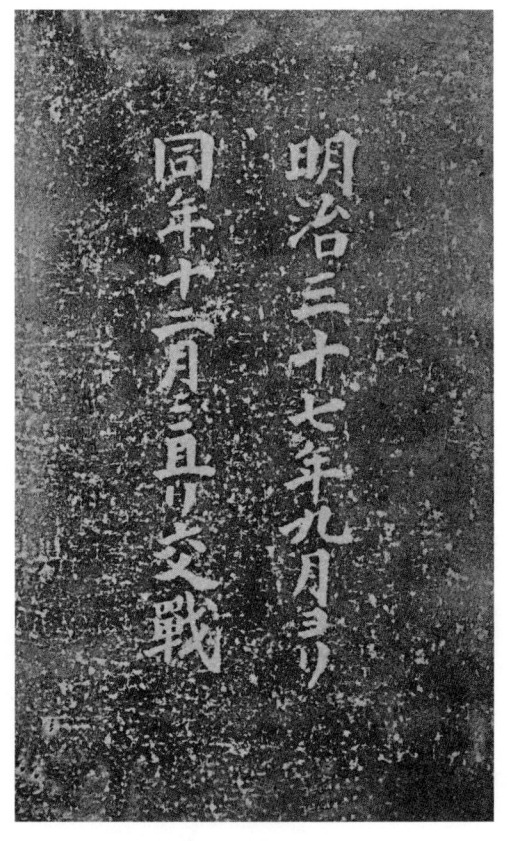

二龙山香炉刻石左侧拓片　　　　　　二龙山香炉刻石右侧拓片

正面

香爐

昭和十年白玉山

三十周年大祭記念

左侧

壹千貳拾叁名戰死ノ所

右侧

明治三十七年九月ヨリ

同年十二月二且リ交戰

二龙山香炉刻石上的日文译文

　　昭和十年（1935），日本殖民统治当局在旅顺白玉山纳骨祠举行日俄战争旅顺战役阵亡士兵30周年大祭。藉此，于二龙山堡垒碑前放置此香炉，以祭祀攻打二龙山堡垒战死的日军亡灵。（香炉还记载），自明治三十七年（1904）9月开始，到同年12月，在攻打二龙山堡垒战役中，有1 023名官兵战死。

从香炉上的文字记载中不难看出，日军的二龙山战役是场鏖战。

1904年2月8日夜，日本联合舰队偷袭停泊在旅顺港外的俄国太平洋分舰队，日俄战争爆发。8月19日，日军第三军司令官乃木希典为总指挥，集结了5万多兵力，投入300门大炮，开始对旅顺俄军陆上防线发起第一次总攻，第一次总攻以伤亡15 800人的失败告终。9月19日，日军发起第二次总攻，伤亡7 500人，俄军伤亡1 500人。接着，10月26日至12月30日，日军又发起总攻。攻打二龙山堡垒主要由日军第九师的十九联队和三十六联队约3 000余兵力参战。俄军东线总指挥是戈尔巴托夫斯基。镇守在二龙山堡垒的是由650名官兵组成的一支精锐部队，堡垒总指挥是卡恩杜林中校。

二龙山，海拔127米，居旅顺中枢，位于水师营东南一带。山峰起伏，沟壑连绵，与东鸡冠山、松树山相连。二龙山堡垒的东南侧是东鸡冠山北堡垒，西侧是松树山堡垒，扼旅顺口咽喉，是俄军旅顺东部陆防规模最大的永久性堡垒，与椅子山、案子山、白玉山、老铁山炮台相对峙，俄军称其为三号堡垒。

自1898年至1904年俄国殖民统治旅顺的7年间，为了巩固其在东北地区的势力范围，俄国人在旅顺大力兴建防御工事，耗费巨资扩建了从崂崀嘴经模珠礁、黄金山、老虎尾至城头山等的炮台，修筑总长为9千米的海岸防线；又修建了白银山、东鸡冠山、二龙山、松树山、大小案子山、203高地至牙户嘴等炮台及堡垒，构成总长约25千米的陆上防线。尤其是对二龙山堡垒更是煞费苦心。

二龙山堡垒是俄国人于1900年开始动工修筑，至1904年日俄战争爆发前基本完工。二龙山堡垒呈五角形，面积约为3万平方米，为诸堡垒之冠。这座堡垒修建独具特色，持久坚固。内有窖室暗径，错落幽密，隐蔽性很强。外有堡垒胸墙为屏障，周围有铁路蜿蜒贯行其中。炮台外斜堤壁立如削，不可攀登，又有沟壕防护，间炮兵、步兵阵地，相护重重，此失则彼援，彼失则此援，有"一夫当关，万夫莫开"之势。在此堡垒聚集了俄军的精锐部队，严防死守。

10月30日13时，日军中央纵队右翼攻打二龙山堡垒外壕，但久攻不下。日军企图趁势架桥梯，一举攻占堡垒，但因桥梯太短，无法渡壕，被俄军击退，伤亡很大。11月26日午前10点30分，日军的成田炮队轰炸二龙山围墙及备炮、新炮台和松树山炮台东侧，本庄炮队同时助攻，弹如雨注，但仅炸坏堡垒胸墙。地面强攻和重炮轰击的同时，日军工兵少佐杉山组织工兵昼夜不停地向堡垒方向挖掘坑道，至12月22日共挖了5条坑道，直达堡垒胸墙之处。12月27日，日军在5条坑道及堡垒的胸墙下面放置12包炸药，炸药总重量为2.84吨。28日10时4分进行了最后一次大爆破，先炸坏堡垒胸墙，

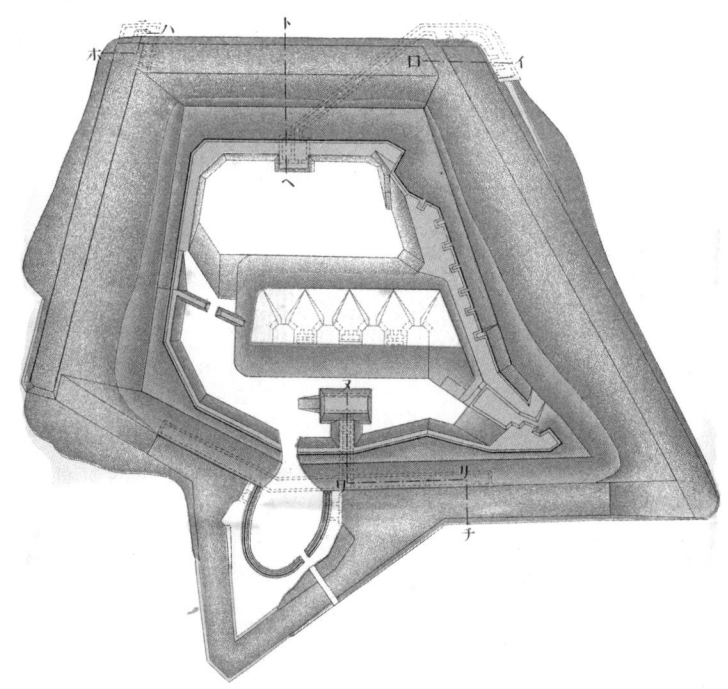

二龙山堡垒平面图

然后突击堡内,夺取其轻重各炮阵地。金山炮兵大尉与后藤少尉各率炮队,一阵轰击胸墙,一阵轰击炮台。与此同时,机枪、炮队尾随突击队助攻。杉山工兵少佐指挥佐藤、岛田、藤村等工兵发炮追击。日兵用白热电气射炸二龙山堡垒胸墙,炸力猛烈,震动全台。此时,黑烟覆盖二龙山巅及松树山、鸡冠山一带之地,石片纷纷而下。炮台胸墙裂成数个大窟窿。

中尉堀江小内藏与大尉加纳道分左右两路同时向俄军轻炮阵地突击。堡垒的胸墙被炸开两个直径达20~26米的大洞,使多处掩体、营房、掩蔽部被震坏,堡垒内部起火,俄军有200余人被埋在堡垒内。10时30分,日军第十九、三十六联队趁势猛攻,而守卫在堡垒后部的俄军士兵进行顽强抵抗。15时日军攻占胸墙,16时突入堡垒内部,一直战斗到翌日凌晨3时,俄军残余兵力撤退,日军才全部占领此高地。

1904年10月16日,日军第九师团开始对二龙山堡垒进行地面强攻、重炮轰击和地下爆破,仅74天就发射280毫米的榴弹炮2 300发,弹重达499吨,以死亡1 023人的代价于12月29日占领二龙山堡垒。攻占二龙山堡垒后,日军便架起重炮猛轰松树山、椅子山、白玉山等诸炮台,彻底摧毁俄军的陆上防线。

战后,日本殖民当局为了纪念在此次战役中战死的士兵,由满洲战迹保存会在二龙山上立二龙山堡垒碑,以炫耀其战功。又于1935年在二龙山战迹碑前增设香炉以祭拜亡灵。

被日军炸毁的二龙山堡垒外壕咽喉部

二龙山堡垒战迹碑

五 "旅顺港口闭塞"碑

尹玉兰

"旅顺港口闭塞"碑，日本大正五年（1916）立。花岗岩质地，高131、宽93、厚51厘米。呈长方形，阴刻楷书，右上角破损。碑文记载了日本海军为争夺制海权，3次闭塞旅顺港口的时间。此碑原立于旅顺港口西侧老虎尾半岛。1972年，驻军某部派工兵炸毁"旅顺港口闭塞"碑，石碑、铁锚、支撑柱落入海边。1977年7月，旅顺日俄监狱旧址博物馆组织工作人员到老虎尾考察近代战争遗迹时，发现炸毁掉落海边的石碑和铁锚。1978年3月7日，旅顺日俄监狱旧址博物馆派2名同志向旅顺海军某部求援，经部队领导同意，旅顺海军基地派一艘拖轮将301浮吊船拖到老虎尾，把残锚和"旅顺港口闭塞"碑吊上来，运到旅顺西港码头。3月9日，部队又派人用汽车将残锚、石碑运送到旅顺日俄监狱旧址博物馆入藏。目前，在旅顺日俄监狱旧址博物馆"日俄侵占旅大物证展"展出。

"旅顺港口闭塞"碑

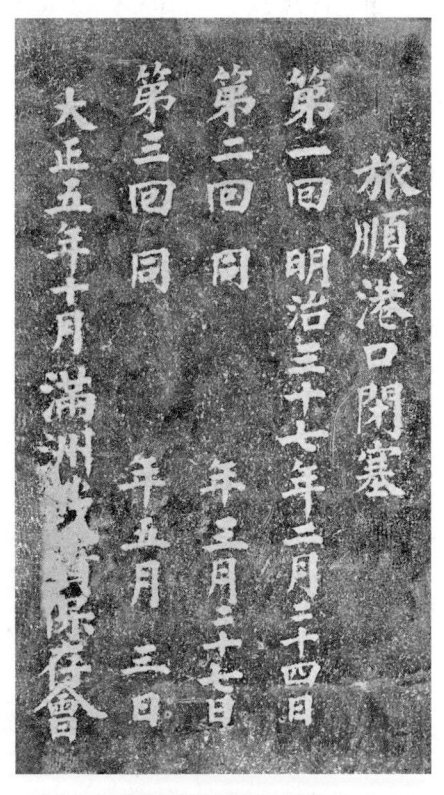

"旅顺港口闭塞"碑拓片

碑阳

旅順港口閉塞
第一回明治三十七年二月二十四日
第二回同年三月二十七日
第三回同年五月三日
大正五年十月滿洲戰蹟保存會

1. 日军偷袭旅顺港，日俄战争爆发

甲午战争后，日本经过十年的扩军备战，于1903年完成了对俄国发动战争的准备，等待时机，挑起战争。1904年，日本政府认为对俄国作战的时机已经成熟，为此，日本天皇下达了发动战争的命令。2月6日，日俄两国外交关系破裂。2月8日深夜，日本联合舰队在司令东乡平八郎的指挥下，突然袭击驻扎在旅顺的俄国太平洋分舰队，揭开日俄战争的序幕。2月9日，日本主力舰队再次向旅顺实施攻击，遭到俄军的猛烈还击，俄国对日本宣战。2月10日，日本对俄国宣战。自此，旅顺变成日俄两军厮杀的主要战场。

2. 2月24日，日军第一次塞港行动

俄国太平洋分舰队遭到日本联合舰队偷袭，虽然受到一定损失，但仍然具有相当的实力。日本海军为了消除盘踞在旅顺港内的俄国舰队的威胁，完成运送陆军进入东北战场的作战部署，战前，在军部召开军事会议，制订作战计划。旅顺口是一座天然良港，港口东侧有黄金山，西侧有西鸡冠山、老虎尾半岛作屏障。只有一个出海口，且港口狭窄，口宽290米，仅有中间的91米能供大型舰船通行。鉴于这一点，日本海军中佐有马良橘、少佐广濑武夫、大尉松村菊男、斋藤七五郎等人提出采取闭塞战，即把陈旧商船自行炸沉在旅顺港口的航道上，阻止俄国舰队出海作战，遏制其活动空间，从而控制制海权。

日本联合舰队司令官东乡平八郎

这一闭塞作战方案，在近代世界军事史上已有先例。早在1854年8月，克里米亚战争中，英、法联合舰队在英国海军上将邓达斯和法国海军上将哈姆林的指挥下驶入黑海。驻守在塞瓦斯托波尔港的俄国舰队，为了加强港口的防御，不让英法联合舰队冲入港口，自己凿沉了几只船堵在港口。1898年美西战争之际，西班牙舰队驻守圣地亚哥港。美国舰队司令桑普森将军决定在入港航道上沉船1艘，遂派海军大尉豪温率9人

乘货船"菲利玛库"号沉入港口航道，将西班牙舰队封锁于港内，完成了掩护陆军登陆的任务[①]。

日本联合舰队司令官东乡平八郎决定采纳这一方案，立即对旅顺港口实行闭塞作战，安排舰队做了充分准备，选定充作堵塞船的特别运输船"天津丸"（2 942吨）、"报国丸"（2 766吨）、"仁川丸"（2 331吨）、"武扬丸"（1 163吨）、"武州丸"（1 249吨）5艘。在门司港装上煤炭，返航佐世堡港，并在船上安装爆破装置。2月18日，舰队司令东乡平八郎下达了在联合舰队中招募乘闭塞船志愿者的命令，最后，从各舰艇招募的志愿者中选拔了77人，分乘5艘闭塞船，堵塞船队总指挥官为海军中佐有马良橘。

23日午前9时，日本主力舰队与闭塞沉船队到达旅顺口东南圆岛附近海域。真野中佐率第五驱逐舰队为前锋，闭塞船队随其后，樱井少佐率第十四艇队在闭塞船队后。午夜，到达旅顺港外，第四驱逐舰队先对旅顺口侦察。24日4时20分，闭塞船"天津丸"首先向旅顺港口突入，其他闭塞船紧随其后。途中被旅顺港口东、西两岸炮台探照灯发现，数条灯光照射到闭塞船上，炮台大小口径的火炮猛烈炮击日本闭塞船，排在最前面的有马良橘中佐指挥的"天津丸"触礁沉没在老铁山东海岸。广濑武夫少佐指挥的"报国丸"遭到炮弹轰击，舳舻破裂，两条舷艇中一条被打坏，并在前进途中冲到了俄舰"列特维赞"号的防护网上，点燃的火药导火索也被打断，俄舰"列特维赞"号炮弹击中"报国丸"，引起火药爆炸，"报国丸"沉没在老虎尾灯塔前海域。斋藤大尉指挥"仁川丸"冲向港口，在离炮台约2里半的水域爆破沉没。正木大尉指挥的"武扬丸"在"天津丸"沉没处400米外自爆沉没。这次闭塞，"仁川丸"梅原二等机关兵1人战死，"报国丸"角久间二等兵曹、藤本一等机关兵及武野二等机关兵3人负伤。日本舰队用5艘鱼雷艇和中国渔船把活着的闭塞队员收容逃回。此次港口闭塞作战中，只有"报国丸"沉在港口左方，虽然对俄舰船出入港口造成障碍，但很快便被俄军清除，俄舰船又可以自由出入港口。日本海军第一次的港口闭塞行动没有达到目的，作战计划失败。

3. 3月27日，第二次港口闭塞行动

第一次港口闭塞失利后，日本海军决定进行第二次港口闭塞。3月上旬，选定了第二次港口闭塞船，由"千代丸"（1 746吨）、"福井丸"（2 943吨）、"弥彦丸"（2 639吨）、"米山丸"（2 693吨）4艘船组成，选拔65名敢死队员，总指挥仍由海军中佐有马良橘担任。这次，海军少佐广濑武夫把闭塞船改成装水泥和石子混合在一起的物体，这样闭塞船沉入海底便凝结成一个整体，从而不容易被移开。同时，广濑

---

① 董志正、田久川、关捷：《日俄战争始末》，东北财经大学出版社，2005年，第165页。

武夫还改进一个导火线，一旦被打断，用点火爆沉的办法沉船，并在"福井丸"船舱写下"敢死队血书"[①]。

3月26日夜间1时40分，第三舰队的"浅间""常磐"等6艘军舰掩护4艘闭塞船，从巡威岛起锚出发，驱逐舰队与水雷艇队也相继出发，傍晚到达旅顺口东南圆岛海域集结。27日夜间1时30分，日本闭塞船队到达旅顺港外。俄舰屡次遭到日本舰队攻击，因而加强了警备，规定岸防和值班哨舰发现敌舰，要求立即用信号弹向海岸炮台报警。日本闭塞船队到达距港口2海里的海面，俄军所有探照灯一齐照射，港口东、西两岸炮台及2艘哨舰猛烈炮击。日本4艘闭塞船冒着炮火全速向港口航道突进。有马良橘指挥的"千代丸"在黄金山西侧离海岸约90米的地方投锚，船首向右自爆沉没。广濑武夫指挥的"福井丸"通过"千代丸"左侧前方，被俄军一艘驱逐舰发射的鱼雷击中腹部，"福井丸"上的上等兵曹杉野孙七在船舱准备点爆时，船被俄国驱逐舰发射的鱼雷击中。指挥官广濑武夫让船员上了救生船，却不见杉野孙七，他3次下船舱搜索，大声喊杉野孙七，但船已下沉，只好上了救生船。这时，俄军炮火打过来，广濑武夫头部被击中，当场毙命，仅留下铜钱大小的肉片。森初次指挥的"弥彦丸"在"福井丸"的右侧投锚爆破沉没。正木义太指挥的"米山丸"从"千代丸"的左侧冲入港口航道，航行到航道中央靠近左岸沉没。第二次港口闭塞中广濑武夫以下死伤15人，闭塞船仅1艘沉入航道左侧，对俄舰出入港口造成影响，但涨潮时俄军舰船仍可以自由出入港口，第二次港口闭塞失败。

"福井丸"生还者和战死者棺材（前右一水兵手持稍大木盒装有广濑武夫一块肉片）

[①] 董志正、田久川、关捷：《日俄战争始末》，东北财经大学出版社，2005年，第176页。

4. 5月3日，第三次港口闭塞行动

日本海军两次闭塞旅顺港口都没有达到目的，为了防止俄舰出海炮击日本运输船队及保证日本第二军在金州杏树屯河口顺利登陆，东乡平八郎决定对旅顺港口施行第三次港口闭塞。这次汲取了前两次的教训，派出12艘排水量为1 650吨至4 200吨船只："新发田丸""小仓丸""长门丸""三河丸""远江丸""釜山丸""江户丸""小樽丸""朝颜丸""佐仓丸""相模丸""爱国丸"。总指挥为海军中佐林三子雄，全队共计244人。

俄军根据前两次日军闭塞港口的经验，在港口东西两岸设置低炮台，增加数门小口径火炮。5月1日午后17时，12只闭塞船与第一、二、三、五、六战队5个战队及第二、三、四、五共4个驱逐舰队，第九、十四水雷艇队、水雷母舰及其他附属舰只，一起编队启航。5月2日午后17时到达圆岛。午后19时30分堵塞船队与舰队在圆岛告别出发，驱逐舰队与水雷艇队全速行驶，夜23时到达旅顺口外，见俄国舰队与岸防炮台毫无动静。第二、三驱逐舰队驶向老铁山下，第四、五驱逐舰队驶向黄金山方向，中间由水雷艇队进行戒备。堵塞船队于夜24时到达港外。这时忽然刮起了东南烈风，波涛汹涌，船体剧烈摇晃，连船上的救生艇都刮掉了。于是闭塞总指挥林三子雄下令终止行动，各船撤退。然而风大浪高，各船分离，命令没能全部传达到，结果4艘闭塞船返回，其余8艘冒着风浪仍向旅顺港口突进。

5月3日晨，日本闭塞船队到达旅顺港外，被俄军海岸炮台探照灯发现，遭到猛烈的炮击。"三河丸"第一个冲进港内航道中，破坏港口的防御器材，在港口航道中央位置投锚爆沉。"佐仓丸"随后冲入港口航道，投锚爆炸沉没，乘员全部战死。此时，俄军的防御炮火猛烈炮击，"远江丸"被老虎尾炮台炮火击中，冷罐、汽洞、蒸汽泄、舵机被破坏，船起火爆炸沉没，封闭了港口航道的一部分。"江户丸"还没到达港口，就被俄军炮弹把船尾部打穿，又继续向港口驶入，船长被炮弹炸死，士兵投锚把船炸沉。"爱国丸"在港口触俄军水雷爆炸，炮弹又击中其左舷，命中汽罐，船沉没。"小樽丸"突入港口，遭到俄军炮火轰击，午前2时5分，突破港口防御器材，进入航道，遭到俄舰炮击，舵机被破坏，操作失灵，在航道西岸船首朝西北投锚爆破沉没。野村少佐、笠原大尉以下多名士兵战死，岩濑以下7人被俘。"相模丸"随"小樽丸"之后到达港口附近，沿着东岸闯入航道，在"小樽丸"爆炸位置附近爆破自沉，船长以下多数人员战死，其余残员9人被俘。"朝颜丸"还没到达港口，就被俄军火炮打坏了舵机，在黄金山岸边爆炸沉没，船上人员全部战死。

日本联合舰队在司令官东乡平八郎的指挥下，先后对旅顺港口进行了3次闭塞行动，共沉船17艘，虽未达到预期堵塞港口的战略目标，但对俄国舰队出入港口造成了一定的障碍，日本舰队也暂时控制了黄、渤海和朝鲜海峡的制海权，保证了后来日军

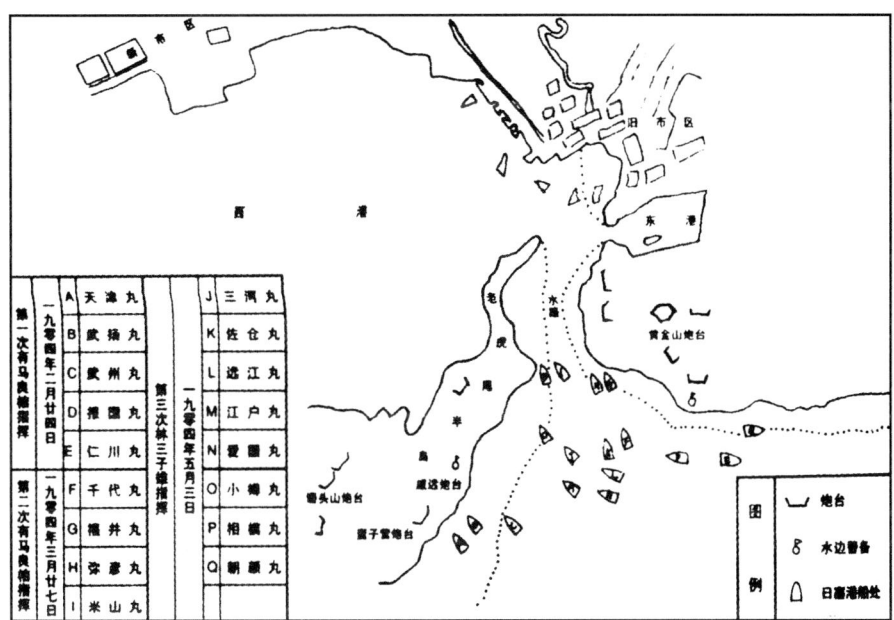

日本海军闭塞旅顺口示意图[①]

沉没在旅顺港外的日军闭塞船

[①] 刘志超、关捷：《争夺与国难——甲辰日俄战争》，辽海出版社，1999年，第86页。

原旅顺港口西侧日本立卷锚机式闭塞队纪念碑

第二军在辽东半岛的顺利登陆。

日俄战争后，日军为了美化侵略战争、炫耀战功及其武士道精神，专门将广濑武夫乘坐的"福井丸"沉船铁锚打捞出水。1916年，满洲战迹保存会在旅顺港口西侧老虎尾半岛修建了一座卷锚机式石碑，上面立支撑柱，将"福井丸"铁锚安放在上面，支撑柱上镶有日本联合舰队司令官东乡平八郎题写的"闭塞队纪念"铜牌，并在南面外部镶嵌"旅顺港口闭塞"碑。

"旅顺港口闭塞碑"和残锚从海边吊上来

六　日本"第三军司令部驻营地"碑

周爱民

"第三军司令部驻营地"碑，花岗岩质地，高230、宽65、厚63厘米，呈长方锥形，阴刻楷书。1916年10月，满洲战迹保存会在旅顺柳树房屯立，碑铭由日本陆军中将白井二郎书写。二十世纪七十年代，"第三军司令部驻营地"碑被当地群众推倒。1976年9月26日，旅顺日俄监狱旧址博物馆的专业人员到旅顺口区长城公社柳树房村将该碑征集入藏。

1915年7月10日，一座普通的中国民宅被日本殖民者视为"圣物"，从旅顺柳树房屯拆迁到日本京都神社重建，作为"日俄战争第三军司令部纪念馆"。这座普通草房何以有如此大的魅力？它与第三军司令部又有怎样的关联？查阅有关日俄战争方面的史料可以得知，从1904年8月至1905年1月，旅顺柳树房屯曾被日本第三军占用为司令部的驻营地，而那座普通的中国民宅则成为日军司令部。

碑阳

第三軍司令部駐營地
陸軍中將白井二郎書

碑阴

大正五年十月　滿洲戰蹟保存會

1. 日本第三军成立背景

1904年2月8日夜，日本海军联合舰队偷袭了停泊在旅顺港外的俄国舰艇，引发日俄战争。日本海军司令官东乡平八郎深知：俄国海军实力远远强于日本，如果战事久拖不决，对日本不利。于是下令："俄国目前在远东的海军舰船大部停泊在中国旅顺口基地，我军应以速决之行动将敌舰歼灭在那里。"①但日本海军在战争之初的几次行动中均未能迅速消灭俄国舰队，致使日军海上运输线得不到保障。同时，又传来俄国派波罗的海舰队从欧洲启程增援远东的消息。

海战的停滞不前，以及俄国"已令波罗的海舰队从欧洲启程增援远东。如果两支舰队合兵一处，后果不堪设想"②的现实，令日本战时大本营改变原来的作战计划，决

---

① 毛元佑：《国运之赌——日俄战争》，《世纪初的列强混战》，解放军文艺出版社，2001年。
② 毛元佑：《国运之赌——日俄战争》，《世纪初的列强混战》，解放军文艺出版社，2001年。

"第三军司令部驻营地"碑

"第三军司令部驻营地"碑碑阳拓片　　　　"第三军司令部驻营地"碑碑阴拓片

日本第三军司令官乃木希典

定先从陆路攻占旅顺，再歼灭港内的俄军舰队，以保障海上交通畅通无阻。5月30日，即日军占领大连湾后的第二天，日本大本营组编第三军，由第一、十一师团和三个炮兵联队，以及后增的第九师团和特种攻击部队组成，兵力达到5.7万人。"司令官为乃木希典中将。"①第三军的任务是："迅速攻占旅顺要塞，无论在任何时机不使陆上之敌危及第二军之后方。"②5月31日，乃木希典在日本广岛正式就任，并晋升为大将。

乃木希典（1849～1912），日本长州藩（今山口县）藩士出身，日本对外侵略扩张政策的忠实推行者。1894年中日甲午战争时任日本第二军第一旅旅长，率部侵占中国旅顺、辽阳，是旅顺大屠杀的积极策划者。1895年，率日本第二师入侵台湾。翌年任台湾总督，血腥镇压台湾人民。1904年奉调回国，任留守近卫师团长。

2. 日本第三军司令部的设立

1904年8月，日俄旅顺陆上争夺战开始。8月15日，日本将第三军司令部设在旅顺柳树房屯13号周玉德家的五间草房里。

日军在旅顺柳树房设立的第三军司令部驻地
（右侧五间草房为乃木希典司令部，战后被迁到日本）

---

① 〔日〕安冈昭男：《日本近代史》，中国社会科学出版社，1996年，第363页。
② 王洪恩：《日俄侵占大连简史》，吉林人民出版社，2003年，第111页。

柳树房屯位于旅顺东北部，1904年这里仅是一个有十几户人家的偏僻山村。西边有通往大连的铁路，交通便利；南边依靠于大山作为屏障，隐蔽性强。周玉德家的五间草房坐落在屯东头，进出方便，所以被日军强占作为司令部的所在地。

司令部的房间分布为：正中间屋为堂屋；西外屋是乃木希典的办公室，里屋是其寝室；东外屋是参谋长伊地知幸介的办公室，里屋是寝室。从1904年8月15日至1905年1月，日军对盘踞旅顺长达7年之久的俄军发起一次次总攻的命令，都是从这座茅庐里传出的。

1904年8月19日，日军在第一次总攻时正准备向盘龙山进攻

3. 第三军司令部发出四次总攻击令

乃木希典在就任第三军司令官时，日本参谋总长大山岩曾问："将军此行，任务乃全力攻占旅顺，不知阁下需要多少时间才能高奏凯歌？"乃木希典踌躇满志地说："快则20日，迟则1个月，即可攻克旅顺而凯旋。"①乃木希典始终不忘1894年甲午战争中日军轻而易举占领旅顺的历史，所以首先对俄军采取劝降的战术。日军劝降不成后，乃木希典经过一番策划，于8月19日发出第一次总攻击命令。

1904年8月19日，日军步兵在370门大炮的猛烈炮火掩护下，采用强袭战术，疯狂地向俄军陆防线发动一次次冲锋。8月20日中午，俄军西线大顶子山被日军突破；8月22日，俄军东部陆防线——盘龙山东、西堡垒亦被日军攻占。由于求胜心切，日军接着从23日晚到24日，强攻俄军东线制高点——望台炮台，企图一举拿下旅顺口。但因俄军依托坚固的工事进行顽强地阻击，使日军伤亡惨重，被迫退却。第一次总攻

---

① 毛元佑：《国运之赌——日俄战争》，《世纪初的列强混战》，解放军文艺出版社，2001年。

1904年9月19日，日军第二次对俄军发起总攻击

仅一周时间，俄军伤亡1 500人、日军则伤亡1.5万人，乃木希典"速战速胜"的幻想破灭了。

碰壁后的乃木希典绞尽脑汁琢磨对付俄军坚固防线的良策，决定改弦易辙。9月17日，柳树房日本第三军司令部又发出进行第二次总攻击的命令。

此时日军改变战术，采取挖掘坑道的方式接近俄军堡垒，然后利用炸药进行爆破。根据司令部的命令，西线日军从9月19日开始攻击203高地外围阵地南山坡山。双方短兵相接，经过两天厮拼，于20日被日军占领。同时，水师营南方高地和龙眼北方堡垒也落入日军之手。东线日军用炮火牵制俄军兵力，准备出击，但因坑道作业进展迟缓而未得施展。22日至23日两天，日俄双方激战，均未有突破，此次总攻日军又伤亡5 800多人，俄军伤亡4 500人。

两次总攻的进展不大，令乃木希典焦灼不安，命令日军加紧补充弹药和兵员。为了对付俄军约1米厚的混凝土防御工事，日军从国内用轮船将280毫米榴弹炮运到大连，然后用火车将18门280毫米榴弹炮运到旅顺龙头的团山子等地架设起来。10月25日午前6时，柳树房日军司令部发布对俄军进行第三次总攻击的命令多达12条。

10月26日，日军第九师攻击俄军陆防线二龙山，遭到盘龙山北堡垒俄军炮击，日军伤亡惨重。于是，日军在扫清外围后集中炮火猛攻二龙山、松树山，并挖掘坑道，进行爆破。日军士兵一批批饮弹丧命，但仍未能攻克。东线日军重点攻击东鸡冠山北堡垒，由于280毫米重炮发挥威力，所以日军挖掘坑道的速度加快。10月下旬，俄军用爆破进行反坑道作业，日军也乘机连续四次进行爆破，冲进俄军暗堡东北部，经过5天激战，日军伤亡1.6万人，俄军伤亡4 000人。

旅顺久攻未克，乃木希典恼羞成怒，病倒在柳树房司令部。日军大本营内部也矛盾重重，纷纷上奏天皇要求将乃木希典免职。日本天皇和总司令大山岩采取紧急措施，从国内派第七师进行增援。参谋总长山县有朋也发来催战令："百弹激雷天亦惊，合围半岁万尸横。精神到处如坚铁，一举直屠旅顺城。"乃木希典心领神会，"从全军各师抽调了3 000多人，分成六个大队，组成敢死队，决定搞夜袭和'肉弹'战术"①以攻克旅顺。

11月23日午前11时，柳树房日军司令部又发出第四次总攻击的命令。日军企图在俄军波罗的海增援舰队到达之前攻下旅顺口。

11月26日夜，决心战死疆场的日军敢死队偷袭俄军松树山补备堡垒，这次疯狂的行动同样因伤亡惨重而告终。27日，日军第一师和第七师合攻203高地。30日，乃木希典在柳树房司令部得到次子乃木保典战死在203高地的消息，更加沮丧。此时，日本满洲军总司令部参谋长儿玉源太郎，怀揣总司令大山岩"我以满洲军总司令官的名义，把第三军进攻指挥，委任给贵官"的密令②，从辽阳匆忙赶到旅顺柳树房第三军司令部会见乃木希典。于是，这座茅庐里又上演了一幕夺权的闹剧。

儿玉源太郎逼迫乃木希典让出第三军的指挥权后，立即把重炮队移向164高地，企图压制203高地周围俄军的炮火。日军集中火力向203高地猛攻，280毫米榴弹炮连续发射2 300发。在血与火的激战中，日军终于在12月5日攻占203高地。随着俄军西线被日军突破，东线也岌岌可危。

12月15日晚间20时左右，日军用280毫米榴弹炮将东鸡冠山北堡垒掩蔽室炸塌，正在这里视察的俄军陆防司令康特拉琴科、纳乌明科中校、拉舍夫斯基中校及其他6名军官当场被炸死③。12月18日，日军占领东鸡冠山北堡垒。12月28、31日，俄军永久性工事二龙山、松树山堡垒相继失守。1905年1月1日午后，望台炮台陷落，俄军宣布投降，旅顺争夺战方告结束。

1905年1月2日，日俄双方派军事代表到水师营签订《旅顺开城规约》。1月5日，日本第三军司令官乃木希典和俄国驻旅顺关东防区司令斯特塞尔在水师营会见，俄军献城投降，上万名官兵当了日军的俘虏。2月27日，乃木希典率第三军北上，在辽阳集结完毕，参加最后一场大规模的奉天（今沈阳市）会战。

4. 第三军司令部的变迁

日俄战争结束后，乃木希典回国，在明治天皇面前表示："臣不肖，使陛下失去

---

① 中国人民解放军37001部队、辽宁大学哲学研究所编：《日俄战争简史》，商务印书馆，1976年，第35页。

② 〔日〕平冢正绪：《图说日露战争》，河出书房新社，2004年，第67页。

③ 〔苏〕罗斯图诺夫主编：《日俄战争史》，科学出版社，1977年，第233页。

了很多的忠良将士，日夜恐惶。"要以"剖腹自杀"向天皇谢罪。"乃木希典在作战时只顾下冲锋命令，自己却躲在炮弹打不着的后方。他还组织宪兵在士兵后面督战，遇有士兵退下来，便加以枪毙。他甚至不管士兵有没有子弹。当战斗激烈进行时，每个士兵只有一两发子弹，不能及时得到补充。"①乃木希典的诗句"野战攻城尸作山"就是对他"肉弹"攻击法的最好写照。

以野蛮残酷的"肉弹"战术赢得"荣誉"的乃木希典，被日本天皇封为伯爵，成为日本的显赫贵族和大官僚。1907年，他担任培养贵族子弟的学习院院长，向学员灌输"忠君忘身，殉国忘家"的思想。1912年9月13日，在明治天皇出殡的当天，乃木希典和妻子乃木静子如丧考妣，痛不欲生，在家中一起自杀，以死答谢"皇恩"。从此，乃木希典成为日本统治阶级用来向民众灌输军国主义思想的"典范人物"，不仅将他尊为"军神"，还把他当年居住的宅邸修建成乃木神社，每年定时参拜，作为向国民灌输日本武士道精神的课堂。

1915年7月10日，日本殖民者将旅顺柳树房屯原日本第三军司令部即周玉德家的五间草房拍照后拆除，把建筑材料和石头全部打包，用火车和轮船运到日本京都伏见桃山，在乃木神社后面依原样重新盖起来，名为"日俄战争第三军司令部纪念馆"。该

第三军司令部驻营地碑原址

---

① 万峰：《日本近代史》，中国社会科学出版社，1984年，第423页。

纪念馆正面向北，与对面的明治天皇墓遥相对应，寓意明显。

1916年10月，日本满洲战迹保存会在旅顺柳树房屯立"第三军司令部驻营地"碑，碑名由日本陆军中将白井二郎亲题。白井二郎（1867~1934），日本长州藩士，陆军大学毕业，曾先后参加甲午战争和日俄战争，1916年8月18日晋升为陆军中将，担任旅顺要塞司令官。

1919年10月，日本殖民当局在旅顺柳树房屯设立柳树房普通学堂[①]，旨在向中国青少年进行"忠日本君，报日本国"的奴化教育。日本士兵还经常到柳树房屯进行军事训练和演习。

日俄帝国主义的侵华战争使中国人民蒙受了巨大的民族灾难。表面上，被迁走的是五间草房，然而在战时，被日俄炮火毁坏的民房何止千万间？从旅顺至开原，"纵横千里，几同赤地"[②]。但面对这场发生在中国领土上、刺激日本走上侵略之路的罪恶战争，日本军国主义分子却始终在大张旗鼓地纪念、宣传，通过思想教育、宗教宣传等手段将"忠君报国""忠勇尚武"的军国主义思想渗透到国民意识中，使武士道精神成为日本军国主义的主体精神。

日本京都乃木神社的日俄战争第三军司令部纪念馆

---

① 大连市旅顺口区教育委员会编：《旅顺教育志（1840—1990）》，1992年，第96页。
② 顾明义编著：《中国近代外交史略》，吉林文史出版社，1987年，第229页。

七 "攻城山"碑

关国磊

"攻城山"碑,日本大正五年(1916)立,花岗岩质地,高144、宽55、厚33厘米。呈长方形。原碑由数块条石砌成长方体塔状,前后两面均刻有碑文。其中正面上部嵌入由原日本第三军攻城炮兵司令官、陆军中将丰岛阳藏题写的"攻城山"碑名,阴刻草书,下部镌刻碑文。原碑刻立于旅顺三涧堡的凤凰山东南高地,二十世纪七十年代该碑被炸毁,现仅存上半部分的"攻城山"碑刻,且"攻城山"三字被凿损,已难辨认。1978年3月14日,旅顺日俄监狱旧址博物馆工作人员从旅顺凤凰山东南方采集。

"攻城山"碑

"攻城山"碑碑阳拓片

原"攻城山"碑碑刻下半部碑文

明治三十七年八月ヨリ同〪三十八年一月二日ノ開城〪二至ル迄攻城砲兵司令部〪ノ位置ニシテ旅順攻圍ニ〪参加シタル砲兵ノ主力ヲ〪指揮セシ處ナリ〪陸軍中將豐島陽藏碑名ヲ〪書ス〪大正五年十月〪滿洲戰跡保存會〪[①]

"攻城山"碑原貌

碑阳

攻城山

　　所谓的攻城山，位于旅顺三涧堡凤凰山东南高地。日俄战争旅顺争夺战期间，日本第三军将攻城炮兵司令部设立于此，指挥日本炮兵轰击俄军。战后，日军为了宣扬所谓的"赫赫战功"，遂将凤凰山东南高地改名为"攻城山"，并于此立碑。原"攻城山"碑碑刻左侧也曾立一石标，即为日俄战争时日军攻城炮兵司令部的位置。

　　日俄战争爆发后，日本第一军攻占朝鲜后渡过鸭绿江北上；日本第二军在金州盐

---

① 〔日〕满洲战迹保存会：《明治三十七八年战迹纪念写真帖》，1920年，第14页。

战时位于凤凰山东南高地的日军炮兵司令部

大澳登陆后南下攻占金州和大连湾,北上进攻得利寺以切断旅顺俄军的后路;随后,日军大本营新组建第三军,负责围攻旅顺。且为了攻占俄军驻守的旅顺要塞,日军大本营特别为第三军配备了攻城炮兵。攻城炮兵包括徒步炮兵联队(包括徒步炮兵第一、第二、第三联队和徒步炮兵第一独立大队)、野战重炮兵联队、攻城炮兵厂及攻城工兵厂,后因海军将多尊120毫米口径榴弹炮拨付攻城炮兵使用,故增加了海军陆战重炮队。攻城炮兵司令部于1904年5月2日接到编成命令,同月8日组建完成,攻城炮兵司令为日军少将丰岛阳藏,兼任第三军炮兵部长。

丰岛阳藏,日本广岛县人,日本嘉永五年(1852)9月出生。1879年被任命为陆军炮兵少尉,炮兵射击学校毕业后,经履历累积,被补任为要塞炮兵射击学校校长,后转任东京湾要塞联队长。中日战争期间以其功勋被赐予功四级。日俄战争期间作为日军攻打旅顺的攻城炮兵司令部司令官兼任日军第三军炮兵部长,以其功绩被授予功二级及金鵄勋章。日俄战后任东京湾要塞炮兵监,在居住于广岛市期间,被市民推选为市长。最后,丰岛阳藏晋升为中将,从四位勋二等功二级[①]。

日军第三军于1904年5月27日出发,丰岛阳藏随同第三军司令部一起出发,而其他炮兵司令部成员则暂时留下,处理一些临时事务,如后来的"佐渡丸"事件及火炮、弹药不足等问题。最后于同年6月6日,日军攻城炮兵司令部从日本新桥出发,向旅顺进军。以下仅以野战重炮兵联队、徒步炮兵第一联队和徒步炮兵第一独立大队为例,简介日军攻城炮兵在日俄战争中的一些作战情况。

---

① 〔日〕国民军事教育会编:《现代陆军名将列传》,日本国民军事教育会,1916年,第120页。

1. 野战重炮兵联队的组成及参战

日本第三军炮兵司令官丰岛阳藏

1904年2月23日编成，设有联队本部及第一大队（第一、第二、第三中队）和第二大队（第四、第五中队）及弹药、第一、第二、第三纵列，以酒井甲子郎中佐（后晋升为大佐）为联队长。编成后加入第一军战斗序列。该联队于3月28日乘"鹿儿岛丸"等7艘御用船从横须贺军港出发，4月1日于朝鲜半岛镇南浦集合，后乘"胜山丸"等船只于平安道梨家浦登陆，在黔定岛占领阵地进行炮击准备[①]。4月30日完成炮击准备后，于5月1日开始对俄军的第三、第四炮台、摺钵山的俄国守军、从虎山退却下来的俄军、九连城及其附近的俄军炮台、宿营地等进行炮击，给俄军造成巨大打击。5月30日，该联队接到转属第三军的命令，于是依次乘船于大连青泥洼登陆，7月4日，到达张家屯、王家店、刘家店附近[②]。同时，按5月29日动员令新编成的两个中队于7月22日到达战地并合入联队。由此，该联队进行了新的编队，即联队下设三个大队，第一大队下设第一、第二、第三中队（于横须贺新编成的中队）；第二大队下设第四（原第三中队）、第五中队；第三大队下设第六（于广岛新编成的中队）、第七中队（原第四中队）。完成新编后，野战重炮兵联队各部隶属日本第三军攻城炮兵司令部指挥。

从7月26日拂晓至29日，野战重炮兵联队的第一和第三大队开始炮击，协助第三军第九师团攻击凹字形山，第二大队协助第十一师团攻击大白山。7月30日，该联队指挥官酒井甲子郎战死，由江藤浦大佐接任。8月7日，第一大队临时调给第十一师团，协助其攻打大、小孤山，从午后4点10分开始炮击至8日午后8点25分结束，攻下大、小孤山。从8月19日开始，第一大队随从第一师团，第二、第三大队随从第九师团，开始了对旅顺的总攻击。第一次总攻中，第一大队占据第一师团曲家屯，第二、第三大队占据第九师团东北沟阵地，炮击龙眼北方高地及盘龙山、松树山炮台。9月19日至23日，第一大队开始炮击203高地，第二、第三大队继续炮击龙眼北方高地及水师营南方堡垒等地。第二次总攻中，该联队主要与攻城诸炮兵一起负责压制俄方炮火，并炮击俄方

---

① 〔日〕设乐金三郎编：《日露战役御旗之光　第一师管健儿部队战记》，大日本奉公会编辑部，1907年，第596页。

② 〔日〕横须贺重炮兵联队编：《横须贺重炮兵联队历史》，军人会馆出版部，1935年，第17页。

战时位于凤凰山东南高地上的日军炮兵司令部成员

防御工事。第三次总攻中，随着攻击重点转向203高地，该联队第一大队的炮击目标以203高地为主，第二、第三大队则炮击太阳沟北炮台等203高地的后方炮台，最终于12月5日攻占了203高地。此后，该联队先后协助第十一师团攻击东鸡冠山北炮台，协助第九师团完成对二龙山的攻击，协助第一师团完成对松树山的爆破攻击等。1905年1月1日以后，为配合进攻部队，该联队开始猛击鸭户嘴炮台、西太阳沟北炮台群等，直至旅顺开城。旅顺开城后，该联队转进北方。在野战重炮兵第二联队编成后，该联队亦更名为野战重炮兵第一联队。1906年2月24日，该联队从大连湾乘"土佐丸"等三艘船出发，于3月2日回到日本横须贺军港。

2. 徒步炮兵第一联队的组成及参战

1904年5月1日编成，下辖联队本部及第一（第一至第四中队）、第二（第五至第八中队）两个大队。以江藤浦大佐为联队长。联队本部及第一大队于6月23日乘"备后丸"，第二大队于7月2日乘"小仓丸"，先后于7月2日和12日在大连青泥洼登陆。登陆后，该联队加入第三军战斗序列，隶属攻城炮兵司令部，前进至韩家屯阵地。

先期到达的第一大队于7月8日配备了从南山战役缴获的12门80毫米野炮，并且在7月27日至30日期间，将第一大队改编为战利野炮队，每四门野炮一队组成三个中队，受第九师团炮兵团长即野战重炮兵联队长酒井指挥，协助第九师团的攻击。7月30日后第一大队恢复并回归联队。8月5日，联队长江藤浦转任野战重炮兵联队长，由炮兵大佐御影地友邦代任联队长。8月6日，指定御荫池大佐为联队长。从8月1日至旅顺总攻击开始前的8月18日，徒步炮兵第一联队进行了阵地架构、弹药运输准备及铁轨铺设等战前准备。8月19日上午6点，随着第一次旅顺总攻击的开始，该联队各中队开始协助第九师团进攻，炮击俄军阵地。其中第一中队炮击二龙山炮台，第二、第三中队炮击盘龙山西旧炮台，第四、第五中队炮击盘龙山东旧炮台，第七中队炮击东鸡冠山北炮台。经过5日的炮击，该联队死伤96人，协助第九师团占领了各炮台。9月19日，该联队以24门加农炮、8门榴弹炮、2门战利野炮及2门海军重炮总计36门火炮，开始对库罗巴特金堡垒、二龙山及中间堡垒、东鸡冠山炮台、望台炮台等进行炮击。截至9月30

日军从凤凰山东南方高地遥望俄军阵地

梨岚子西方凹地的日军徒步炮兵第一联队第三大队的阵地

位于鞠家屯东北约1 000米凹地的日本徒步炮兵第二联队阵地

日，该联队死伤104人[①]。9月27日，4门280毫米榴弹炮配备给该联队，于是第二大队在团山子及王家甸阵地开始架构炮台。自10月1日起，开始对二龙山、松树山及东鸡冠山等堡垒和炮台进行炮击，其后数日间对旅顺市街和各炮台实施间歇性炮击，旨在摧毁俄军防御，瓦解俄军士气。10月30日，开始炮击松树山。11月15日在我爱甲中尉指挥下，王家甸第二炮台的280毫米榴弹炮开始炮击东鸡冠山北炮台，其中第五发炮弹击毙了俄军将领康特拉琴科及其幕僚。而后，该联队于12月18日协助第十一师团袭击东鸡冠山炮台，于12月28日协助第九师团爆破二龙山，于12月31日协助爆破松树山炮台，并参与了对望台附近俄军阵地的攻击。至1905年1月2日旅顺开城，该联队参战期间，战死45人，伤229人[②]。

旅顺开城后，该联队转进北方。在1905年5月时，该联队分割改编，第二大队改编成野战重炮兵第二联队，第一大队改编成徒步炮兵第三独立大队。

3. 徒步炮兵第一独立大队的组成及参战

1904年5月1日编成，设大队本部及第一和第二中队，以乙部尚志少佐为大队长。7月1日，从横须贺军港乘"斗司丸"出发，9日在大连青泥洼登陆，受攻城炮兵司令官管辖。7月26日在双顶山架构阵地，在野战重炮兵第一联队长江藤浦大佐指挥下，归属

---

① 〔日〕横须贺重炮兵联队编：《横须贺重炮兵联队历史》，军人会馆出版部，1935年，第38、39页。

② 〔日〕设乐金三郎编：《日露战役御旗之光　第一师管健儿部队战记》，大日本奉公会编辑部，1907年，第601页。

在大孤山东北凹地，日军徒步炮兵第三联队第八中队炮阵地

日军位于王家甸西南凹地的280毫米榴弹炮在试射

第十一师团，协助第十一师团攻击老座山及大白山一带高地。8月7日，又协助第十一师团攻击大、小孤山，直至占领。8月17日开始在团山子架构阵地，第一次旅顺总攻开始后，对盘龙山炮台及东鸡冠山北炮台一带实施炮击。9月7日，该大队转属第一师团，17日和18日开始在第一师团小东沟阵地架构炮台。19日，该大队协助第一师团，开始炮击203高地和南山坡山，对203高地及老虎沟等地的炮击持续到23日。10月15日，该大队脱离第一师团转归攻城炮兵司令官指挥。10月16日，该大队阵地转移至水师营西沟。10月26日第二次总攻炮击开始后，该大队开始炮击俄军松树山补备炮台及

其后方各高地的炮台,以及椅子山炮台等。第三次总攻中,该大队继续担任攻击松树山、椅子山及案子山等炮台的任务。从11月28日开始,昼夜不间断地炮击203高地及其后面诸高地,直至12月5日攻下203高地。12月28日和31日,先后协助第九师团和第一师团完成对二龙山和松树山堡垒的爆破,而后炮击望台炮台一带俄军和旅顺市街,直至旅顺开城[①]。

1905年1月旅顺开城后,该大队负责接收老虎尾半岛一带的兵器和弹药,并从11日开始负责守备和看护旅顺各炮台和堡垒的其他军用物资。13日,该大队编入鸭绿江军战斗序列,并于28日开始北进。1905年2月10日该大队从柳树屯乘"春日丸",于2月25日回到横须贺军港,后于1906年2月19日解散,复归于原来编队。

正是基于上述日军攻城炮兵的"功绩",满洲战迹保存会特在凤凰山东南高地为日军的攻城炮兵立碑,并特请日军攻城炮兵司令部司令官丰岛阳藏书写碑铭,以此彰显其"丰功伟绩"。

---

① 〔日〕横须贺重炮兵联队编:《横须贺重炮兵联队历史》,军人会馆出版部,1935年,第53～59页。

八 "东鸡冠山第二堡垒"碑

于 海

"东鸡冠山第二堡垒"碑,日本大正五年(1916)10月立。花岗岩质地,阴刻楷书,呈长方形。碑阳高56、宽93、厚24厘米。碑阴高88、宽93、厚28厘米,9行日文,共64个字。碑阳的铭文由日本陆军大将、男爵土屋光春题写。1976年8月9日,旅顺日俄监狱旧址博物馆工作人员在旅顺海岸桥附近进行文物考察时,在旅顺水产公司院外堆放的花岗岩石料中发现"东鸡冠山第二堡垒"碑的碑阴,用车拉回馆内收藏。1993年6月30日,旅顺日俄监狱旧址博物馆业务人员进行文物普查工作时,在旅顺水师营村居民房后发现"第二堡垒之迹"碑,征集并于馆内收藏。2000年6月17日,旅顺日俄监狱旧址博物馆工作人员在旅顺海岸桥附近居民家小仓库的房基里挖掘出"东鸡冠山第二堡垒"碑碑阳,运回馆内收藏。虽历经波折,但终于将两通碑刻完整收藏,也是难能可贵。目前,"东鸡冠山第二堡垒"碑的碑阳和碑阴在"日俄侵占旅大物证展"展出。

"东鸡冠山第二堡垒"碑碑阳

碑阳

東雞冠山第二堡壘

碑阴

明治三十七年八月╱以來第十一師團ノ╱一部隊之ヲ攻擊シ╱同三十八年

第三章 日俄战争碑刻 ·197·

"东鸡冠山第二堡垒"碑碑阳拓片

"东鸡冠山第二堡垒"碑碑阴

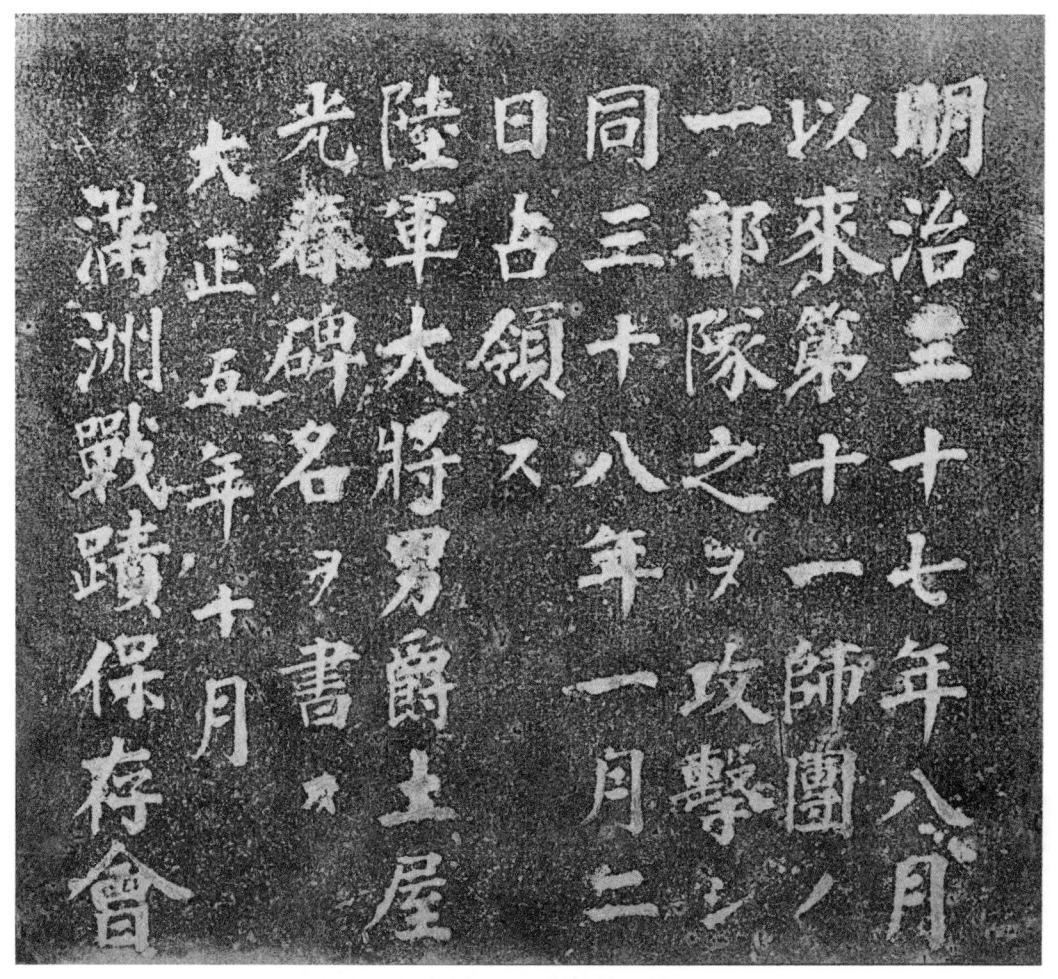

"东鸡冠山第二堡垒"碑碑阴拓片

一月二』日占領ス』陸軍大將男爵土屋』光春碑名ヲ書ス』大正五年十月』満洲戰蹟保存會』

碑阴译文

明治三十七年（1904）八月以来，第十一师团的第一大队负责攻击这里，在明治三十八年（1905）一月二日占领。陆军大将男爵土屋光春题写碑铭。大正五年（1916）十月满洲战迹保存会。

"第二堡垒之迹"碑，日本昭和六年（1931）10月立。花岗岩质地，高132、宽28、厚15厘米，呈长方形，阴刻楷书，碑阴为立碑的时间和部队番号。

第三章 日俄战争碑刻

"第二堡垒之迹"碑

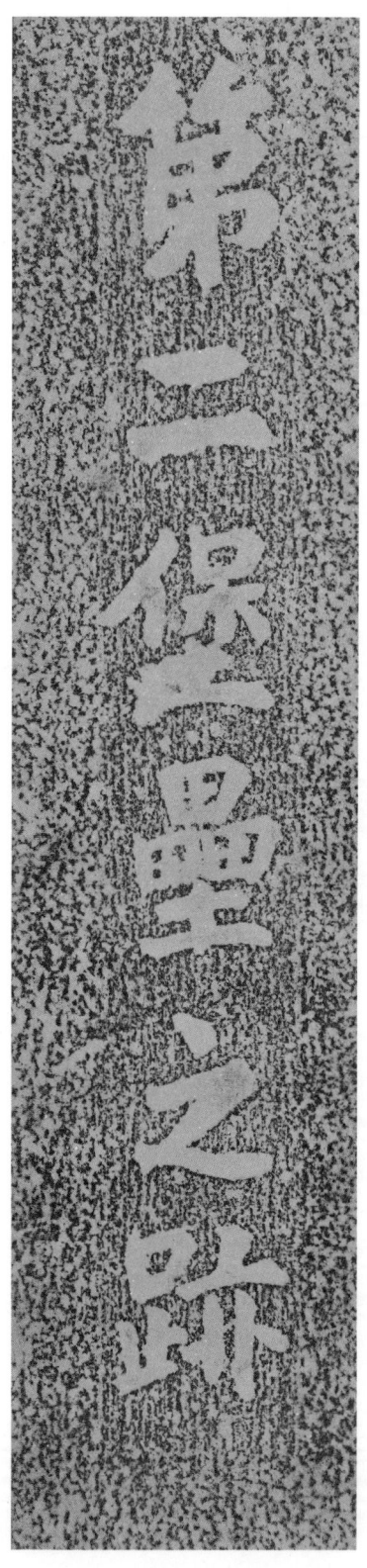 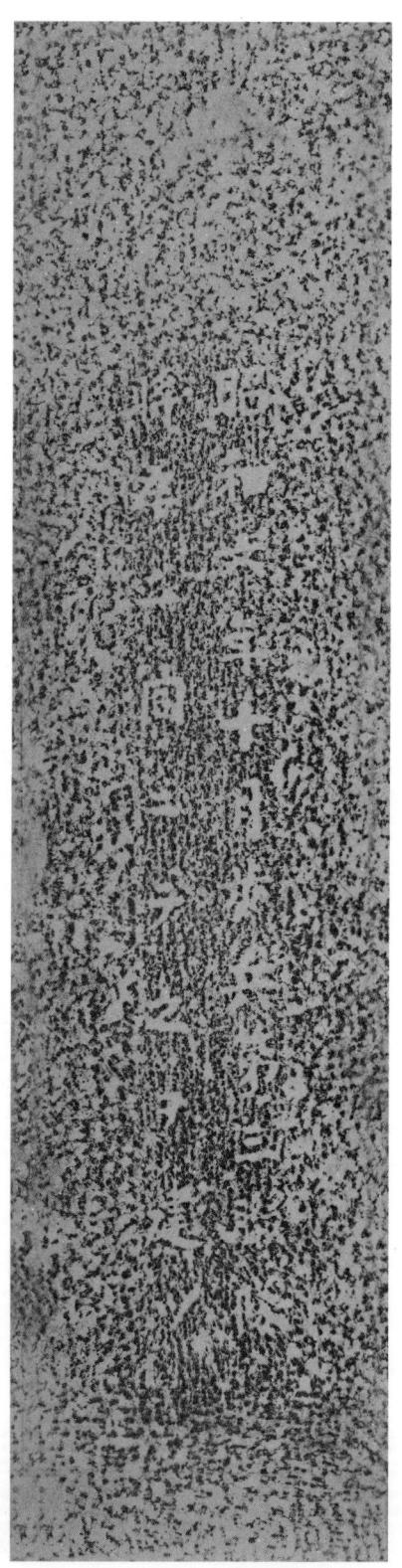

"第二堡垒之迹"碑碑阳拓片　　　　　　　　"第二堡垒之迹"碑碑阴拓片

碑阳

第二堡垒之跡

碑阴

昭和六年十月步兵第三聯隊『將卒一同ニテえヲ建ツ』

题写碑阳铭文的土屋光春（1848~1920），日本爱知县人。1902年5月1日至1904年12月1日，担任日军第十一师团长，隶属日本第三军，负责旅顺要塞攻坚战。1902年5月5日，晋升陆军中将。1907年9月21日，被封男爵。1910年8月26日，晋升陆军大将。

1898年3月27日，清政府与俄国签订了《旅大租地条约》。条约规定：清政府允将旅顺口、大连湾及附近水面租与俄国，租期25年，期满前可由两国相商是否展限延长。3月28日清晨，不待条约生效，俄国军队就迫不及待地登上旅顺港口东侧的黄金山，升起俄国国旗，并举行所谓的"占领仪式"。

1. 东鸡冠山第二堡垒的修建

日本陆军大将土屋光春

从1900年开始，俄军出于军事侵略的需要，在旅顺城区周围25 000米的陆防线上大修防御工事，其中东部陆防线的重点工程是东鸡冠山北堡垒和东鸡冠山炮台等。东鸡冠山北堡垒由俄军工程师维利奇科上校设计。该堡垒呈五边形，半地穴式，周长496米，面积9 900平方米，外壕长近4 000米，是一座生活设施完善、攻防性能兼备的永久性堡垒。

东鸡冠山第二堡垒坐落在北堡垒东南方的坡地上，两地相距不远，大约500米。再向其东南方就是俄军东部陆防线的重点工事——东鸡冠山炮台。由此可见，第二堡垒衔接在北堡垒和东鸡冠山炮台之间。1894年中日甲午战争期间，清军曾在这里修建简易的土木工事。1900年俄军在东鸡冠山一带大兴土木修建陆上防御工事时，在第二堡垒也没有修建复杂的混凝土建筑，仅建起临时性的防御工事，并在四周挖掘了防护壕沟，架设了铁丝网，属于北堡垒和东鸡冠山炮台的附属堡垒，主要是对左右两侧起保护作用。日俄战争期间，俄军炮兵在此驻扎，配备了87毫米野炮5门，担负北堡垒和东鸡冠山炮台的侧防任务。

战时东鸡冠山北堡垒远景

2. 日俄在东鸡冠山第二堡垒的争夺战

1904年2月8日，日俄战争爆发。8月19日，日本第三军按照进攻旅顺的计划，利用3个师的兵力5万多人，对盘踞在旅顺背面陆防线的俄军发起第一次总攻击。面对俄军众多的防御工事，日军采取全面包围、重点突击的战术，集中炮火轰击俄军整个陆上防线，其中东鸡冠山北堡垒成为日俄两军旅顺要塞争夺战的重要战场之一。8月21日清晨，日军第十一师团开始攻击北堡垒。日军绞断电网，刚爬上山坡便被俄军发现并用火力阻止，在重炮掩护下，部分日军冲上外部护垒壕，又被俄军的阵地机枪和暗堡里的步枪射击逼退。

日军在猛烈进攻东鸡冠山北堡垒的同时，也展开攻击第二堡垒。日军步兵第十一师团四十四联队（相当于团建制，大部分日军来自于日本四国高知县）第一大队在大队长吉永少佐的指挥下，借着炮火的掩护，向第二堡垒发动进攻。俄军在杜达列夫中尉的指挥下，利用居高临下的有利地势，多次打退日军的猖狂攻击。8月24日，日军由于伤亡惨重，大队长吉永少佐身负重伤，第一大队几乎全军覆没，被迫停止火拼。双方利用战争间歇各自抢修工事，调整兵力，准备下一场的死拼。此次战役结束后，日军又将东鸡冠山第二堡垒称为"吉永堡垒"。

9月19日，日军开始第二次总攻击，将炮火重点转移到俄军陆上防线的正面和西

日军占领东鸡冠山北堡垒东北部暗堡

部。对东鸡冠山北堡垒的进攻，日军因正面冲锋受挫而改变战术，采用挖掘坑道的方法向俄军堡垒内部逼近，俄军采用反坑道作业将正在坑道作业的近百名日军炸死炸伤。10月26日，日军发出第三次总攻击的命令，再次将东鸡冠山北堡垒作为东线的攻击重点。日军利用280毫米榴弹炮对准东鸡冠山一带进行狂轰滥炸，并借助炮火的掩护，加速发掘坑道的进度，并终于接近北堡垒，对北堡垒暗堡的东南角进行了4次爆破。11月14日，俄军进行反爆破作业，破坏了日军挖至前沿阵地的坑道，但由于使用炸药过量，反而暴露了反爆破墙、反爆破坑道及堡垒入口，使日军炮击有了明确的目标。日军在炮火的掩护下继续挖掘坑道，并攻占暗堡的东北角，借此接近了第二堡垒，使驻扎在第二堡垒的俄军十分紧张。

第二堡垒由于处在北堡垒和东鸡冠山炮台中间，借助两侧的炮火掩护，日军不易攻占，同时由于地势优越，日军即使攻占也难以维持稳固。但是，日军若不拿下此堡垒，对攻克东鸡冠山一带的各个堡垒都有很大威胁。所以，日军在每次总攻击期间，都没有间断对第二堡垒展开进攻，只是由于附近炮火的掩护，加上俄军的拼死防守，致使日军每次进攻都伤亡惨重，对第二堡垒久攻不克。

11月26日，日军为了尽快结束旅顺要塞争夺战，开始第四次总攻击。此次攻击，日军再次将炮火集中在西部陆防线，利用炮弹和"肉弹"战术，终于突破俄军的西部

1904年10月30日，日军炮击俄军东鸡冠山北堡垒

防线，使东部防线处于危难之中。12月15日，俄军陆防司令康特拉琴科得到日军向东鸡冠山北堡垒投放毒气的报告后，带领助手那乌明科中校等人途经第二堡垒来到北堡垒指挥部研究应对问题。突然，一发发280毫米榴弹炮呼啸而来，将指挥部炸塌，康特拉琴科被炸死，同归于尽的还有俄军东线指挥官拉舍夫斯基中校。12月18日，日军利用2.3吨炸药在北堡垒进行总爆破，将暗堡的胸墙炸开两个很大的缺口，日军趁势发起冲锋，残存的20余名俄军弃堡撤退，逃到第二堡垒避难，北堡垒全部被日军攻占。北堡垒失守，使第二堡垒的左侧失去屏障，暴露在日军的炮火之下。此时，完成攻占北堡垒任务的日军第十一师团第四十四联队集中兵力攻击第二堡垒，俄军危在旦夕。

1905年1月1日，俄军东部陆防线的制高点望台炮台被日军攻占。当天夜晚，东鸡冠山其他堡垒的俄军自毁工事后撤退，第二堡垒也随之失守。1月2日，日俄双方军事代表在旅顺水师营进行谈判，俄军签字投降，第二堡垒被日军占领。

原"东鸡冠山第二堡垒"碑

3. "东鸡冠山第二堡垒"碑的建立

1913年11月,关东都督福岛安正、旅顺镇守府司令官阪本一、满铁总裁中村是公等人发起成立满洲战迹保存会,目的是保存日俄战争的遗迹,炫耀"天皇神威",欺骗和愚弄日本国民。1914年,满洲战迹保存会得到日本天皇赏赐的御内帑金1 000元。1915年12月,又募集到捐款50万元。有了充足的财力后,满洲战迹保存会在旅顺各个山头上建立战迹碑、塔、神社和殿宇等。

1916年10月,满洲战迹保存会在东鸡冠山第二堡垒阵地遗址,按照坐北朝南的方向,用花岗岩的条石立"东鸡冠山第二堡垒"碑。在条石的正面和背面有凹槽,镶嵌有"东鸡冠山第二堡垒"碑碑阳和碑阴的碑文。

1931年,九一八事变爆发后,日军开始全面侵占中国东北。为了炫耀武力,鼓舞士气,同年10月,驻扎在旅顺的日本步兵第三联队官兵在旅顺第二堡垒遗址立"第二堡垒之迹"碑。

九 "乃木保典君战死之所"残碑

薛志刚

"乃木保典君战死之所"残碑，日本大正五年（1916）立。花岗岩质地，高35、宽32.5、厚16.5厘米。呈长方形，阴刻楷书，四周不规整，碑文只残留"死之所"三字，其余部分残缺。1977年，旅顺日俄监狱旧址博物馆工作人员在旅顺203高地采集入藏，目前，在"日俄侵占旅大物证展"展出。

"乃木保典君战死之所"残碑

碑阳

乃木保典君戰死之所

该碑是日本为在日俄战争中战死于旅顺203高地的日本陆军步兵少尉乃木保典所立。乃木保典，日本明治十四年（1881）12月16日出生，是日俄战争期间负责围攻旅顺的日本第三军司令官乃木希典的第二子。乃木保典在日本成城陆军士官学校毕业后参军，1904年日俄战争爆发，与父乃木希典及兄乃木胜典一起投入到侵略战争中。

1. 乃木保典出生在军人世家

乃木保典的父亲乃木希典是日本陆军将领、军国主义的急先锋。乃木希典于1849

"乃木保典君战死之所"残碑拓片

年12月25日生于江户麻布日洼的长州府藩士之家，系乃木希次的第三子。早在1864年英、法、美等国军舰组成的联合舰队攻打下关时，当时只有16岁的乃木希典便立志参军报国，但因年龄太小未能如愿。此后，他不断拜访名师学习文化和剑道，逐渐成长为一名愚昧的封建武士。1867年，他随高杉晋作的报国队参加倒幕战争，立下战功。1869年，乃木希典被遴选为天皇的"亲兵"。1877年，乃木希典因在征讨叛军的过程中被叛军夺了军旗而获罪，天皇赦免其罪，因此，他对天皇始终是"纯忠至诚"，"一意奉上"，肝脑涂地，在所不惜。在随后的战争中，乃木希典因战功卓著被授予少佐军衔。此后，乃木希典因对天皇的无比忠诚和赫赫战功，官阶屡屡擢升，成为日本军界炙手可热的人物。

乃木希典的两个儿子，左为长子乃木胜典，右为次子乃木保典

1894年中日甲午战争爆发后，乃木希典以日军步兵第一旅团旅团长的身份率军参战。在进入中国东北后，他纵使部下欺辱奸淫，烧杀抢掠，无恶不作。同时，他还指挥官兵对旅顺手无寸铁的中国百姓大肆虐杀，双手沾满了中国人民的鲜血，犯下了滔天的罪恶。

就是在这样的家庭背景下，乃木保典受其父亲的熏陶和教诲，刚刚走出士官学校大门的他就加入了日本陆军，成为日本军国主义分子的一员，并与其父亲乃木希典和哥哥乃木胜典一起参加了此后爆发的日俄战争。

2. 日俄战争中战死于旅顺203高地

203高地是俄军陆路防线西线的制高点，中国人称其为老爷山，俄军称其为高山。因其海拔203米，故又叫203高地。203高地离市区和海港较近，在其上面设置观察所，可以校正远程火炮对市区和港内的俄国军舰进行攻击。因此地理位置十分重要，在日俄战争期间成为日俄两军争夺的重要阵地。

日俄战争爆发后，俄军为加强对203高地的防御，匆忙在山上修筑了临时的防御工事，配备2门150毫米加农炮和2门速射炮。由俄军西伯利亚第五阻击团在此守备，高地指挥官是特列齐亚诺夫。

日军对203高地的攻击始于1904年9月19日的13时30分。首先由100多门大炮向203高地、猴石山进行炮击，摧毁了俄军部分掩体、2挺机枪及1门大炮。俄军进行了炮火

旅顺203高地全景

还击。经过近4个小时的炮火轰击，17时20分，日军以第一师后备步兵第一联队和第十六联队两个联队的兵力分别向猴石山、203高地发起了地面进攻。对两山的10余次进攻都遭到了俄军由步枪、机关枪及诸炮台堡垒组成的交叉火力网的猛烈阻击。进攻一直持续到22时，日军伤亡惨重，却毫无进展。20日5时，日军再次向两山实施猛烈炮击。15时，日军占领了猴石山。日军两艘军舰进入羊头湾，配合陆炮轰击203高地。日军步兵于20日、21日又多次向203高地进行冲击，均未成功。

11月28日，日军对203高地再次发动进攻。此时，日军已将冲锋出发地的平行壕挖至距俄军环形壕150~200步处。28日凌晨，部署在水师营附近的6门305毫米、西沟附近的2门350毫米、4门280毫米的大炮及其他火炮一起开始猛烈轰击203高地。至17时，该山的22个掩蔽部和一段胸墙被摧毁。接着，日军步兵2个团发起地面进攻。俄军面对绝对优势敌人的进攻，进行了顽强的反击，击退了日军的多次进攻，并着手抢修被破坏的工事。28日至30日，日军继续向203高地轮番进行地面进攻和猛烈炮击，仅280毫米的炮弹就倾泻了1 000余发。俄军的环形壕全部被毁，43个掩蔽部仅2个完整无损[①]。此时，俄军守备队已完全失去掩蔽，只能依靠白刃格斗实施反击，伤亡惨重。尽管如此，日军仍未能撼动203高地。

12月5日，经过短暂休整的日军开始对203高地进行孤注一掷的进攻。5时55分，开始向该山倾泻280毫米的穿甲弹和爆破弹。8时15分，开始地面进攻。从西南方向进行强攻的日军经过几次冲击，于上午10时占领西南山头阵地。13时，西北方向强攻的日军也占领俄军一部分阵地。面对优势日军，俄军进行了顽强的反击，双方多次短兵相接，战斗异常激烈。经过日军猛烈的炮击和频繁地突击，俄军守卫部队再也无力继续抵抗，于17时30分撤出203高地的阵地。日军终于全部占领了203高地。

在争夺203高地的战斗中，日军伤亡17 000余人，俄军伤亡5 000余人。战后，乃木希典取203高地谐音，将山名改为"尔灵山"。日军占领203高地后，立即在山上设置了重炮兵观测所，指挥炮兵猛烈轰击旅顺市区的重要目标和港内的俄国军舰，致使俄军停泊港内的军舰几乎全部被摧毁。

在203高地争夺战中，乃木保典于11月30日被俄军打死在203高地西北面的山下。当时乃木保典给后备步兵第一旅团长友安治延少将当副官，在传达命令返回的途中被俄军打死。至此，第三军司令官乃木希典的两个儿子都死在了战场上，其长子乃木胜典战死于金州南山。

日俄战争后，日本殖民当局对旅顺要塞争夺战的主战场遗迹大肆进行开发建设。满洲战迹保存会还在乃木保典被打死的地方立"乃木保典君战死之所"碑。新中国成立后，当地村民将石碑捣毁。

---

① 〔苏〕罗斯图诺夫主编：《俄日战争史》，科学出版社，1977年，第229页。

1904年12月6日,日军占领203高地

原旅顺203高地"乃木保典君战死之所"碑

十　水师营会见所枣树下碑

赵　琦

水师营会见所枣树下碑，日本大正七年（1918）立。花岗岩质地，高79、宽24、厚24厘米。长方柱形，碑面有炮弹头状的凹槽，碑文刻于槽内，阴刻楷书，碑文4行，满行30字。1988年3月18日，大连市第62中学张庆祥教师得知在旅顺水师营驻军某坦克部队院内废弃的猪圈石堆中发现这通碑刻，便通知旅顺日俄监狱旧址博物馆原馆长周祥令，周祥令带领工作人员前去确认，确定该碑是水师营会见所院内枣树下立的石碑，即运回馆内入藏。目前，在"日俄侵占旅大物证展"展出。

水师营会见所枣树下碑

水师营会见所枣树下碑拓片

碑阳

日露之役我乃木將軍與露將斯迭些兒會見于此所納降弭兵時兩將』相與撮影
於棗樹之下此樹是也大正二年夏福島都督夫人憑弔戰蹟』至此繞以石柵永爲
護持蓋亦出於甘棠勿翦之情耳因建石誌之云』
大正七年七月關東都督秘書官白須直識』

1. 水师营会见所的来历

  如果说一个旅顺口是半部中国近代史，那么水师营便是这半部近代史中不可或缺的篇章。水师营位于旅顺市区以北6千米、龙河右岸，原本只是一个荒僻山村，三面环山，一面临海，地形独特，历来是兵家必争之地。清康熙五十四年（1715）清政府在此建水师营地，后来就将"水师营"作为这个村庄的名字。在日俄交锋的战争中，水师营村遭到严重破坏，而西北街29号一处民宅却保持完好，这座民宅共有5间正房、5间东厢房，均为典型的中国北方农村草房，这里之所以保存如此完好，是因为战争时被日军占为其第一师团的卫生队包扎所。日俄旅顺争夺战中，日军选择此处作为俄军签字投降和双方军事头目会见的地点，因此，这处民宅得名"水师营会见所"。

  1916年，日本人为"歌颂"其军国主义精神，对民宅进行复原修建，并在院内修筑石碑，碑基座为青色花岗岩，碑身为浅灰色花岗岩，上书"水师营会见所"。

原水师营会见所

碑文

明治三十八年一月二日，日俄兩軍之委員在此民居議定關於旅順口開城規約。至五日，我攻圍軍司令官乃木大將與俄國關東軍司令官斯特塞爾中將在此會見。

译文

明治三十八年一月二日，日俄两军之委员在此民居议定关于旅顺口开城规约。至五日，日攻围军司令官乃木大将与俄国关东军司令官斯特塞尔中将在此会见

这通碑所记载的就是日俄争战旅顺后，双方谈判会见的经过，如今已成为帝国主义列强用武力侵略瓜分中国罪行的见证。

2. 日俄双方代表在水师营签订《旅顺开城规约》

1904年2月8日，日本偷袭驻扎在旅顺港内的俄军舰队，日俄战争爆发，旅顺口成为日俄双方争夺的前沿阵地。战争中，由于俄军在战场上连连失败，一个个堡垒被攻克，使其处于军事劣势；从黄海海战失利到203高地失陷又使俄军士气低落，同时，储存的物资也将耗尽。俄军在毫无希望、旷日持久的等待中军心大溃，加之海军中将马卡洛夫及陆军少将康特拉琴科等主战派将领相继阵亡，投降派逐渐占上风，他们最终以"保护要塞士兵免遭牺牲"为名公开投降。此时，旅顺攻坚战中俄军死伤人数已达31 299名，日军伤亡人数也高达59 304名。战争带来的伤亡和消耗，使日本国内的不满情绪日益高涨，因此双方都不愿再打下去。1905年1月1日15时，俄军最后一个制高点望台炮台被日军占领，当时在旅顺的俄国关东军司令斯特塞尔派军使下降书，就旅顺开城条件与日军进行交涉。

1月2日早晨，斯特塞尔接到乃木希典同意谈判的答复。2日12时30分，俄方代表骑马到达水师营，俄日双方开始谈判。俄方全权谈判代表为防区司令部参谋长雷斯上校，成员有：海军全权代表辛斯诺维奇海军上校、要塞司令部参谋长赫沃斯托夫中校、第七师代理参谋长戈洛万大尉、第四师参谋长德米特列夫斯基中校、红十字会全权代表巴拉绍夫、防区司令部参谋马尔琴科准尉和翻译列别捷夫。日方全权代表是第三军参谋长伊知地幸介少将，成员有：联合舰队第一舰队参谋岩村田次郎、山冈、津野田、有贺长雄、符田、兵腾、贺君及翻译镰田二等人。

当日13时30分，日本参谋长伊知地幸介与俄军参谋长雷斯开始进行谈判，现场采用英文翻译。因日军的受降书内容使用英文书写，俄军代表逐条研究，竟费时1个小时才使谈判重新开始。

日军参谋长伊知地幸介与俄军参谋长雷斯经过激烈的讨价还价，最终俄军同意了日军的受降条件，双方代表签署了《旅顺开城规约》。午后16点35分谈判结束，至晚间21点45分签字生效。俄军在黄金山上挂起了白旗，并将在旅顺所有的堡垒、工事、舰艇、武器、弹药、资金和军用物资交给了日军。

3. 战后日俄双方军事头目在水师营会见

1月5日，俄军关东防区司令斯特塞尔和日军第三军司令官乃木希典在旅顺水师营会见。当天，俄军作为战败方，斯特塞尔一行骑马于10时45分来到会场；而乃木希典以胜利者自居，有意冷落俄方头目，在11时30分才傲慢地出现，让斯特塞尔空等了半个多小时。乃木希典在会见时说："在昨天，我们还互相都为了自己的国家，与自己的敌人互相对峙，而今天停战，有机会在此相会，我感到无上光荣。"斯特塞尔说："我也有同感，并有一匹阿拉伯马愿送你，作为纪念。"乃木希典傲慢地说："感谢，但在此场合我不能接受。请以战利品交给我方，接收部会再转交给我的，我会精心喂养。"①双方寒暄了一番之后，开始吃午餐。饭后双方一起在院子里合影留念。所谓"会见所"就是日俄双方既争夺又勾结，重新瓜分中国领土的物证。

1905年1月5日，俄军斯特塞尔（骑白马）一行前往水师营会见途中

---

① 旅顺日俄监狱旧址博物馆、大连市近代史研究所：《1904·甲辰影像——以大连地区为重点》，文物出版社，2014年，第277页。

乃木希典（二排右三）和斯特塞尔（二排右二）等人在旅顺水师营的合影

俄军士兵牵着馈赠给乃木希典的阿拉伯名马

4. 水师营会见所枣树下碑

战后,日本殖民当局利用日俄签约分赃地大做文章。日本从民宅房主刘宽一手中收买了当年双方会见的房舍、院落,作为宣扬"战绩"的永久纪念物。在院内西南角有一棵枣树,会见时斯特塞尔送给乃木希典的阿拉伯马就拴在这棵树上。这匹马成为日军引以为荣的重要战利品,乃木希典回国后就是骑这匹马接受天皇的检阅。

1912年福岛安正被任命为关东都督。福岛安正(1852~1919),日本信浓人,中日甲午战争和日俄战争中侵华日军的指挥官、"满蒙独立运动"的幕后策划者,曾任日本参谋次长、陆军大将、关东都督府都督。福岛安正为松本藩士福岛安广之长子,1874年入陆军服役,1875年调至参谋部,这是他日后成为著名军事谍报人员的起点。1883年福岛晋升大尉,任驻清朝公使馆武官。从此他便以外交官身份为掩护,广泛地进行间谍活动。日俄战争爆发后,福岛于1904年2月10日日本宣战的当天,出任日本大本营陆军参谋,直接参与策划与俄军陆地作战。后又根据战时需要转任满洲军参谋,亲自赴辽东半岛前线辅佐满洲军总司令官大山岩,专门担任谍报及军政事务。1905年9月日俄双方停战,福岛作为大山岩元帅的代理人与俄方代表签署了停战协定;10月23日作为谈判的全权代表与俄方交涉撤兵及铁路接收事宜;11月13日随小村寿太郎特派全权大使赴北京签订《北京条约》。1912年4月,福岛安正继大岛义昌之后,出任第二任关东都督府都督,赴旅顺走马上任,从此由后台的谋臣策士成为集军政大权于一身

原水师营会见所内部

的殖民官吏。在两年零三个月的任期内，他忠实地执行了日本帝国主义经营大连的殖民政策，不遗余力地巩固日本在大连的殖民统治。1914年9月，福岛在关东都督任职期满回到日本后，晋升陆军大将，1919年患脑溢血病亡于东京。在福岛安正于旅顺任职期间，即1913年其夫人凭吊战迹，到水师营会见所后，提出在拴马的枣树四周设石栅栏予以保护，因而这棵枣树被日本人奉为"神树"。1918年7月，关东都督秘书官白须直识又在枣树旁立石碑。

原水师营会见所枣树下碑

十一 "剑山"碑

崔再尚

"剑山"碑,日本昭和二年(1927)立。花岗岩质地,高160、宽80、厚32厘米。呈长方形,碑阳有凹槽,打磨平滑,铭文雕刻在凹槽里面,阴刻楷书,上半部刻日文"劔山",下半部刻有日文碑铭。由日本陆军大将白川义则题写碑志。该碑原立于旅顺龙王塘街道黄泥川村胡家大岭,二十世纪七十年代,该碑被拆毁,"塔志"和"寄附者芳名"送至大连市文物店。1971年,大连市文物店将"塔志"和"寄附者芳名"调拨给旅顺日俄监狱旧址博物馆收藏。1994年9月,旅顺日俄监狱旧址博物馆工作人员去旅顺老横山考察时发现此碑,于同年11月4日将该碑征集入馆。1996年6月16日,经国家文物局专家鉴定组鉴定,"剑山"碑、"塔志"和"寄附者芳名"均为一级文物。目前,在"日俄侵占旅大物证展"展出。

"剑山"碑

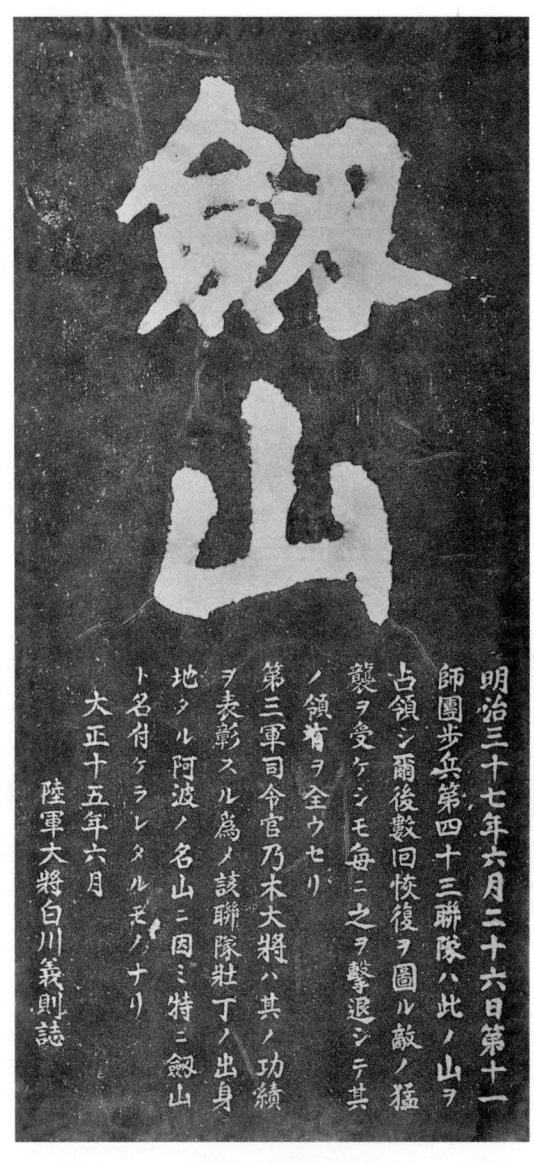

"劍山"碑拓片

碑阳

劍山』
明治三十七年六月二十六日第十一』師團步兵第四十三聯隊ハ此ノ山ヲ』占領シ爾後數回恢復ヲ圖ル敵ノ猛』襲ヲ受ケシモ毎ニ之ヲ擊退シテ其』ノ領有ヲ全ウセリ』第三軍司令官乃木大將ハ其ノ功績』ヲ表彰スル爲メ該聯隊壯丁ノ出身』地タル阿波ノ名山ニ因ミ特ニ劍山』ト名付ケラレタルモノナリ』
大正十五年六月』陸軍大將白川義則誌

通过碑文可知，明治三十七年六月二十六日（1904年6月26日），日本第十一师团步兵第四十三联队攻占了老横山。之后，日军遭到欲夺回阵地的俄军数次猛烈攻击。俄军的每次进攻均被击退，日军牢牢地占领了这座山。第三军司令官乃木希典大将为表彰联队的战功，依照联队士兵的出生地阿波名山"剑山"命名。大正十五年六月（1926年6月）陆军大将白川义则题志。白川义则曾经担任日本第十一师团的师团长，时任日本关东军司令官，所以，"剑山"碑志由他题写。

老横山海拔393米，位于旅顺龙王塘街道黄泥川村胡家大岭，是旅顺第三高峰。《南金乡土志》记载该山名为横山，山下有寺名横山寺，所谓金复两横

"剑山"塔原貌

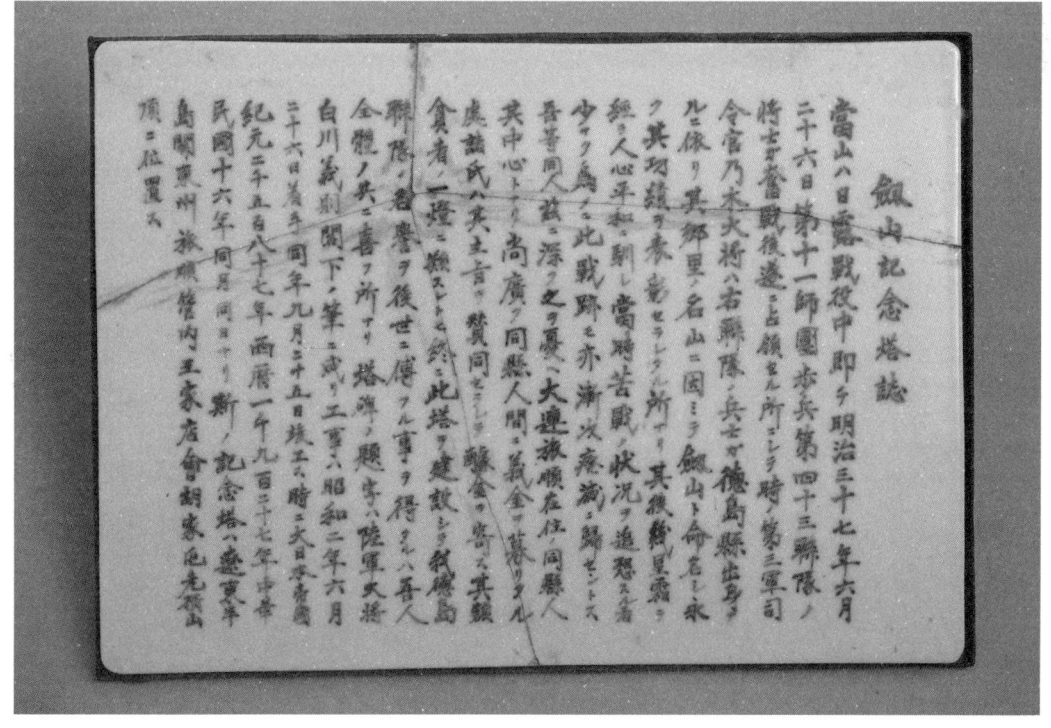

"剑山"纪念塔志

日俄老横山战役俄军使用的炮弹桶

山,金州横山即指此而言。俄国人称其为姑庵山。剑山海拔1 955米,位于日本德岛县,是西日本第二高山。1927年6月26日,日本殖民统治当局在老横山上建圆锥形战迹塔,在塔的正面中间镶嵌"剑山"碑铭。塔内还藏有用铜盒盛装的瓷质"塔志"和记载捐资建塔的日本人姓名、团体的瓷质"寄附者芳名",同年9月25日竣工。

1. 日俄老横山争夺战

旅顺老横山山势陡峭,易守难攻,地理位置重要,向东扼守大连通往旅顺的南部要道,向南镇守旅顺龙王塘,向西与岔鞍沟一线山脉相连,是兵家必争之地,在日俄旅顺外围争夺战中,具有重要的战略地位,日俄两军为争夺此山进行了惨烈的厮杀。

1904年6月6日,日本第三军在金州盐大澳(金州杏树屯一带)登陆后,准备进攻旅顺要塞的外围。为了便于作战指挥,6月8日,日本第三军司令官乃木希典把第三军司令部由金州张家屯移到甘井子泡崖子,指挥攻打老横山与鞍子岭一带的战斗。要攻取鞍子岭一线,首先必须夺取老横山高地。在两军交战以前,俄军在老横山上驻守一个连的兵力,并配有两门火炮,没有修建任何的隐蔽工事和掩体,仅有一条羊肠小道通往山顶。

6月26日，日本第三军开始向老横山发动攻击。日军派2艘布雷舰驶入小平岛湾，炮击老横山俄军阵地的右翼。俄军立即从旅顺港内派出军舰进行反击。同时，上午5时，日本第三军派出第十一师团逼近俄军前沿阵地。下午1时，日军第十一师团第四十三联队在炮火的掩护下开始向老横山发起攻击。中午，俄军舰3艘于小平岛附近向日军进行炮击，日军左翼腹背受到攻击，不能前进。日舰16艘来攻击俄舰，俄舰退回旅顺口。日军士气大振，猛攻老横山俄军，下午5时30分俄军向西撤退，日军占领了老横山阵地。

老横山高地的丢失对俄军是一次重大的打击。俄军第七师师长康特拉琴科少将向斯特塞尔中将建议夺回老横山阵地，并要求海军舰队协同作战。建议得到允许后，康特拉琴科亲自率领步兵二十六团前去攻夺老横山阵地，同时俄军的炮兵和海军舰队也一起出动，协助步兵二十六团夺回失去的阵地。7月2日夜，俄军向老横山阵地发起反击，但未能奏效。7月3日至4日，俄军又连续发动两次攻击，一度仅距离山顶1 000～1 200米，甚至有时仅400步，但都遭到山顶多面堡内日军的猛烈射击，俄军在第三次攻击中对山顶实施猛烈炮击，甚至调动舰队的炮舰、驱逐舰等进行支援，但炮击也未能达到预期目的，仅对日军造成轻微的破坏，两军处于胶着状态。日军猛攻俄军，迫使俄军撤退。至此，日军完全占领老横山和双顶山，突破了俄军的第一道防线，同时也切断俄军在大连与旅顺之间的联络。两天的战斗中，俄军伤亡军官15人、士兵621人，共计636人，日军伤亡官兵300～450人[①]。

2. "剑山"碑铭为何由白川义则题写

日本关东军是日本帝国主义侵略中国，特别是侵略中国东北地区的急先锋。日俄战争结束后，日本从俄国手里夺得了关东州和南满铁路，为了保卫其既得利益，日本派遣一个师团和独立守备队驻守大连地区和南满铁路沿线，归属关东都督府陆军部管辖。这个驻扎师团就是关东军的前身。

第一次世界大战结束后，亚洲民族解放运动高涨。日本为了加强在中国东北的军事力量，于1919年4月12日，撤销了关东都督府，公布实行"关东厅官制"，将原隶属关东都督府的陆军部分离出来，设

白川义则

---

① 〔苏〕伊·伊·罗斯图诺夫主编：《俄日战争史》，中国人民解放军37001部队司令部译印，科学出版社，1977年，第175页。

立了关东军司令部。由此，日本政府对南满铁路沿线和关东州实行了完全的军政分立制管理，从行政和军事上实行新的殖民统治。关东军成立后，直接隶属日本天皇。关东军司令官由现役陆军大将或中将充任，在作战和动员计划上接受大本营参谋总长领导。其职责是统率驻扎在关东州及南满铁路沿线的日本陆军部队，守卫关东州及南满铁路沿线。首任关东军司令官为立花小一郎中将。关东军司令部除了原下属的师团、旅团、守备队等司令部外，还组建了旅顺要塞司令部、旅顺重炮兵大队、关东宪兵队本部、关东陆军仓库、陆军运输部大连支部、卫戍医院、卫戍监狱等。关东军司令部位于今旅顺新华大街18号，建筑面积2 602平方米，该建筑为二层楼房。楼房中部为二层半，对称结构，俄罗斯古典建筑风格。1904年以前，这里是俄国关东州陆军炮兵司令部。关东军在这座小楼里策划并组织实施了一系列侵华事件，震惊中外的九一八事变就是在此策划的。九一八事变第二天，关东军司令部随即迁至沈阳，这里又改作关东军下属的陆军医院。

白川义则（1869~1932），出生于日本伊豫松山（今爱媛县）。他从小就接受日本军国主义教育，曾参加过中日甲午战争和日俄战争。1921年3月，任日军第十一师团长。1923年10月，任关东军司令官，再次来到中国东北。1925年3月，晋升为陆军大将。1926年7月，奉召回国。白川义则在1923年10月至1926年7月，担任关东军司令官，是关东军第四任司令官。

在这期间，他为了扩张关东军在中国东北的利益，拉拢奉天军阀张作霖的将领郭松龄反对张作霖。随后，关东军司令官白川义则又联合张作霖镇压郭松龄，最终使郭松龄反张失败。白川义则借此时机，开始指挥日本关东军干涉中国东北的内政，也暴露了日本想控制和侵占东北的野心。白川义则在担任关东军司令官期间，积极推行日本军国主义侵略中国的政策，开创了关东军不顾日军中央的命令，独断专行的先河，对中国内政进行干涉的先例。1931年9月18日，关东军发动九一八事变，占领中国东北。

所以，当他得到为"剑山"碑题名的邀请时，便欣然答应。这样，在当年日本满洲战迹保存会立日俄战争战迹碑的11年后，又处心积虑地补上"剑山"碑空缺。这种狂妄的日本军国主义者也必将遭到历史的惩罚。1932年2月25日，日本天皇任命白川义则为上海派遣军司令官。同年4月29日，他在上海虹口公园被朝鲜半岛爱国义士尹奉吉炸成重伤，于5月26日毙命，结束了他罪恶的一生。

十二　日军"尽忠报国"之碑

崔再尚

日军"尽忠报国"之碑，日本昭和五年（1930）立。花岗岩质地，高152、宽39.5、厚36.5厘米。呈长方形，碑阳、碑阴及碑左侧刻有铭文，阴刻楷书。1991年4月，旅顺日俄监狱旧址博物馆工作人员从瓦房店市东山公园采集。此碑原址立在瓦房店市东山花园左侧，一座原名为"妙法寺"的日本神社门前。瓦房店解放初期，此碑被推倒，碑身仍然放在原处。入藏后，在"日俄侵占旅大物证展"展出。

"尽忠报国"之碑

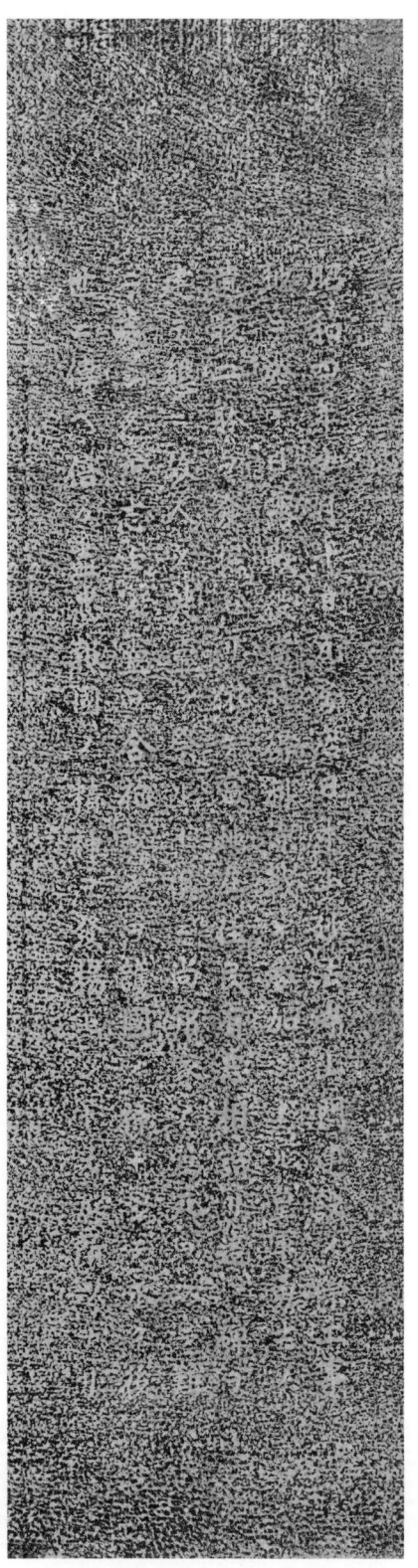

"尽忠报国"之碑碑阳拓片　　　　　　"尽忠报国"之碑碑阴拓片

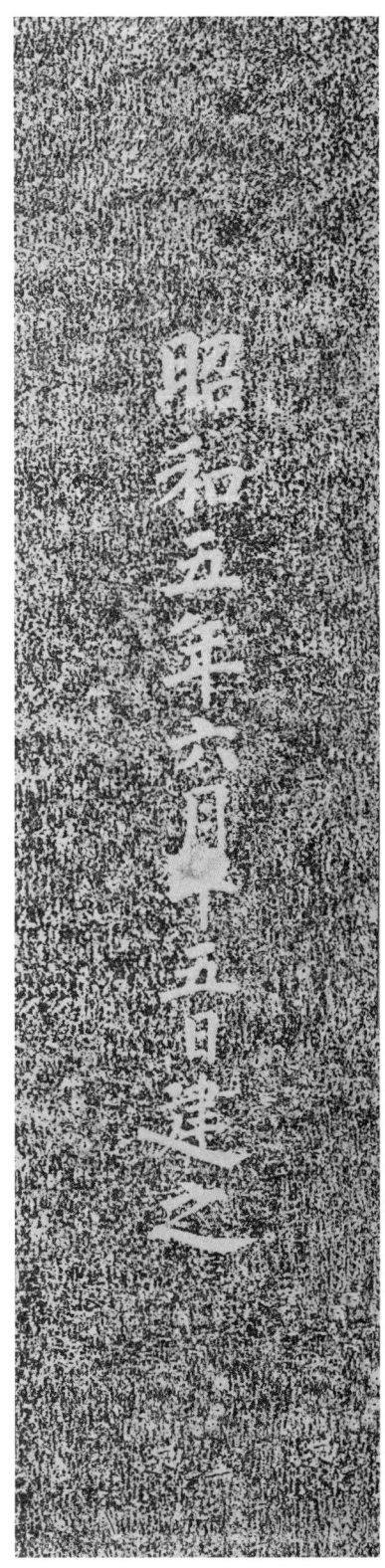

"尽忠报国"之碑碑左侧拓片

碑阳

盡忠報國之碑
陸軍少將三宅光治題

碑阴

昭和四年十月十日瓦房店日本山妙法寺山門建設ノ際工事』地二於テ日露戰役當時得利寺戰二参加シタル皇軍勇士ノ』遺骸二躰ヲ發掘セリ依テ當地在住民有志相諮リ這□碑ヲ』建テ懇二故人ノ英靈ヲ祭ルト俱二尚邦家ノ爲死ヲ必テ難』二處シタル志士ノ靈ヲ合祀シ之ヲ護國ノ神ナシノテ永ク後』世二傳へ倍々盡忠報國ノ精神ヲ 發揚セントスル所以ナリ』

碑左侧

昭和五年六月十五日建之

通过碑刻铭文可知，日本昭和四年（1929）10月10日，日本殖民者在修建瓦房店神社妙法寺建筑工地上，挖出日俄得利寺战役中丧命的两具日军士兵的尸骨。随后，将其尸骨葬于寺前，并于昭和五年（1930）6月15日立"尽忠报国"之碑，碑铭由日本陆军少将三宅光治题写。

采集"尽忠报国"之碑

第三章 日俄战争碑刻

原瓦房店日本神社

日本立"尽忠报国"之碑是为了祭祀日俄战争中战死的亡灵。1930年6月15日，是日俄得利寺战役的26周年纪念日，所以在这天立碑。碑文的题写者三宅光治少将时任日本关东军参谋长。此人曾在1904年参加日俄得利寺战役，任日军步兵第三十三联队掌旗官，了解日俄得利寺战役的实况，所以由他题写碑文。瓦房店神社旧址位于瓦房店市火车站前附属地东区旭村2号（今东山公园内），日本大正元年（1912）9月6日建立，祭祀神主要有天照大神、大国主命。瓦房店神社当时的影响面很广，祭祀活动也很频繁。日俄战争后，日本殖民者侵占大连和南满铁路沿线附属地，在此建立神社，供奉1904年日俄战争时期战死的日军亡灵。

1. 日俄得利寺战役

得利寺镇位于瓦房店市北部，南距瓦房店市区22.3千米。特殊的地理位置，使得利寺镇成为兵家必争之地。1898年6月，俄国开始修建中东铁路，贯穿得利寺境内，并设立得利寺火车站，在此驻扎铁路守备队。

1904年2月8日，日俄战争爆发。5月5日，日军第二军开始在金州盐大澳（今金州杏树屯）一带登陆。5月26日，日军占领金州南山，随后占领了大连。日军第二军开始挥师北上，切断了俄国满洲集团军与旅顺要塞俄军的联系，使旅顺要塞陷入孤立境地。随着日军第三军登陆包围旅顺，俄国统治集团坐立不安。6月5日，俄国远东总督阿列克谢耶夫正式下达命令，要求满洲集团军司令向旅顺派出4个师（48个营）进行增援，并配备必要的骑兵和炮兵。满洲集团军司令库罗巴特金被迫违背自己的

瓦房店火车站旧貌

计划和意图，从大石桥地区派出西伯利亚第一军支援旅顺，但是却只派出32个营，配备98门炮。

6月6日，俄军前卫部队击退了日本第二军的先头部队，进入瓦房店火车站。此时，俄军主力部队正向得利寺接近。6月13日，日军第二军分左、中、右三纵队从普兰店起程北上迎战。日军中路军沿铁路北进；日军左翼军经复州道绕到俄军右后方；日军右翼军沿大沙河与中路军齐头并进；另派一支骑兵自貔子窝、熊岳道迂回龙王庙左，袭击俄军后方。日军中路军的第三师和第五师击退俄军西伯利亚第一军的前卫队，占领了瓦房店火车站。

俄军获悉日军占领瓦房店，决定在得利寺附近组织防御，然后伺机反攻。此军队所属部队在得利寺以南5千米处占领防御阵地。俄军的防御阵地分为3个地段。右段（山嘴村以西）有东西伯利亚第三十六团的3个营、第三十三团的1个营及第九炮兵旅的1个连，由克鲁泽将军统一指挥。中段有东西伯利亚第三十三团的3个连、第九炮兵旅的2个连和第三十五炮兵旅的1个连，由卢奇科夫斯基将军指挥。左段（铁路以东）有东西伯利亚第一师的12个营、4个哥萨克骑兵连，由格勒恩格罗斯将军指挥。俄军总预备队部署在后方西山村附近，包括三十五师第二旅的8个营和三十五炮兵旅的2个连，由格拉斯科将军指挥。萨姆松诺夫将军统领的由11个哥萨克骑兵连和第二哥萨克

日军野战炮兵在温家屯北方高地炮击得利寺俄军炮兵阵地

日俄得利寺战役战场

旅组成的骑兵部队保障右段暴露的侧翼，2个连和骑兵游动哨保障左段的侧翼[①]。

日军指挥部通过6月14日的战斗查明了情况，决定第三师、第五师和骑兵旅在正面牵制俄军的中路部队，第四师打击防御阵地的右翼，切断俄军通往后方的铁路，使其陷入进退维谷的境地。

6月15日拂晓，日军第二军集中所有炮兵火力进攻左翼俄军的第一师，在日军炮兵的猛烈轰击下，俄军第一师伤亡惨重。俄军于8时派两个团转入进攻。激战到11时30分，俄军第九师被从右翼包围，退路被切断。第九师开始经第一师的后方撤离。12

---

① 〔苏〕伊·伊·罗斯图诺夫主编：《俄日战争史》，中国人民解放军37001部队司令部译印，科学出版社，1977年，第153页。

日本陆军少将三宅光治

时，日军占领了俄军预备队的驻地和火力阵地，俄军开始向后方撤退到熊岳城。

得利寺附近的两天激战，日军伤亡1 163人，俄军伤亡3 780人。日军缴获速射炮16尊、弹药车46辆、步枪958支、子弹3.7万发、炮弹1 120余发。俄军援助旅顺的失败，使旅顺要塞的俄军陷入孤立无援之地。日军的胜利，为第三军攻打旅顺扫清障碍。

2. 日本在瓦房店修建神社和"尽忠报国"之碑

瓦房店市位于辽东半岛中部西侧，是关东州通往东北的交通要道。1901年俄国修建的中东铁路竣工通车后，设瓦房店火车站，为二等站。1905年日俄战争结束后，日本加强对中国东北的侵略扩张，开始在关东州和"满铁"附属地传播日本神道教，修建日本神社，加强对日本移民的精神统治。1912年修建了瓦房店神社，祭祀活动频繁，场面热闹，在当地的影响力不断加强。

"忠魂"碑是日本为祭祀侵略军的亡灵而建立的，日本神社在渗入关东州和"满铁"附属地的同时，也将日本本土修建"忠魂"碑的祭祀形式带过来。日俄战争后，日本在占领地大规模修建"忠魂"碑和"忠魂"塔，并要求占领地组织青少年祭拜"忠魂"碑。"尽忠报国"之碑就是在这个背景下于瓦房店建造的。

十三 《满洲军仓库记》碑

关国磊

《满洲军仓库记》碑,日本昭和十年(1935)立。花岗岩质地,高190、宽75、厚23厘米。碑阳面凹进磨平,雕刻碑文,阴刻楷书,两侧凹进磨平,雕刻建立者及历代仓库长的名字。2000年,旅顺日俄监狱旧址博物馆从大连采集。该碑刻由日本满洲军陆军主计监日匹信亮题写碑名,关东陆军仓库长纲木浅吉撰写碑文,关东陆军仓库大连支库长大竹灾八建立。碑文简述了满洲军仓库在日俄战争期间的"丰功伟绩"和满洲军仓库的业务发展情况。

《满洲军仓库记》碑

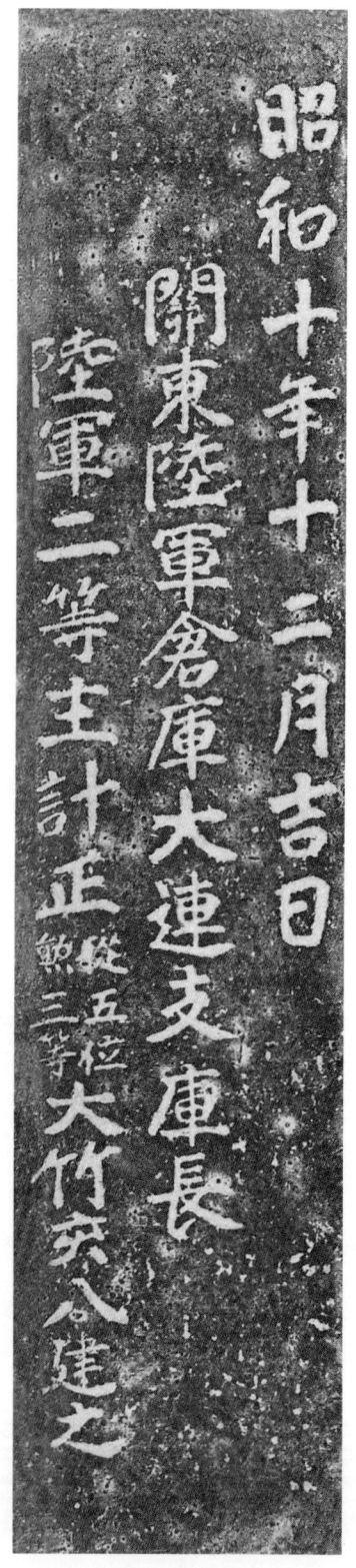

《满洲军仓库记》碑碑阳拓片　　　　《满洲军仓库记》碑左侧拓片

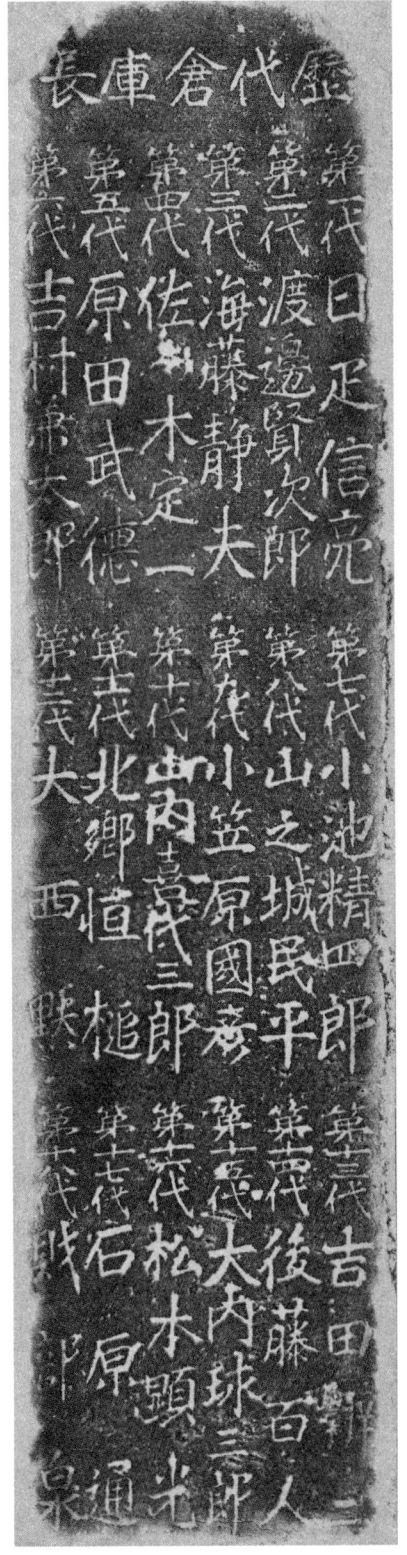

《满洲军仓库记》碑碑右侧拓片

碑阳

満洲軍倉庫記

陸軍主計監日疋①信亮書

満洲軍倉庫ハ明治三十七年八月十九日日疋倉庫長以下大連ニ上陸シ本庫ヲ大連』ニ支庫ヲ柳樹屯ニ設置シ業務ヲ開始セリ』爾来満洲軍ノ作戦進展ニ伴ヒ營口遼陽鐵嶺外二十箇所ニ支庫又ハ出張所ヲ設ケ』専ラ皇軍ニ對スル糧秣被服天幕陣中用品衛生材料獣醫材料蹄鐵其ノ他軍需諸品』ノ追送補給調辨貯藏製造ニ任シ附属輸卒隊三十二箇其ノ他ノ人員ヲ加ヘテ約ニ』萬人ヲ指揮シ斯クシテ幾多ノ困難ニ打チ勝チ克ク我カ作戦ニ順應シテ軍ノ目』的ニ達成ニ遺憾ナカラシメ日露戦史上偉大ナル功績キ貽シタリ』戦後満洲軍倉庫ノ復員成ルヤ關東陸軍倉庫ノ編成ヲ見爾来三十星霜十八代ノ倉』庫長ヲ經テ本職ニ及ヘリ此ノ間青島戦役西伯利亞出兵奉郭戦山東派兵ニ各々』参』加シ満洲事變勃發スルヤ全満各地ニ臨時支庫又ハ出張所ヲ開設シ其ノ数實ニ六』十五箇所ニ達セリ現在關東陸軍倉庫ハ本庫ヲ奉天ニ支庫ヲ大連外五箇所ニ設置』シ職員四百餘名ヲ有シ□□□□ノ出現ト共ニ日ニ月ニ隆々タル發展ヲ見ルニ至』レリ是レーシ禦發威ニ依ルヘシト雖トモ亦満洲軍倉庫ノ從續ナリトセ謂フヘシ』仍テ茲ニ碑ヲ建テ之ヲ□シテ記念トナス』

紀元二千五百九十五年初冬 關東陸軍倉庫長陸軍二等主計正 從五位 勲三等 綱本淺吉撰』

碑左側

昭和十年十二月吉日』關東陸軍倉庫大連支庫長』陸軍二等主計正從五位勲三等 大竹災八建之』

碑右側

歷代倉庫長』第一代 日疋信亮 第二代 渡邊賢次郎 第三代 海藤静夫 第四代 佐佐木定一 第五代 原田武德 第六代 吉村兼太郎』第七代 小池精四郎 第八代 山之城民平 第九代 小笠原國彦 第十代 山内喜代三郎 第十一代 北郷恒槌 第十二代 大西默』第十三代 吉田辨二 第十四代 後藤百人 第十五代 大内球三郎 第十六代 松本顯光 第十七代 石原通 第十八代 賤部泉』

---

① 异体字,即"匹"。

1. 满洲军仓库的设立

满洲军是指日俄战争爆发后，日本为适应战局需要，于1904年6月20日由天皇批准成立满洲军总司令部，任命参谋总长大山岩元帅为总司令官，赋予他"统率指定在满洲的各军（独立师）相机作战"的任务，直属于天皇。由此，在"满洲"（中国东北）从事对俄国作战的日军被统称为满洲军。日俄《朴茨茅斯和约》签订后，于1905年10月16日满洲军司令部废止，满洲军名称随之取消。

满洲军仓库，是在1904年8月2日接到编成命令后，以东京市麴町区五丁目相摸屋充当事务所，同月10日完成组建，11日从东京出发，14日从宇品港起航，19日在大连青泥洼登陆，同日在大连建立满洲军仓库本部并设立柳树屯出张所。

1904年8月1日上午10点40分，满洲军司令部下达了组建满洲军仓库的命令。同日，免去日匹信亮（陆军二等主计正）留守第一师团经理部长的职务，任命其为满洲军仓库长，命令中的日匹信亮，即碑文中书写碑名的"日匹信亮"。

在下达组建命令之前，日本满洲军司令部已在1904年7月制定了《满洲军仓库编成要领》，编成要领共6条：

第一，为了给满洲军补给被服、粮秣、卫生材料、医疗材料及蹄铁等而组建满洲军仓库；

第二，满洲军仓库初次只组建一个，日后根据必要而相应增加；

第三，满洲军仓库编制担任官为陆军省经理局长，于东京编成；

第四，满洲军仓库要员归属于陆军大臣管辖；

第五，满洲军仓库所用的兵器、被服、器具、材料及粮秣的支配方法由陆军大臣来决定；

第六，组建担任官要在组建命令发布之日起的10日内完成组建，并将所有将校及相当官职的职员等人马一览表报告给陆军大臣及参谋总长。①

编成要领之后附有编制表格，从中可看出初次设立的满洲军仓库中，设有一（二）等主计正仓库长1人、三等主计正1人、主计7人、记手12人、二（三）等药剂正1人、药剂官1人、看护长5人、磨工2人、三等兽医正1人、兽医1人、蹄铁工长2人、从卒5人、马卒4人，合计43人。其中仓库长、三等主计正、二（三）等药剂正和三等兽

---

① 〔日〕满洲军仓库残务整理所编：《满洲军仓库业务报告》第1卷，小林又七工场，1908年，第2页。

医正各配备1匹马用于骑乘①。而且，附表中备注，可依据情况设置通译和库手等，可增加其他相关人员。

1904年7月31日，日本满洲军司令部秘密下达了《满洲军仓库勤务令》，包括总则、职员任务、给养和卫生、经理、报告五方面内容共计15条。其中总则规定了满洲军仓库的主要任务和设置支库的要求；职员任务规定了各级职员的上下级关系和各自的职责；给养和卫生规定了满洲军仓库给养的独立和对其卫生负责管理的对象；经理规定了满洲军仓库的经费来源及其使用应遵循的法则；报告则规定了满洲军仓库每月的业务汇报情况。

8月5日，日本满洲军兵站总监山县有朋对满洲军仓库下达了满洲军仓库第一号训令：其一，满洲军仓库贮藏品数量要满足满洲军第二、第三、第四军在明年五月前的军需品，并预备全满洲军的粮秣，上述军需品预订在九月末之前输送至大连湾和营口；其二，满洲军仓库编成完结后迅速出发至大连青泥洼，在当地设置满洲军仓库，关系到船舶和铁道运输的，接受运输通信长官的指示；其三，为了仓库的业务，将第八师团陆上勤务补助输卒队交由贵官指挥，该队8月15日左右从宇品港出发，于青泥洼登陆后加入贵官指挥之下；其四，贵官于青泥洼登陆后派遣所需人员至柳树屯，于当地设立柳树屯出张所；其五，仓库，可先利用扬陆点及铁道沿线的建筑物，若有其他需要，可与军参谋长协商，引渡当地的军兵站监来使用；其六，考虑到以后建筑物的不足，先由战地陆军建筑部在青泥洼划定约25 000坪②、在柳树屯划定约20 000坪建设仓库来使用③。

其间，经过满洲军仓库长对实施勤务令和第一号训令的阐述及另一个训令的下达，至1904年8月10日午后8时，满洲军仓库长向组建担任官经理局长提交了组建完成报告，并提交将校同相当官职员及人马一览表，由此，满洲军仓库完成组建。

如前文所述，在8月11日午后6点20分，满洲军仓库长将校以下7名、下士以下83名、马匹3头、货物42吨，从新桥乘列车出发，8月13日到达宇品港，14日从宇品港乘船出发，17日在龙岩浦冲停泊，19日午后2时20分在大连青泥洼登陆。经过与满洲军第三军兵站监部协议和向留守第一师团经理部的报告，最终于同日午后6时30分在青泥洼兵站监部邻旁开设了满洲军仓库，10时40分开设了柳树屯出张所。

---

① 〔日〕满洲军仓库残务整理所编：《满洲军仓库业务报告》第1卷，小林又七工场，1908年，第3页。

② 坪：日本近代面积单位，1坪=3.3平方米。

③ 〔日〕满洲军仓库残务整理所编：《满洲军仓库业务报告（第1卷）》，小林又七工场，1908年，第7、8页。

2. 满洲军仓库的业务开展

在满洲军仓库完成编制及本库设置后，即开始了业务的推进。8月20日经过调查满洲军仓库本库、柳树屯出张所仓库建筑用地面积，在柳树屯出张所建立了合计用地15 000坪的两座新仓库，同时预计在青泥洼建立一座35 000坪的新仓库。同日，依第三军兵站经理部电报，接收"福神渍"13 440贯[①]、"携带口粮罐头"70 680贯、"重烧面包"72 000贯、"食盐"500贯、"粉味噌"14 200贯、"干物野菜"11 734贯500匁[②]等物资并入库。为了能让仓库职员、辅助输卒队及家属能够廉价购买到日用品等，特向兵站总监申请在当地建立"野战酒保"，同时，还向第三军兵站监部申请架设电话等。且伴随着满洲军仓库业务的开展、仓库的接收及各种供应物资的不断抵达，为配合满洲军行动需要，满洲军仓库也开始不断在各占领地开设出张所，如：

1904年8月19日设置柳树屯仓库出张所，翌年9月24日改称支库；

1904年8月25日于牛家屯开设满洲军仓库营口支库事务所；

1904年9月21日设立辽阳仓库出张所，10月5日改称支库；

1905年3月17日设立奉天仓库出张所，同月22日改称支库；

1905年4月30日设立铁岭仓库出张所，5月15日改称支库；

1905年5月4日设立安东县仓库出张所，同年7月23日改称支库；

1905年6月9日设立抚顺仓库出张所。

正如碑文记载，满洲军仓库先后设立了20个支库或出张所，专门用来为满洲军提供粮秣、被服用品、卫生材料、兽医材料、蹄铁等军需品。满洲军仓库附属输卒队达到32个，包括其他人员约计2万人。从1904年9月30日满洲军仓库与营口居民叶应增签订契约书征用其土地房屋作为仓库，可了解到满洲军仓库出张所的扩展情况。契约书主要内容如下：大日本满洲军仓库长陆军二等主计正日匹信亮和营口居民签订契约书，（一）叶应增作为借贷人，在必要期间将下列物件借贷给日匹信亮；甲，土地、豆油、压榨工场占用地的全部及该工场和仓库间的所有空地；乙，上述土地上的所有建筑；（二）日匹信亮每月付给叶应增借贷费三千元，但气罐、伙夫及必要的机械工人等支付适当工资后继续作为日匹信亮的雇佣工人；（三）压榨机暂时由日匹信亮取走保存，待返还工场之时再原封交回。契约书一式两份，由双方各自保管。大日本帝国明治三十七年9月30日、大清国光绪三十年8月14日[③]。

截至8月31日，满洲军仓库青泥洼本库仓库占地约6 000坪，其中存放精米8 000

---

① 贯：旧时日本重量单位，1贯=3.75千克。

② 匁：旧时日本重量单位，1匁=3.75克。1000匁为1贯。

③ 〔日〕满洲军仓库残务整理所编：《满洲军仓库业务报告（第1卷）》，小林又七工场，1908年，第120页。

石、副食品26万贯、卫生材料7 300梱、兽医材料1 300梱；柳树屯支库仓库占地约1 800坪（不含新建中仓库），其中精米13 321石、干物野菜26 977贯500匁；营口支库仓库占地约1 000坪（新建中的5 000坪仓库预计9月中旬竣工），其中存放精米5 000石、副食品27 500贯。

3. 满洲军仓库对满洲军的物资补给

在满洲军仓库成立的翌日，即8月21日，满洲军野战经理长官就对满洲军仓库下达了《粮秣集积预订方针》训令。训令中对满洲军第一至第四军的粮秣供应数量、日期及粮秣处理方法等都做了详细的预定。在9月5日满洲军仓库接受的野战经理长官的电令中，还包含了每日对各种物品的供应数量及每月供应天数，如精米每日6合①，每月30天；罐头肉或盐干鱼肉每日40匁或30匁，每月15天；干物野菜每日30匁，每月20天；渍物（即咸菜）每日10匁，每月30天；酱油每日5匁，每月30天；砂糖每日3匁，每月15天；茶每日1匁，每月30天；粉味噌每日5匁，每月15天；食盐每日3匁，每月15天；大麦每日5升，每月30天；携带口粮饭或面包每日3合或180匁，每月2天；携带罐头肉每日40匁，每月2天；携带食盐每日3匁，每月2天②。

日军通过大连港运输大批军用物资

满洲军仓库对满洲军的补给，除了按照规定的粮秣预存与提供外，还细致到了关

---

① 合：旧时日本重量单位，1合=150克。
② 〔日〕满洲军仓库残务整理所编：《满洲军仓库业务报告（第1卷）》，小林又七工场，1908年，第79页。

原大连仓库前堆积的大批粮食

原日本殖民统治时期大连关东陆军仓库

照士兵们平时的爱好和习惯等方面，这可从旅顺争夺战中窥见一斑。满洲军仓库在青泥洼成立并开展业务之时，正值日本第三军对旅顺俄军发动第一次总攻击之际，满洲军仓库为第三军的攻城需要，提供了多方面的物资供应和保障。一等主计桥元被派到第三军所在地。先后从第三军经理部长吉田、第三军经理部部员大江主计、长岭子兵站司令部、三宅粮食部长、营城子兵站司令官横井中佐处了解第三军给养情况。针对在前线的日军因多日奋战而非常劳苦的情况，满洲军仓库决定对士兵的给养予以更适当的调配；对于缺少生肉食品的情况，满洲军仓库则立即购买或调配；同时更加注重对士兵们嗜好的调查，竭力满足士兵们的要求；对于士兵们日复一日食用同一类食品的情况，满洲军仓库也给予重视，尽力予以调配变换。且对于诸如其他福寿渍、干野菜等材料，也是尽力提供。因伤者众多且病患者多发，对网带类等材料需求大增，这些急需的材料，满洲军仓库只要有，则立即交付补给。而随着第二次、第三次总攻击的进行，对各种补给材料尤其是卫生材料的需求量日益增多，满洲军仓库有则立即交付，缺乏的则立即从各地调配，甚至临时制作加工，以满足第三军使用。同样，对辽阳会战、奉天会战等，满洲军仓库各支库或出张所都极力加强补给。碑文中所谓的"丰功伟绩"，正是对这一时期满洲军仓库的肯定。另外，在1912年和1916年"满蒙独立运动"之时，满洲军仓库还曾为叛军提供大批武器和弹药等，竭力支持日本侵略中国东北。

随着日俄战争的结束和满洲军司令部的取消，1916年4月，满洲军仓库被改组为关东军陆军仓库。本部设在周水子，分库设在旅顺，以后有过几次对调[①]。并将满洲军仓库的柳树屯、营口、辽阳、奉天、铁岭、安东等地的支库或出张所均改为办事处。改组后的关东军陆军仓库，主要承担关东军各个部队所需的粮秣、武器弹药、被服、卫生材料等的储藏、调拨、制造及购置等，在日本侵略中国的过程中起着至关重要的作用，如碑文所述："关东陆军仓库在1905年至1935年的30年间，先后参与了青岛战役、出兵西伯利亚、奉郭战役、出兵山东及参与九一八事变等。"

---

① 顾明义等主编：《大连近百年史（上册）》，辽宁人民出版社，1999年，第392页。

十四　乃木希典金州南山题诗残碑

孙桂翠

　　乃木希典金州南山题诗残碑，日本昭和十二年（1937）立于金州南山。灰色石灰石质地。原碑高约5米，立在长620、宽440厘米的花岗岩砌成的基座上。基座水泥面中间立此碑，长340、宽186厘米。二十世纪七十年代该碑被推倒在西山坡，下半部分残缺。现该残碑高316、宽115、厚51厘米。石碑的正面雕刻长方形凹槽，凹槽内阴刻行书乃木希典的题诗，碑身下部残缺。1977年7月17日，旅顺博物馆的专业人员从清晨出发，午后到达金州南山。由于石碑体积较大，工作人员动用了铲车来协助，经过2个多小时才将这通石碑装载到车上，运送到旅顺博物馆，后放于旅顺日俄监狱旧址博物馆保存。1996年6月16日，经国家文物局专家鉴定组鉴定，为一级文物。目前在旅顺日俄监狱旧址博物馆"日俄侵占旅大物证展"展出。

乃木希典金州南山题诗残碑

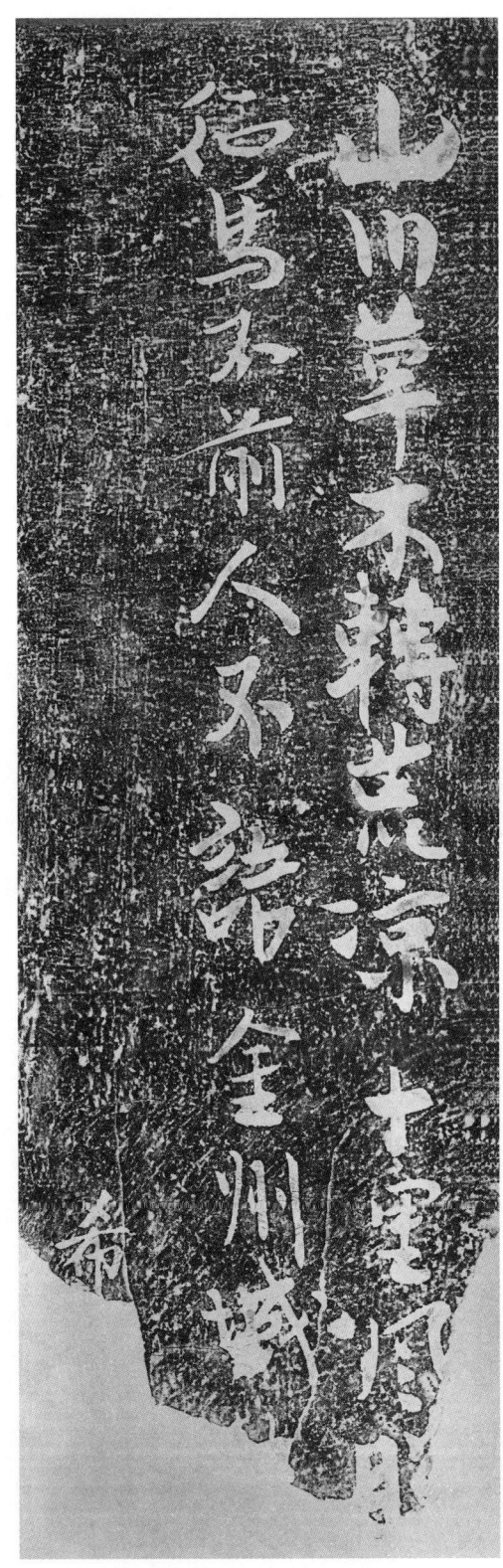

乃木希典金州南山题诗残碑拓片

第三章 日俄战争碑刻

原立于金州南山的乃木希典题诗碑

碑阳

山川草木轉荒涼十里風腥 新戰場 』征馬不前人不語金州城 外立斜陽 』希 典 」

題诗碑字迹清晰，书写流畅。碑文分三行，前两行为诗，每行14字，第三行为"希典"署名。整个碑文共计30个字。缺失的字分别为：第一行缺"新战场"三个字，第二行缺"外立斜阳"四个字，第三行缺"典"一个字。

1904年5月，乃木希典率领日本第三军受"速攻旅顺要塞"之命，于6月7日途经金州城，随之视察刚结束的金州战场，面对金州南山高地尸横遍野、血雨腥风的情景，深有感触，赋诗一首。1937年5月26日，日本殖民当局借纪念日俄战争金州南山战役33周年之际将乃木希典的题诗刻于巨石上，并将此题诗碑立于金州南山，以炫耀日军的"赫赫战功"。

1. 乃木希典其人

乃木希典[①]（1849～1912），1849年12月25日生于江户麻布日洼的长州藩邸。幼名无人，曾名源三郎，后改成希典。

1864年，16岁的乃木希典从师于学识渊博的儒者玉木文之进，受到儒学忠君思想教育。1866年至1868年又入长州藩荻镇明伦馆，一面习文，一面又向一刀流派师傅栗栖学习剑道。1869年，乃木希典为学习法式操练，入伏见的亲兵营接受军事训练。1871年春，明治政府抽调萨摩、长州、土佐三藩的步、骑、炮三个兵种近万名藩兵作为天皇的"亲兵"，这是日本"最初的国军性质的军队，不久便成了近卫兵、近卫师团"，乃木希典从这时起便成为天皇的"亲兵"。1871年，他被任命为少佐。以后40余年他对天皇"纯忠至诚""一意奉上"，终一步步地晋升为陆军大将。

1878年1月，30岁的乃木希典被任命为东京步兵第一联队长，8月26日，他与鹿儿岛汤池定基的女儿静子结婚。1885年5月21日，乃木希典晋升为少将，任熊本步兵第十一旅团长。

1886年11月30日，乃木希典同川上操六一起奉命赴德国留学。两年后回国，先后被任命为近卫军步兵第二旅团长、名古屋第五旅团长。1892年2月，乃木希典因病休职，在栃木县那须野狩野村石林隐居，自称石林子。

1894年甲午战争爆发，乃木希典立即服役，被任命为日军第二军第一旅团长，驻留广岛。10月下旬，日本侵略军开始向中国境内大举进犯。在第一军侵占九连城、丹

---

① 尹文成、汤重南、贾玉芹主编：《日本历史人物传（近现代篇）》，黑龙江人民出版社，1987年，第311页。

东的时候，乃木希典所在的第二军也同时从花园口登陆，从背后向大连湾、旅顺进犯。对旅顺当地居民进行了惨绝人寰的大屠杀。

1895年4月5日，日本天皇以"有功"之臣将其升为陆军中将，任第二师团长。不久他又被任命为金州守备司令官。1895年9月乃木希典率领日军第二师团侵入中国台湾，增援那里的日军，直接镇压台湾人民如火如荼的反抗斗争。10月，他被任命为南部台湾司令官，11月，日本宣布"平定台湾"。1896年4月，作为"凯旋"之将率领日军回到日本卫戍仙台。后来，又曾被任命为台湾总督。

1898年2月，乃木希典辞去台湾总督之职，回到东京过着所谓"清耕雨读的生活"，这是他第二次退休。1898年10月，乃木希典重新被任命为第十一师团长，单身去善通寺（今日本香川县）赴任。1901年5月再度辞去军职，第三次赋闲。

1904年日俄战争爆发，乃木希典再度归军，第四次投入戎马生涯。

1904年5月被任命为第三军司令官，6月6日晋升为陆军大将，成为日俄战争陆上战役的主将之一。

从1904年8月初至1905年1月初，乃木希典组织和指挥了旅顺口的三次攻坚战。在历时150多天的恶战中，日本方面投入了13万多兵力。乃木希典以野蛮残酷的"肉弹"战术于1月初攻占了旅顺，从而控制了辽东半岛。

1905年3月，在奉天城进行了日俄战争中最后一次大规模的会战，乃木希典率领他的第三军，作为日军的最左翼参加了奉天会战，打败了俄国军队。不久，俄国舰队又在具有决定性意义的对马海峡之战中战败。这样，整个日俄战争就以俄国的失败而结束。

1906年1月14日，乃木希典回到日本。在晋见明治天皇复命时，乃木希典叩述"攻击旅顺时达半年之久，付出最大牺牲"，此"盖是微臣不敏之罪"，"恳请赐臣一死，愿以剖腹谢罪"。天皇以有乃木希典这样"战功赫赫"的"良将"而欣慰，当然不会恩准其死，相反地，赐乃木希典以"嘉奖臣之功勋业绩和将士之忠贞勇武"的敕语，并任命其为军事参议官。

1907年1月，明治天皇为培养华族子弟，训练自己的"亲兵""近臣"，任命乃木希典为学习院院长，并向他颁发了"华族教育之事，盖交予卿总理之"的诏令。

1912年7月30日，明治天皇病殁。9月13日，在明治天皇安葬之日，乃木希典与其妻静子一起自杀替天皇殉葬，时年64岁，其妻54岁。尸骨藏于青山墓地，后来在其旧宅邸修建了乃木神社。

2. 日俄战争金州南山战役

金州南山，又名扇子山，海拔116.6米，位于辽东半岛的狭窄蜂腰部高地上，距离金州古城仅2千米，距旅顺62千米，是金州地峡的制高点。此高地扼守金州地峡（金州地峡是辽东半岛的咽喉），右控大连湾，左扼金州湾（是通往大连和旅顺的交通要道），易守难攻，战略地位十分重要，是攻占旅顺要塞的第一道防线。

俄军在此设置两道深2米的步兵战壕数百米，又沿着山麓架设4～5排密如蛛网、总长6千米的铁丝网，并埋设地雷，还布设多个掩蔽部和炮眼，砌筑3个眼镜堡、5个多面堡垒和13个炮台等防御工事。阵地上并排摆放着65门大炮和10挺机关枪，以抵御日军大部队的进攻。在金州地区集结了大约18 000名俄军军官和士兵，拥有131门大炮，由俄军东西伯利亚第四师在此防守，由师长弗克少将统一指挥。弗克共分出14个连（来自第五步兵团的有11个连）和5个志愿者分队共计3 800名军官和士兵，直接用于阵地的防御，由第五步兵团团长特列季亚科夫指挥。

日军集中了三个师团的兵力组成第二军，在装备上拥有大炮的数量是俄军的3倍，在参战人数上，几乎是俄军的10倍，由陆军大将奥保巩统一指挥。

1904年2月8日，日本联合舰队偷袭了停泊在旅顺港外的俄国太平洋分舰队，双方遂于2月10日宣战，日俄战争爆发。

1904年5月5日至13日，日本第二军在金州盐大澳（金州杏树屯）陆续登陆，为了打开通往旅顺的咽喉狭地金州，日军首先破坏普兰店铁桥和沿途电话线，切断了旅顺和辽阳之间俄军的陆上通信联系。5月17日，日本第二军的独立部队向旅顺推进时，占领了金州山谷的北部高地，并开始在那里构筑防御工事，等待主力部队的到来。5月25日，日军向驻守在金州城和南山上的俄军发起了进攻。是日晚9时，日军第四师团步兵一部夜袭金州城，因受挫而撤回，第一师团的右翼步兵得知进攻金州城受挫后，便向金州城东门进攻，终于在26日5时20分炸开东门，占领了金州城，然后，各师团呈扇子形状向南山发起总攻。

1904年5月26日清晨5时30分，奥保巩率领第二军，用了3个师和1个独立炮兵旅约36 400人的兵力，集中了198门大炮、48挺机关枪，向金州南山上的俄军开始猛烈轰击。日军占有相当大的优势。第四师团以密集队形大举向前推进。午前9时左右，俄军一艘炮舰由和尚岛东方驶来，炮击日军第三师团左侧背后，然后该舰放下4艘小艇，搭载陆战队，在红土崖附近登陆，被日军击退。与此同时，停泊在蚂蚁岛上的日本6艘军舰也驶进金州湾，协同陆军向南山展开进攻。俄军不甘示弱，向日本舰队还击，双方展开激烈的对轰。日军不顾生死，不断地变换位置，顶着俄军激烈的炮火前行，死伤惨重。日军为了尽快占领南山高地，于傍晚组织突击队，踏着士兵的尸体，越过层层防线，向南山挺进。7时30分攻占南山各个炮台堡垒，8时30分攻占南山南端炮台。经过15个小时激烈的攻坚战，日军终于以伤亡4 207人（俄军伤亡1 400余人）的惨重代价占领了金州南山高地，切断了旅顺俄军同辽阳一带俄军主力的陆路联系。

在此战役中，乃木希典的长子乃木胜典被俄军的子弹击中，被抬到临时设置在阎

日本第二军在盐大澳登陆

日军第二军司令部成员向金州方向进发

家楼的日本陆军医院，经抢救无效，于当天傍晚死去。乃木胜典的尸体被埋葬在七里村后山，翌年其母前来起葬，迁回日本。

3. 诗碑之考释

1904年6月6日，刚被任命为第三军司令的乃木希典率军从金州东北杏树屯登陆，6月7日下午3点30分到金州南山巡视战场。乃木希典迈着沉重的脚步缓缓登上南山高地，环顾整个南山。战壕、炮台、堡垒已被炮弹炸成一片废墟，连山坡也被兵器与尸骨横七竖八地堆满。此时此刻，他的心情非常复杂，面对草木"荒凉"、尸骨"风

金州南山附近日军第二军第四师团的战场

被日军炮火轰击的金州城

腥"的战场,想到儿子在这场战役中死去的一幕,更是悲痛万分。当晚他挥笔写下"山川草木转荒凉,十里风腥新战场。征马不前人不语,金州城外立斜阳。"以此诗悼念亡灵。后来乃木希典将这首诗的墨迹赠送给小田原中学校长吉田库三氏。

该诗为七言绝句,行草书。从乃木希典赠送给小田原中学校长吉田库三氏的墨迹来看。他感到日军夺得南山重地为进攻旅顺创造了条件,证实了日本的武士道精神。而后两句则字迹轻细,墨色暗淡,仿佛气弱无力,饱含悲痛之意。这也衬托出乃木希典此时复杂的心境。南山战役中,日军伤亡数千人,其中也包括乃木希典的儿子,这预示着以后的战役将更为艰难。战争的惨烈与丧子的悲痛交织在一起，即便是狂傲的乃木希典，此时也不禁潸然泪下。

乃木希典金州南山诗碑，是日本军国主义侵华的物证，他们用枪炮和刺刀，在中国的土地上画下一幅幅血迹斑斑的图画。因此，对揭露日俄战争给中国人民带来的灾难，是一篇难得的反面教材。曾疯狂叫嚣要"踏平支那（指中国）四百州"的不是别人，正是他。

十五　"高崎山"路标刻石

关国磊

"高崎山"路标刻石，所立时间不详。花岗岩质地，高105、宽30、厚30厘米。呈长方柱状，刻石保存完整，其中相邻两面磨平，刻有字迹。右侧一面刻有"至高崎山"字样及右向指示箭头，左侧一面刻有"至水子营"字样及左向箭头。1978年2月25日，旅顺日俄监狱旧址博物馆工作人员从旅顺水师营碾盘沟东南路边征集入馆，现展览于"日俄侵占旅大物证展"。

"高崎山"路标刻石

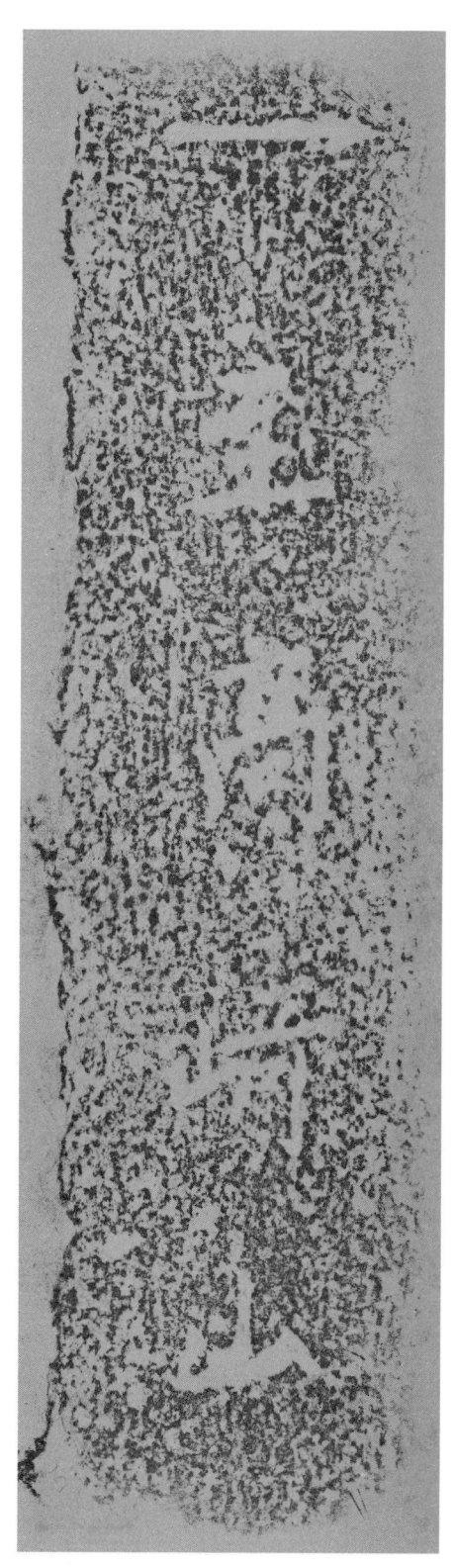

"高崎山"路标刻石右侧拓片

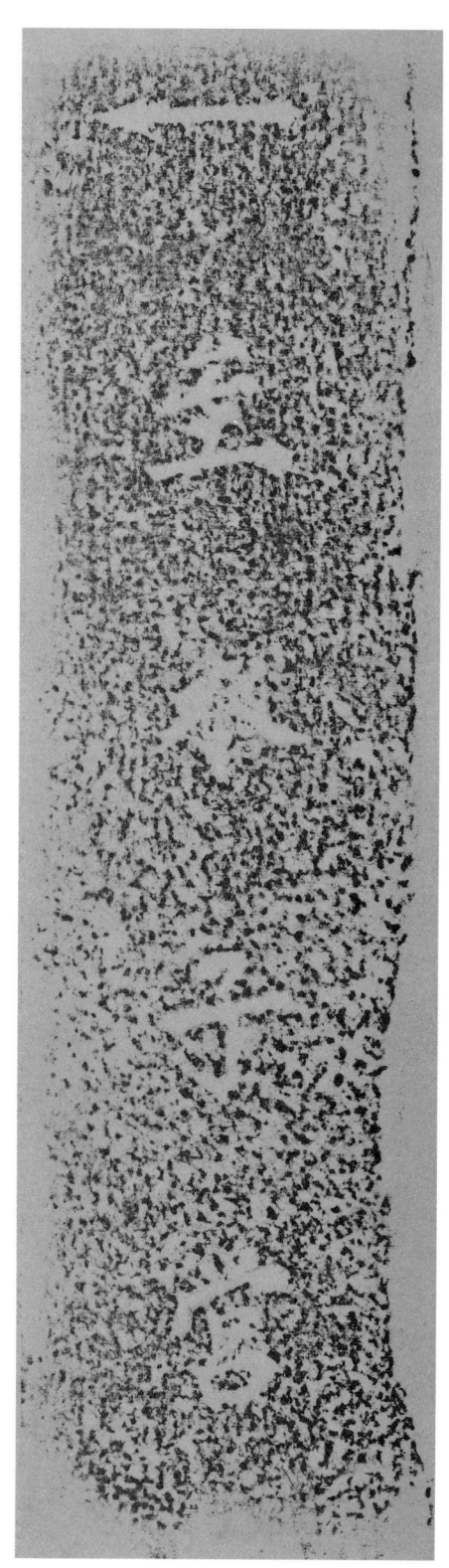

"高崎山"路标刻石左侧拓片

原164高地碑（战后日本改其名为"高崎山"）

右侧

至高崎山

左侧

至水子营

"高崎山"，原为旅顺水师营西部碾盘沟西南方的一座高地，因其海拔164米故战时被称为"一六四高地"。日本满洲战迹保存会于山上立"一六四高地"碑刻。在立此碑刻之时，将距此三步之远的两块标石纳入碑刻的左右两侧，并于碑阴镌刻碑文记述此事，原标石由乃木希典书写建立，前后文字为"我军主力据此以拔尔灵山垒""明治戊申仲夏"。"一六四高地"石碑正面由时任关东都督、在日俄战争中立下"赫赫军功"的中村觉书写碑名，碑名刻石之下镌刻碑文：

明治三十七年八月〗十三日第一師團ノ〗一部隊之ヲ攻擊シ〗同月十五日占領ス〗陸軍大將男爵中村〗覺碑名ヲ書ス〗大正五年十月〗滿洲戰蹟保存會〗

碑文中的"水子营"是现在的水师营街道。

中村觉，近江彦根人士，彦根藩士千太夫次子，生于安正元年（1854）二月。1875年时成为陆军少尉。1877年，参加西南战役，随名古屋镇守台步兵第六联队出征，转战各地，在田园坂战役的险境中奋勇作战，由此成名①。1879年，任职于参谋本部，出任近卫参谋、步兵第十联队第三大队长、第一师团参谋、陆军大学教官、第五师团参谋、东宫武官等职。中日甲午战争期间，升任步兵中佐，作为大本营侍从武官供职于大元帅（明治天皇）麾下，赴广岛后，晋升为步兵大佐，而后奉旨奔走于各战地之间，最后因功被授予"功四级"及"金鵄勋章"。后出任步兵第四十六联队长、东部都督参谋长等职，1899年晋升为陆军少将，出任台湾总督府陆军幕僚参谋长，随后出任步兵第二旅团长②。日俄战争爆发后，因步兵第二旅团隶属第三军第一师团麾下，故时年50岁的中村觉随同日军第一师团长伏见宫贞爱亲王在第二军司令官奥保巩指挥下，登陆金州盐大澳，相

中村觉

继攻占金州、大连湾，此后随第一师团划归第三军。中村觉又随第一师团在第三军司令官乃木希典指挥下，参与旅顺要塞争夺战。由于要塞久攻不克，俄军火力猛烈，中村觉遂于1904年11月26日亲率"白桦队"（身缠白带的敢死队）试图从松树山和小案子山堡垒之间突入到旅顺市区③，以进占俄军后路，但因迷路，结果在俄军松树山补备炮台处遭到俄军阻击，"白桦队"大量伤亡，中村觉也在腿部中枪后撤回。因其在日俄战争中的功绩，战后被授予"功二级金鵄勋章""勋一等旭日大绶章"。1907年时因功勋被授予男爵爵位④。任教育总监部参谋长，升陆军中将，再任第十五师团长，补任侍从武官长，供职于明治天皇、大正天皇身侧，后任东京卫戍总督。1914年9月福岛安正卸任后，中村觉接任关东都督，第二年1月晋升陆军大将，后成为军事参议官⑤。1925年1月28日，天皇闻说中村觉病危，加授其旭日桐花大绶章，翌日，72岁的从二位勋一等功二级的日本陆军大将中村觉病死。

随着日本第三军对旅顺外围阵地的进攻和占领，旅顺俄军陷入日军包围之下。为

---

① 〔日〕国民军事教育会编：《现代陆军名将列传》，日本国民军事教育会，1916年，第30页。

② 〔日〕近世名将言行录刊行会编：《近世名将言行录（第4卷）》，吉川弘文馆，1934年，第317页。

③ 〔日〕国民军事教育会编：《现代陆军名将列传》，日本国民军事教育会，1916年，第31页。

④ 〔日〕近世名将言行录刊行会编：《近世名将言行录（第4卷）》，吉川弘文馆，1934年，第317页。

⑤ 〔日〕国民军事教育会编：《现代陆军名将列传》，日本国民军事教育会，1916年，第31页。

准备向俄军发起进攻的日军

便于发动总攻,日本第三军在总攻之前对部分山头展开了争夺,其中为掩护主力部队攻城,特对右翼军的第一师团做了任务安排,即从火石岭子、水师营东端、松树山西角及龙河以西一带,自8月13日起对前方之俄军发起攻击,占领前进阵地以形成掩护。为此,日本第三军第一师团长松村务本中将先将第一师团阵线前进至大顶子山附近经164高地、于大山至火石岭子一线,并鉴于俄军军事防御坚固,故于大口井、小东沟、水师营大西沟各地布置重兵,将前沿阵地设置于从双岛湾南岸经潘家屯、碾盘沟、于大山至水师营北方高地一带。1904年8月13日午前10时,第一师团长松村务本发出作战命令:"一、敌军各地防御益备,现屯大兵,前哨众多,故我军宜扩战线于小东沟东南,经碾盘沟西南1 200米处高地及于大山以至左翼阵地。二、我军中军,当于黄昏进兵,限于14日午前1时,夺于大山及碾盘沟西南1 200米高地。三、右翼当与中军协力,扩战线于小东沟东南,更出一队于大口井半岛。四、左翼宜以其首队维持现在攻线,以与中央纵队联络。"午后8时日军部署已定。山本信行少将率中军、寺田锡类中佐率一队向于大山进军。千田贞干中佐率一队向碾盘沟西高地进军。友安治延少将率右翼、新岛英马中佐率一队向大口井进军。高崎常之助中佐率十五联队向164高地进军。折下腾造中佐率一队参与高木、新岛两队之间战斗。各队同时并发。

晚9点,日本第三军第一师团步兵高崎十五联队在高崎常之助中佐率领下开始向164高地移动。其时天空阴云密布,咫尺难辨,半夜又下起了大雨,行军极不方便。午夜11时,高崎中佐率队至碾盘沟西南164高地北300米处,距俄军堡垒仅百米之遥,日军发起攻击。在距山顶50米处俄军布有铁丝网,左右有很深的壕沟,俄军以坚固的铁丝网,据堡射击,进退两难之时,用闪光弹、探照灯等照明,用机关枪向突袭的日军

战时日本海军陆战队在旅顺后夹山附近搬运重炮

进行扫射。日军在重炮掩护下，强行进攻，伤亡惨重，不能如愿，只好停止进攻，等待时机。14日凌晨3时，日军攻占小东沟西南高地，4时占领江西崖西高地。日军右翼之游击各队静伺时机，其中军突出于碾盘沟附近，以一队向164高地冲击，以首队向其西方500米处冲击，距俄垒仅有10余米，清晨6时，大雨仍未停，山水横流，日军又重新组织起进攻，但因粮草补给困难，加之俄军火力射击凶猛，日军只得隐藏在斜坡，等待夜间再次突击。晚11点左右，日军决定再次夜袭，但此时俄军的探照灯已将山顶照得如同白昼，加上从东南方向椅子山、案子山射来的猛烈炮火，日军的夜袭计划又成为泡影，只得停下，等待天明再行攻击，日军的残兵败将又在山坡狼狈地蜷缩一宿。15日天刚亮，日军野战炮队及重炮赶来参战，日军便在强大炮火的掩护下，重新开始疯狂攻击，午前6时30分友安少将以新岛中佐之一队增至小东沟东面攻击俄军之侧背面，战机逐渐成熟。午前10时10分，日军炮击奏效，雨已停止，日军突击先锋队发起攻击，战斗异常猛烈。俄军由于兵援不足，只好向大顶子山炮台撤去，日军于午前11时10分夺取164高地并追击俄军。

164高地的占领，对日军第一师团和后来的第七师团攻击203高地及整个西部陆防线起了重要的作用。此地先后成为第一师团的重炮（280毫米榴弹炮）观测所和第七师团攻击203高地的司令部所在地。

因担负攻占164高地的日军部队是日本东京高崎十五联队，故战后日本殖民者为美化侵略战争，将164高地命名为"高崎山"，并于山下路口处立此路标刻石，为日本组织的旅顺战迹观光者指路。

战时日军向俄军阵地发射重炮

日军第一师团长松村务本（第二排右四）及司令部成员于"高崎山"山腰的营地前合影

第四章　俄国和日本殖民统治时期碑刻

　　自1898年3月27日俄国迫使清政府签订《旅大租地条约》以来，大连地区先后沦于俄国的殖民统治下达7年、日本的殖民统治下达40年。在长达半个世纪的时间里，俄国和日本为维护殖民统治，将俄国和日本文化带入大连，先后在大连地区立了一些具有俄式和日式风格的碑刻。这些碑刻记载着俄国和日本对大连地区在军事上的占领、政治上的压迫、经济上的掠夺和文化上的渗透，这些碑刻也是见证俄国和日本侵略大连地区的有力物证。

　　在俄国殖民统治大连的7年时间里，遗留下来的墓碑比较多，但征集到的主要是纪年数字刻石。日本殖民统治大连40年期间，遗留下来的碑刻较多，类别复杂，主要有植树碑刻、军事刻石、人物功德碑、景观刻石、宗教碑刻和浮雕、地界碑等。

　　1898年俄国通过与清政府签订《旅大租地条约》，取得辽东半岛的租借权，俄国殖民者为了巩固殖民统治，加强旅顺的军事基地建设，大兴土木，修建军事堡垒、军营等军事设施。1899年，俄国修建的第一批营房竣工，将雕刻有"1899"的刻石镶嵌于营房的墙上作为纪念。

　　1905年9月5日，日本与俄国签订《朴茨茅斯和约》，俄国将旅顺口、大连湾及其附近领土、领水的租借权转让给日本。甲午战争和日俄战争使大连地区的山林遭受炮火的毁坏，日本占领大连后，为了维护殖民统治，倡导植树造林活动。1905年日俄战争结束后，日军大部分部队撤退回国，曾经参与日俄战争的日军旅顺要塞炮兵联队第六中队驻守旅顺，为了纪念日俄战争的胜利，植树造林，立"纪念植林"碑。1906年9月1日，日本殖民者为加强对大连地区的殖民统治，在旅顺成立关东都督府，管理大连地区的军事和民政事务。从此，日本殖民当局侵占大连地区的山林，并进行植树造林，立"造林境界标"混凝土标识。1932年3月1日，伪满洲国在长春成立。伪满康德元年（1934）4月，旅顺公学堂为了纪念伪满洲国成立进行植树，并立"满洲国建国纪念植林"碑。樱花是日本的国花，日本侵占大连地区后，将樱花移植到大连地区种植，日本昭和十三年（1938），驻扎在旅顺的日本关东军小林分队在日本神武天皇诞辰日那天，在园区内栽植樱花树，并立植树记碑。

　　地界碑石，标明地域起讫、名称，有标界和指路的功能。日本殖民统治大连后，加强对大连地区的军事管制和司法统治。1905年1月9日，殖民当局成立旅顺要塞司令部，加强对关东州的军事管制。日本明治四十一年（1908），日本殖民当局开始在大连地区立"旅顺要塞第一、第二、第三地带标"混凝土标识，并颁布《关东州防御营造物地带令》和《防御营造物地带令施行细则》，对要塞地带内的重要地域严加管理。为了加强对市民的统治和镇压，日本殖民当局于1907年成立关东都督府监狱署，将俄国1902年在旅顺修建的监狱重新扩建和开始使用，到1934年，监狱占地22.6万平方米，监狱围墙外还有菜地、林场、窑场等土地，为了强占监狱周边的土地，殖民当局在监狱四周立"刑用地"界桩混凝土标识。

日本殖民统治大连后，为日本侵华战争和维护殖民统治做过"贡献"的人物，歌功颂德，立碑纪念。小村寿太郎是日本明治时期的外交官，是推行日本"大陆政策"的"急先锋"，特别是在南满洲铁道株式会社的建设中发挥了很大作用。1938年，南满洲铁道株式会社为了纪念小村寿太郎对"满铁"建设的贡献，立小村寿太郎碑。日本殖民统治大连地区后，大量的日本移民进入大连地区，子女的教育成为主要社会问题。1923年6月，日本人高冢原一在大连成立大连女子工艺学校，招收女生，1937年4月，改称大连昭和高等女学校。日本昭和十八年（1943），大连昭和高等女学校为纪念学校创立20周年，立高冢原一先生之碑。

日本殖民统治大连后，日本人信仰的佛教和神道教传入大连。1911年12月，日本福昌公司在大连寺儿沟东山建起"碧山庄"华工宿舍，给大连港装卸货物的码头工人居住。日本大正八年（1919），福昌公司在"碧山庄"内修建了天德寺和万灵塔，旨在利用宗教迷信麻痹欺骗码头工人，消除反抗情绪。1937年七七事变后，日本发动全面侵略中国的大规模战争，并积极利用神道教活动为侵略战争服务。1938年7月3日，日本殖民当局在旅顺修建关东神宫。1944年9月28日，关东神宫主殿竣工，并在神宫的大殿房檐上镶装着汉白玉材质的浮雕嘲风刻石。

日本殖民统治大连后，随着旅顺和大连两地政治、经济、文化、人员等方面交往加强，殖民当局于日本大正十年（1921）开始修建旅顺南路，至日本大正十三年（1924）10月竣工。为美化环境，在道路沿途设立八处景观刻石，旅顺日俄监狱旧址博物馆藏有"旅大八景蔡大岭"刻石和"旅大八景玉乃浦"刻石。

在日本殖民统治大连40年的时间里，也遗留有中国人民抗击日本侵占中国领土的界碑和记载中国民间武装抗击日本侵华的记事碑。1918年，日本殖民当局非法违约强行扩大租借地地界，拔掉界碑，进一步侵占中国的领土。与关东州毗邻的复县民众对日本殖民者强占复县土地的行为进行了反抗，重新雕刻"复县界"碑，并立于租借地原址，恢复正常的边界。1932年，庄河地区诞生一支农民抗日武装队伍——联庄自卫团（俗称"大刀会"）。大刀会成员骁勇善战，多次打败日伪军。1932年12月16日，大刀会在庄河土城子打败日军少将森秀树带领的"靖安游击队"。伪满康德六年（1939），日伪警察协会立"靖安游击队五勇士战死之地"碑。

一　俄军兵营刻石——1899

崔再尚

俄军兵营刻石——1899，花岗岩质地，直径40、厚5厘米，刻石呈圆形，"1899"阳刻数字凸出。1990年3月，旅顺日俄监狱旧址博物馆在旅顺驻军部队营房改建时采集。1898年3月，俄国强行租借旅大后，在旅顺大兴土木建造兵舍。1899年，第一批俄军营房建成后，在硬山墙脊砌有"1899"铭文标志的刻石。

俄军兵营刻石——1899

正面

1899

位于旅顺白玉山东麓的俄军兵营，山墙上镶嵌着"1899"刻石

1. 俄国对旅大的占领

根据中俄《旅大租地条约》第四款规定："在俄国所租之地以及附近海面，所有调度水、陆各军并治理地方大吏全归俄官……中国无论何项陆军，不得驻在此界

内。"第七款规定:"俄国人在所租之地,而旅顺、大连湾两口为尤要,备资自行盖造水、陆各军所需处所,建筑炮台,安置防兵,总设所需各法,藉以著实御侮;并认以己资修养灯塔,以及保航海无虞之所需各项标志。"①

《续订旅大租地条约》第四款更重申"中国兵应退出金州,用俄兵替代"②。俄国据此取得在旅大租借地的水陆驻兵权和修筑军港及其他军事设施等侵略权益,在"帮助"中国"著实御侮"的幌子下对旅大实行赤裸裸的军事占领,并将旅大变成对中国不断进行和扩大侵略的军事基地,变成与日本等列强争夺远东霸权的桥头堡。

1898年3月28日,即《旅大租地条约》刚刚签字的第二天,俄军便奉命在旅大登陆并占领旅顺。当日拂晓,俄国的重要侵华头目基里尔·弗拉基米罗维奇亲王亲自出马,率领俄军3 000人在旅顺口鼓噪上岸,计有步兵4个营、炮兵6个连、野战炮兵2个连、骑兵1个连、工兵1个连。登陆俄军气势汹汹地强占了旅顺市区和各处军事设施,一部分俄军官兵跟着亲王爬上了旅顺黄金山,在山上举行所谓的"占领仪式"。8时整,基里尔·弗拉基米罗维奇亲王亲手把一面俄国国旗用一根竹竿扯了起来,停泊在海面的大小舰艇立即大放"礼炮",山上山下、岸边水面的所有俄国水陆官兵一齐狂呼欢叫。俄军占领旅顺后,公开张贴俄国《接管旅大金地方布告》。这些标志着俄国对旅大租借地的军事占领和殖民统治已经开始。由此直到1905年初俄国在日俄战争旅顺攻守战失败并开城投降,俄国对旅大租借地的军事占领和殖民统治持续了将近7年时间。

2. 俄国修建旅顺军事基地

俄国侵占旅大后立即着手建设军事基地,俄军一面抓紧制订旅顺口防御工程计划和建筑方案,一面从符拉迪沃斯托克迅速运来各种口径的臼炮、加农炮20余门安置在原有的炮台上,并不断向旅大调兵遣将。到1900年初,占领旅大的俄军已经有8个步兵营、2个要塞炮兵营、3个野战炮兵连、1个哥萨克骑兵团、1个工兵连。

1899年,沙皇尼古拉二世批准了旅顺口防御工程计划10年预算,即1900年至1909年的军事工程建设财政预算。该预算总额高达892万7 775卢布。第一个5年计划投资463万1 757卢布③。计划在原先清朝已修筑的22座炮台之外,再修筑永久性海岸炮台22座、永久性陆路炮台8座、半永久性炮台24座,以及永久性堡垒8座、半永久性堡垒6座。这些炮台和堡垒配置各种口径的大炮总数多达542门。

---

① 王彦威纂辑,王亮编,王敬立校:《清季外交史料》,书目文献出版社,1987年,第2201页。
② 王彦威纂辑,王亮编,王敬立校:《清季外交史料》,书目文献出版社,1987年,第2202页。
③ 〔美〕安德鲁·马洛译莫夫著,商务印书馆翻译组译:《俄国的远东政策(1881—1904年)》,商务印书馆,1977年,第207、208页。

1900年，俄国经过参与八国联军镇压中国义和团和借机出兵侵略中国东北的军事行动以后，俄国政府越来越认识到加强旅大军事设施建设的重要性和迫切性，制定了《旅顺要塞建筑工程方案》。1901年1月，沙皇尼古拉二世批准了这一方案，并将旅顺要塞建筑工程列为重点工程，计划投资2 220万卢布，是1899年旅顺口防御工程10年预算总投资额892万7 775卢布的2.49倍，比第一个5年计划投资预算463万1 757卢布一下子增加了将近1 757万卢布[①]。当时，英国的一个军官在中国东北视察，写了一份视察报告，其中描述在旅顺目睹的情景是：有6万多名中国工人从事市区、港口和要塞的劳动，昼夜不停。经过3年多日夜不停的施工修筑，旅顺要塞扩建改建工程暂告一段落，旅顺口变成了俄国"东方的塞瓦斯托波尔"。

旅顺整个要塞工程以旅顺口东西相连的两港为中心，港口水域经过大规模的疏浚，老虎尾半岛的侧面也被仔细地修整一新，更加便于舰艇的往来通行。港口岸边崖壁上装上了功率强大的照明设备，几乎可以照遍港内外所有泊船水面。环绕东西两港的黄金山、馒头山、蛮子营、城头山、老虎尾等冲要之地连成一线，广建炮台营垒，构成海岸前沿防线。旅顺口背后，从大孤山、小孤山、盘龙山、南山坡山到猴石山连成一线，构成旅顺口后路三道防线外围副防线；从崂㠇嘴经白银山、东鸡冠山、二龙山、松树山、案子山、椅子山、猴石山到太阳沟西南柏岚子连成一线，构成旅顺口的最后一道防线即第三道防线。每道防线上的各个军事据点都建有炮台营垒，远近相望，声息相通。东鸡冠山堡垒设有东西两座堡垒，每座堡垒筑有几丈深的掩蔽室，各室之间有隧道相通，掩蔽室和隧道都是用石块、鹅卵石和混凝土搅拌浇灌，工事顶部厚达2米以上。堡垒内配有迫击炮、加农炮和机枪。堡垒外围护垒壕沟纵横交错，其中有通电的电网，也有地雷和陷阱。在整个9千米长的海防线和30千米长的陆防线上，所修对海、对陆各种炮台多达54座、堡垒14座，配置各种型号的大炮542门，其中多数是世界上最新式的速射远程加农炮。为了准备城市防御战和巷战，俄军还在市内市外、山坡海岸大挖战壕。战壕一般都有几丈宽、一丈多深。俄军还修筑了几十座兵营。

3. 俄国修建军营

俄国占领旅顺后，随着军队人员的大量进驻，亟待解决军队的住房问题。俄国军队除占用了原来清军的营房外，还开始大量修建新的营房。

1899年12月，关东州厅长官阿列克谢耶夫上任后认为东部原旅顺旧市街卫生条件差，对俄国军政人员的健康有害，而且街区狭窄，周围是高地，又是准备修建军事防御工事用地，所以计划在旅顺的西部新市街修建兵营。新市街主要是指旅顺龙河以西的太阳沟地区。截至日俄战争爆发前，俄国在旅顺已经完工使用或半完工的兵营主要

---

① 《大连通史》编纂委员会编：《大连通史（近代卷）》，人民出版社，2010年，第255页。

有：俄国步兵第十联队士兵集会所、俄国海军陆战队军营等。

俄国殖民者为了使"关东州"在职的军官能够安定生活，特授予他们特权，将旅顺新市街东北角一丘陵地带划为特权区。在此区域内划分出200至400俄坪不等的地块，免费供应享受特权的人们使用土地；为解决他们的建房资金，特从国库拨出5万卢布作为建房贷款，供他们使用。1901年12月，俄国殖民当局颁布了《关东州在职文武官员建房用地旅顺特权区租借规则》。由于特权区土地面积和建房资金有限，必须按军衔、官阶的高低，来关东州就职的年限，以及住房情况、家属情况决定是否有享受此种特权待遇的资格，评定先后顺序。日俄战争爆发前，特权区已建成19户，主人均为旅顺关东州厅官员和陆海军大尉以上军官。

俄军兵营刻石——1899，是俄国殖民者为1899年修建的俄国军队营房落成而设立的纪念刻石。发现刻石的兵营位于旅顺老城区白玉山东麓，为原清军毅军宋庆军营附近，是俄国侵占旅顺后早期修建的营房。此刻石也是俄国殖民者对大连地区军事占领的物证。

二 日军"纪念植林"残碑

关国磊

"纪念植林"残碑,现仅存碑刻下半部分,绿色板岩质地,高120、宽95、厚约5厘米。残碑四周参差不齐,前后凹凸不平,呈不规则长方形。残碑正面阴刻楷书,从右至左依次为"七八年战役""念植林""要塞炮兵联队第六中队"。1991年5月16日,旅顺日俄监狱旧址博物馆工作人员从旅顺铁山街道柏岚子村某饭店门口将此残碑采集,收藏于馆内。

碑阳

明治三十七八年戰役
紀念植林
旅順要塞砲兵聯隊第六中隊

日军"纪念植林"残碑

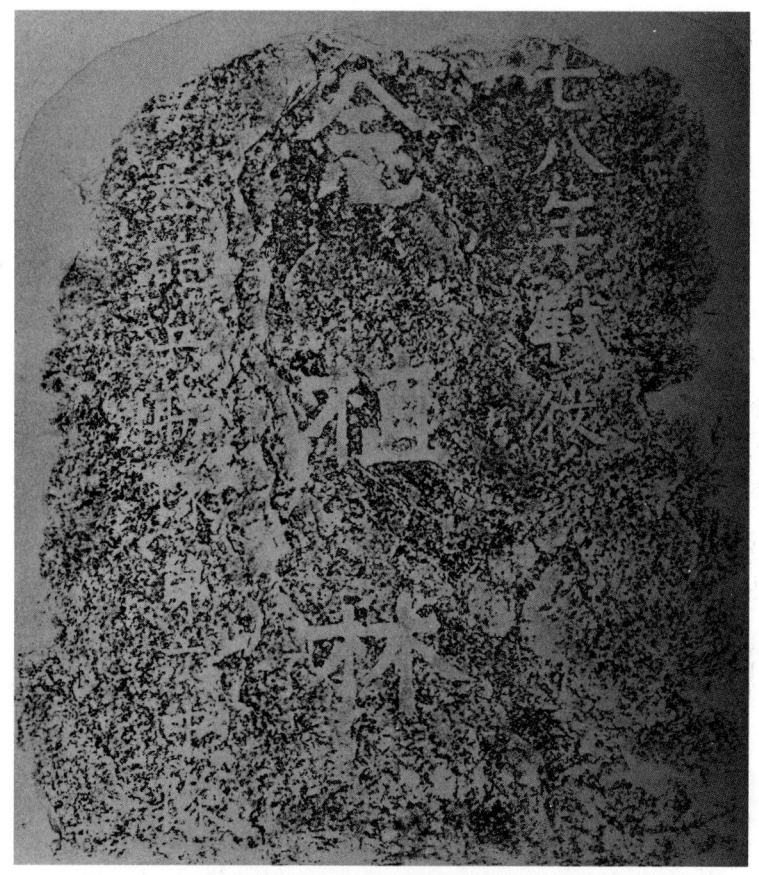

日军"纪念植林"残碑碑阳拓片

众所周知，在1894～1895年和1904～1905年，日本先后发动过两次战争，即中日甲午战争和日俄甲辰战争。日本对此的称谓是"明治二十七八年战役"和"明治三十七八年战役"。碑刻缺失的恰恰是上面的关键数字，因此在收藏之初，仅是依据残存文字猜测为日俄战后日军所立，但究竟准确与否，至今未能有充分证明。本文即试从"要塞炮兵联队第六中队"这个信息入手，解开日军"纪念植林"残碑的大致立碑年代与相关信息之谜。

1. 中日甲午战争时期

中日甲午战争时期，参与到旅顺攻击的日军部队，是以第二军的第一师团和第六师团混成第十二旅团为主（编入日本第二军的第二师团一直滞留在日本东京，最终并未参战），同时，因为"中国大市街较多，较厚的围墙形成了坚固的壁垒，如果没有大量重炮轰击，则攻击会很困难，因此就安排大阪炮兵工厂负责生产12毫米加农炮、9

毫米和15毫米臼炮,目前已近完工"①。于是由留守的第一师团长负责大部,第六师团长负责小部,完成临时攻城厂的编成,最终编成临时徒步炮兵一联队、临时攻城炮厂纵列和临时攻城工厂纵列。由此,在第二军麾下的炮兵部队,就包括第一师团下的野战炮兵第一联队、混成十二旅团下的野战炮兵第六联队和临时攻城厂。根据日军师团之下设有司令部、步兵两个旅团、骑兵一个联队、炮兵一个联队、工兵一个大队、辎重兵一个大队、军乐队一队的编制②,上述的野战炮兵第一和第六联队为日军师旅团的正规配置,并不含要塞炮兵。因此,如果甲午战争时期有要塞炮兵参与到对旅顺的攻击中,那么上述的临时攻城厂,即为要塞炮兵联队抽调而成,抑或包含要塞炮兵联队。

明治二十三年(1890)4月,日本政府拟定在东京湾、纪淡海峡、芸予海峡、赤间关海峡(马关海峡)分别筹建要塞炮兵第一、二、三、四联队,并决定于同年5月首先创建要塞炮兵第一和第四联队③。但无论是其中哪一支炮兵联队,其第一至第四联队名称均与碑刻所记不符,故不可能是从这四支联队中直接派出。而截至甲午中日战争爆发前,日本国内已经投入建设的要塞有东京湾要塞、由良要塞、下关要塞、对马要塞,考虑到由良要塞是在1896年才创建由良要塞炮兵联队,对马要塞在1899年才创建对马要塞炮兵大队,因此两个要塞炮的兵队不可能在甲午战争中派兵,即中日甲午战争时期的要塞炮兵队,只能是从东京湾要塞或下关要塞派出。在中日甲午战争爆发前夕,日本政府于明治二十七年(1894)6月编成东京湾及下关要塞临时守备司令部④,并且下关方面的炮兵联队人员受第六师团调用,而东京湾要塞方面的炮兵联队人员则受第一师团调用。鉴于中日甲午战争期间进入大连地区作战的为日军第一师团,故被派出至大连地区的,应为东京湾方面的炮兵联队。而在日本军人会馆出版部于1934年10月22日出版发行的《横须贺重炮兵联队史》中,可以查到东京湾要塞在中日甲午战争期间的要塞炮兵联队派出情况。

横须贺重炮兵联队(前身为东京湾要塞炮兵联队),最早是1890年5月17日在东京湾要塞内创建的要塞炮兵第一联队。中日甲午战争爆发后,该联队于1894年7月24日下午8点40分开始实施"东京湾要塞战备",转变为战时编制。在"东京湾要塞战备"下,设有东京湾守备队司令部、徒步炮兵第一联队、第一师团后备骑兵中队一小队、第一师团后备工兵第一中队半部及第一师团后备工兵第二中队等守备部队及后备

---

① 〔日〕参谋本部编:《明治二十七八年日清战史(第3卷)》,东京印刷株式会社,1907年,第2页。
② 王鸿年:《日本陆军军制提要》,1901年。
③ 〔日〕防卫省防卫研究所:《要塞炮兵联队创设之件》,亚洲历史资料中心,C06081251800。
④ 〔日〕防卫省防卫研究所:《参谋本部东京下关两要塞临时守备司令部编成之件》,亚洲历史资料中心,C05121500500。

部队。此外，东京湾要塞还特设了3支炮兵部队。一是临时徒步炮兵第二联队（由要塞炮兵第一联队第四中队编成），人员为大队长丰岛阳藏等382人。该联队于1894年10月12日编入日军第二军攻城炮兵队，10月14日从各炮台堡垒出发在大津村集合，16日从横须贺出发至广岛乘船，随后进入中国辽宁地区，随同第二军转战旅顺口、威海卫等地，至1895年6月凯旋。二是临时徒步炮兵第一联队第一大队（由要塞炮兵第一联队第三中队编成），人员为大队长山口胜等864人，1895年2月8日编为第一军所属的右军，同月10日向东京出发，尚未出征，即于5月21日归队。三是临时旅顺口要塞炮兵队（以第二中队编成），1895年2月8日接到编成命令，人员为大队长松冈利治等511人，同月10日在大津村集结向东京出发，尚未出征即于5月21日归队[①]。

综上所述，中日甲午战争期间，进入到旅顺口的日军要塞炮兵联队，只能是由要塞炮兵第一联队第四中队编成的临时徒步炮兵第二联队，也就是说，临时攻城厂中的炮兵联队，即是或者包含东京湾要塞派出的徒步炮兵第二联队。且不说是否由该联队编制成一联队和攻城、工厂纵列，仅就炮兵联队平时的名称或战备期间改编后的名称来看，该炮兵队伍都与碑刻中所谓的"要塞炮兵联队第六中队"不符。因此可以认定"纪念植林"残碑只能是日俄战争期间或者战后的产物。

2. 日俄甲辰战争时期

日俄战争期间，负责攻打旅顺要塞的日军主要为第三军，下辖军司令部、第一、第七、第九和第十一师团及攻城炮兵司令部。下辖的四个师团中，分别包含野战炮兵第一联队、野战炮兵第七联队、野战炮兵第九联队、野战炮兵第十一联队。同甲午战争期间的陆军编制一样，这四个炮兵联队同样为师团正规的编制，不属于要塞炮兵联队。而在第三军攻城炮兵司令部之下，则包含野战重炮兵联队（联队长酒井甲子郎）、徒步炮兵第一联队（联队长江藤浦）、徒步炮兵第二联队（联队长公平忠吉）、徒步炮兵第三联队（联队长加藤太久）及徒步炮兵第一独立大队[②]（大队长乙部尚志）。而这几支炮兵队伍，正是由日本国内要塞炮兵联队派出。探究这几支炮兵部队的来历，发现其中的野战重炮兵联队、徒步炮兵第一联队和徒步炮兵第一独立大队，均是由东京湾要塞炮兵联队派出；徒步炮兵第二联队，是由良要塞炮兵联队派出；徒步炮兵第三联队，则是由下关要塞炮兵联队派出[③]。

东京湾要塞炮兵联队，其前身是1890年5月17日创建的要塞炮兵第一联队，1896年

---

① 〔日〕横须贺重炮兵联队编：《横须贺重炮兵联队历史》，军人会馆出版部，1944年，第12、13页。

② 〔日〕高桥壮昂：《日俄战役录》，帝国印刷株式会社，1906年，第213页。

③ 〔日〕防卫省防卫研究所：《野战重炮兵联队、徒步炮兵队、机关炮队、攻城炮厂、攻城工兵厂、人马、被服、器具材料之补充担任区分》，亚洲历史资料中心，C06040150600。

5月19日改编为东京湾要塞炮兵联队。在战前的1904年2月5日,该联队为实施东京湾要塞战备,进行了战时编制,并于5月1日下达了动员令。战争期间,由该联队编成的部队是:野战重炮兵联队(后改称为野战重炮兵第一联队)、第一机关炮队、第二机关炮队、徒步炮兵第一联队、徒步炮兵独立大队(后改称徒步炮兵第一独立大队)、第二攻城厂、徒步炮兵第一独立中队、战时东京湾要塞炮兵联队第三大队、徒步炮兵第三独立大队(1905年5月9日以徒步炮兵第一联队第一大队编成)、野战重炮兵第二联队(1905年5月9日以徒步炮兵第一联队第二大队编成)、永兴湾要塞炮兵大队、桦太守备步兵炮兵队[①]。这12支队伍中,前六支全部参与了日俄旅顺争夺战。其中第一、第二机关炮队和第二攻城厂已经编入第三军三个师团之中,而剩余三支队伍,正是上述攻城炮兵司令部麾下的三支队伍。

在这六支队伍的编制中,涉及"第六中队"名称的有三支队伍。一是野战重炮兵联队,该联队以非战时东京湾要塞炮兵联队第四中队为基干编成,于1904年2月23日编入第一军麾下,同月28日从东京湾要塞出发,于3月6日至19日在朝鲜铁山半岛登陆参战,5月30日调入第三军战斗序列,乘船于大连登陆。在7月3日进入战地后,编为3个大队7个中队,其中第三大队下设的即有第六中队。二是以非战时东京湾要塞炮兵联队第六中队为基干编成的第一机关炮队。该炮队于1904年3月14日编成,同月22日夜于东京湾要塞出发,在广岛停留一个月后编入第一师团,战时编制为四个小队,分属第一师团下的第一、第二、第三和第十五步兵联队,于同年5月7日至12日间在金州猴儿石一带登陆,随同第三军作战。三是徒步炮兵第一联队。该联队于1904年5月1日以非战时东京湾要塞炮兵联队的第二、第三中队编成,编为主力第一大队4个中队和第二大队4个中队,以江藤浦为联队长,该联队主力于同年6月23日出发,7月1日至9日于大连登陆并编入第三军战斗序列,进入战地随同第三军作战,其中第二大队中即包括第六中队。考虑碑刻应为日军攻下旅顺后,在撤离之时或者战后的殖民统治时期所立,故以非战时东京湾要塞炮兵联队第六中队为基干编成的第一机关炮队可能性较大。而非战时的东京湾要塞炮兵联队第六中队虽然曾参与旅顺争夺战,但在旅顺开城后即随第三军北上作战,并于1906年1月11日回归东京湾要塞[②],期间只是借由大连港回国,未再进入旅顺。并且,随着1907年10月23日东京湾要塞炮兵联队改编为重炮兵第一、第二联队,要塞炮兵联队第六中队的名称也成为历史,期间,该中队也未曾被安排到旅顺,故由东京湾要塞炮兵联队第六中队立碑的可能性已不复存在。

---

① 〔日〕横须贺重炮兵联队编:《横须贺重炮兵联队历史》,军人会馆出版部,1944年,第15、16页。

② 〔日〕横须贺重炮兵联队编:《横须贺重炮兵联队历史》,军人会馆出版部,1944年,第26页。

再看徒步炮兵第二联队，由良要塞平时及战争期间的编制，均未涉及第六中队，所以可以排除之。再看徒步炮兵第三联队，由下关要塞炮兵联队派出，关于下关要塞的资料中虽未曾有详细注明，但在日本出版的《旅顺重炮兵联队》一书中，却提到了徒步炮兵第三联队。

日军炮兵在王家甸附近炮击望台炮台一带的俄军

"日俄战争日本攻占旅顺后，为了尽快修复炮台做好防御，以参与旅顺要塞争夺战的日军徒步炮兵第三联队（下关要塞炮兵联队编成的两个大队、八个中队）为主，配合陆军大臣调配的部分兵力，于明治三十八年1月19日接受编成命令，以联队长加藤太久大佐为编成官，负责编成旅顺要塞炮兵联队和大连湾要塞炮兵大队，该编成任务于同年1月30日在旅顺编制完成。新编成旅顺要塞炮兵联队以邨松儁大佐为联队长，总员1 173人（缺202人），包含两个大队和六个中队，联队隶属明治三十九年（1905）1月9日创建的旅顺要塞司令部，武器以当初携带的一部分火炮和当地缴获的火炮为主；大连湾要塞炮兵大队以山胁中佐为大队长，全员563人，包含三个中队，大队隶属同年4月21日创建的大连湾要塞司令部，以16门180毫米榴弹炮和原炮台的部分火炮为主要防御武器。"[①]

由此可见，参与旅顺争夺战的徒步炮兵第三联队是来自下关要塞的炮兵联队，在旅顺争夺战后未能随从第三军北上，而是留在原地作为驻守部队，并且被改编为旅顺

---

① 〔日〕山本顺士编：《旅顺重炮兵联队史》，中岛印刷株式会社，1996年，第78、87页。

要塞炮兵联队和大连湾要塞炮兵大队。就旅顺要塞炮兵联队的六个中队来看，其中必然有（旅顺）要塞炮兵联队第六中队的称呼，因此可以说，日军"纪念植林"残碑的竖立者，当为旅顺要塞炮兵联队中的第六中队，又因旅顺要塞炮兵联队于1905年12月3日缩小编制，纳入大连湾要塞炮兵大队后，成为旅顺要塞炮兵大队①（四个中队），故旅顺要塞炮兵联队第六中队存在的时间仅为1月30日至12月3日的这一段时间，那么，"纪念植林"碑的竖立也必然是在这一时间段内。

综上所述，日军"纪念植林"残碑为旅顺要塞炮兵联队第六中队于日俄战争时的1905年1月30日至12月3日期间所立。再从碑阳的文字位置等结构因素考虑，碑刻全文从右至左应是"明治三十七八年战役""纪念植林""旅顺要塞炮兵联队第六中队"。

原日军旅顺重炮兵联队

---

① 〔日〕山本顺士编：《旅顺重炮兵联队史》，中岛印刷株式会社，1996年，第88页。

三 "关东都督府造林境界标"混凝土标识

关国磊

"关东都督府造林境界标"混凝土标识,日本明治三十九年(1906)立。由水泥、石子、钢筋混凝土制成,高62.5、宽15、厚15厘米。阴刻楷书。

正面

関東都督府

背面

造林境界標

"关东都督府造林境界标"混凝土标识

"关东都督府造林境界标"混凝土标识正面拓片　　"关东都督府造林境界标"混凝土标识背面拓片

原日本旅顺关东都督府

1904年2月日俄战争爆发后，随着日本对金州、大连等地区的占领，为解决作战中日军的后勤补给和对占领地居民的统治管理，日本政府就在各个占领地内设置军政署，任命了解中国风土人情、懂得汉语的将校为军政委员，以此保证前线的物资供应和维持地方治安，以及处理日军与中国地方官民之间的相关事务。军政署是对占领区施行军政的机构，其内部建制为军政委员出任军政署长，统管军政事务，由日本东京大本营直接任命。这一时期的军政署，最早隶属1904年6月20日成立的满洲军司令部，军政委员依据满洲军司令部最高司令的批准，有权发布规章制度，有权依据当地法规、参照日本法令来裁决民事或刑事案件，有权征收租税等。旅顺军政署成立于1905年1月，军政署长为步兵少佐斋藤季治郎。随着1904年7月14日辽东守备军司令部的建立（11月司令部由辽阳迁至大连），军政署也转为由其管辖，并由该军参谋长神尾光臣出任军政委员兼大连军政署长。而后，辽东守备军司令部废止，军政署也随之撤销，取而代之的是满洲军司令部内置的满洲军兵站总监部及其附属辽东兵站监部，在其下设立关东州民政署，接管军政署事务。

1905年9月5日，随着日俄《朴茨茅斯和约》的签订，日本政府于10月撤销了辽东兵站监部，成立了关东州总督府以掌管关东州所有事务（1906年5月总督府由辽阳迁至旅顺），并以大岛义昌为首任总督。因关东州总督府继续施行军事管制的高压政策，引起清政府及英美等列强的不满，故日本政府为了缓和矛盾，于1906年7月31日以第196号敕令公布了关东都督府官制，撤销了关东州总督府，于1906年9月1日以采取文官制度为名，设立关东州都督府，首任都督仍由大岛义昌担任。官制中规定，关东都督均由日本天皇从日本陆军大、中将当中审定任命，其职责为掌握管辖关东州，从事对南满洲铁道沿线的保护管理，监督南满洲铁道株式会社的业务；统帅部下军队，掌管军事行政；接受外务大臣的监督，处理外交事务；接受陆军大臣的监督，处理军政事务；接受参谋总长和教育总监的监督，处理有关作战事宜和军队教育问题。都督有权发布都督府令，在必要时可在管辖区域内和铁道沿线使用兵力。都督府内设置长官官房、陆军部和民政部。官房设秘书课、文书课和外事课及副官，掌管机密事务；军政部设置参谋长掌管军事，统率派驻在东北各地的日本军队；民政部设置民政署长，下设庶务课、警务课、财务课、土木课，掌管关东都督府辖区内除军事事务以外的一切行政事务。在关东都督府之下，还设立有隶属关东都督府的处理特定事务的机构，如法院、通信管理局、医院、海务局、监狱、观测所（即气象台）、作业所、农事试验场、水产试验场、水道事务所、工科学堂、中学校、重要物产取引所及高等女学校等[①]。

在关东都督府殖民统治时期，关东都督府的机构和官制一直在不断地调整和变化，其目的无非是日本帝国主义不断强化关东都督府殖民统治的手段，使关东都督在军事、政治、经济等领域能够实行更为集中的管辖，不仅保护南满洲铁道事务，甚至干预和影响满铁会社决策，形成大权独揽、责无旁贷的架势。

然而正因为关东都督府集军政大权于一身，使得日本统治集团内部利益纷争，矛盾重重。日本政府为了巩固其殖民统治，开始重新调整关东州的殖民统治机构。1919年4月12日，日本政府以第94号敕令公布《关东厅官制》，成立关东厅以取代关东都督府，结束了10余年的"半军政统治"，开始了所谓"军民分治"。这一分治，一方面把原有陆军部分离出去，成立了关东军司令部；另一方面民政部化身为关东厅。由此，关东都督府历经13年后，结束了其使命。

本文中的造林境界标，正是关东都督府初建时期在实施植树造林计划过程中为标识官林地界而立。

中日甲午战争之前，旅顺地区森林茂密，郁郁葱葱。然而随着两次战争炮火的冲击，以及战争期间军事工程修筑的破坏，到处变成了荒山秃岭。日本占领大连地区后，出于城市建设需要大量木材及养护水源等目的，由当时的军政署发起，开始设计和实施树苗培育及植树造林计划。

明治三十八年（1905）4月20日，辽东守备军司令部参谋长、大连军政署军政委员神尾光臣拟定了一份关东州造林规则并逐级上报至外务大臣小村寿太郎处。通过此造林规则及植树计划，可看出关东都督府时期日本殖民当局在大连地区的植树造林情况。

造林规则包含三章十七条。其中第一章总则四条，第二章官业六条，第三章民业七条。

---

① 顾明义等主编：《大连近百年史（上）》，辽宁人民出版社，1999年，第417页。

第一章　总则
第一条　造林的目的是为了保护公众卫生和养护水源。
第二条　植树苗木由军政长官分配给军政委员。
第三条　军政委员负责苗木的保管以及植树的相关事宜。
第四条　植树的实施，包括官业和民业两种。
第二章　官业
第五条　属于官业的，其苗木栽种前后的保护，由军政委员负责。
第六条　植树地无论是官有地还是民有地，均以保护公众卫生和养护水源为之地主；苗木的种植主要栽种于防风地、防风害水害之地、防水土流失之地。
第七条　占用民有地的，参考伐木之际该地收益的十分之三赔偿给土地所有者。
第八条　官业植林的前后保护等费用，由地方行政费支出。
第九条　军政委员编制事业实施预定案，交给军政长官定夺。
第十条　军政委员于事业完成后的三十天内，将事业施行对照表报告给军政长官。
第三章　民业
第十一条　个人或者团体植树，需要从官方购买或者借贷苗木，可选择官有地或民有地栽种。
第十二条　苗木的标准价格为1000棵4日元。
第十三条　无论购买或者借贷苗木的，均需按照军政委员指导的方法进行栽种，栽种前后的保护及相关费用由个人承担。
第十四条　对于第十一条中选在官有地栽种的，由军政委员收取适当的土地使用费。
第十五条　选择在官有地栽种的，日后伐木时，必须经得军政委员的同意。
第十六条　借贷苗木进行栽种的，当以其伐木之际收益的十分之二偿还。
第十七条　上一条中的植树者，如无官方许可，没有私自处理的权利。[①]

在规则之后，日本殖民当局还规定了植树的注意事项和植树计划。

从注意事项来说，主要包括苗木到达后的领取和保护；植树的准备（如林地选定、森林区划、树种选择等）；植树的具体操作等。

从植树计划来说，此文件列出了金州和旅顺两地的预定苗圃面积及未来数年间的植树数量和面积。其中，旅顺地区的苗圃面积为29町4反步[②]，植树区域包括山地栽植和市内绿化等。并详细列举了从明治三十八年（1905）至明治四十二年（1909）间预

---

① 〔日〕外务省外交馆：《支那森林关系杂件1·关东州内殖林关系》，亚洲历史资料中心，B04011185300。

② 町步、反步：近代日本面积单位，1町步=10反步=9917.36平方米。

定栽植的面积、树种及栽种数量和相关费用①。

从此规则及后面的种植计划可以看出，面对日俄战后大片森林被毁、水土流失严重的态势，关东都督府在进行城市建设之前，不得不开始进行植树造林。一方面是保持水土环境，便于长期的殖民统治和掠夺；另一方面，则是为日后的城市建设积极储备木材。与此同时，在植树造林初期，关东都督府就在官方植林之外鼓励民业加入，如此，不仅弥补初期官方力量的不足，而且间接地使民方不得不借助于和依靠官方，从而形成统一的管理体制。

为了加强森林防护，明确对森林的占有，自造林之日起，关东都督府即发布严禁滥砍滥伐的告示，并在原有森林及新官植森林地界处树立多方"关东都督府造林境界标"混凝土标识。日本殖民当局对大连地区森林的侵占，不仅仅局限于林木，在整个日本殖民统治期间，即便当地老百姓进入森林打草，也会遭到殖民当局的殴打和驱赶。

---

① 〔日〕外务省外交馆：《支那森林关系杂件1·关东州内殖林关系》，亚洲历史资料中心，B04011185300。

四 伪"满洲国建国纪念植林"碑

关国磊

伪"满洲国建国纪念植林"碑，伪满康德元年（1934）立。花岗岩质地，通体呈土黄色，高200、宽31、厚约13厘米。阴刻楷书。1988年3月，旅顺日俄监狱旧址博物馆工作人员从旅顺原启明小学院内采集入馆收藏，目前在"日俄侵占旅大物证展"展出。

伪"满洲国建国纪念植林"碑

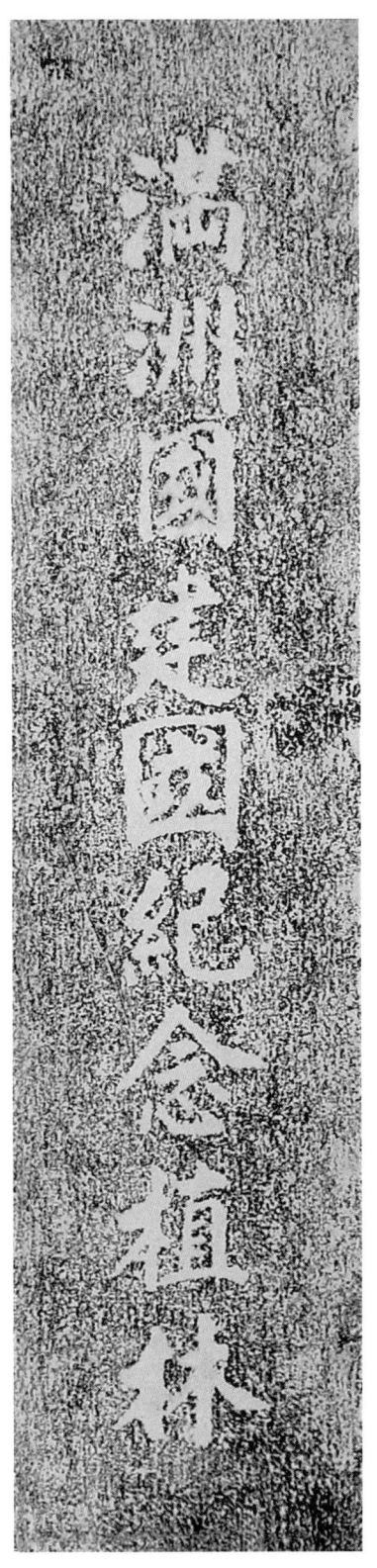 

伪"满洲国建国纪念植林"碑碑阳拓片　　伪"满洲国建国纪念植林"碑碑阴拓片

碑阳

满洲國建國紀念植林

碑阴

康德元年四月旅顺公學堂

从碑文两面所刻文字，可以很直观地看出，该碑刻是在伪"满洲国建国"之时，旅顺公学堂为了表示纪念而进行植树，以后立下此碑刻。

（一）伪满洲国的建立

伪满洲国，是日本侵占中国东北三省后，以扶植清朝末代皇帝溥仪复国为名而成立的一个傀儡政权。因国民政府和中共及国际社会对该政权均不予以承认，故被称为"伪满洲国"或"伪满"。其首都设于"新京"（今吉林省长春市），所辖区域包括现今中国辽宁、吉林和黑龙江三省全境（不包括日本殖民统治下的关东州地区），以及内蒙古东部和河北省承德市。

1931年11月10日，在关东军的挟持下，溥仪乘船离开天津，经过营口转往旅顺，期望借助关东军的势力光复帝业

1. 九一八事变与中国东北地区的沦陷

日俄战争后，日本通过日俄《朴茨茅斯和约》，不仅取得了旅大地区租借权和附属权益，还将从长春至旅顺段的中东铁路支线及其所属的一切权利、财产，包括煤矿等据为己有。此后，日本创立南满洲铁道株式会社，并由关东军负责铁路沿线的警备。

然而，随着第一次世界大战的结束，英、美等列强重新返回中国，并通过《关于限制海军军备条约》和《九国公约》，限制了日本海军的发展及其急欲吞并中国的野心。《九国公约》签订后，日本转变了侵华方针，企图通过扶持代理人来加强对"满蒙"的扩张，以加快吞并"满蒙"，进而吞并中国大陆。由此，绿林出身的奉系军阀首领张作霖成为日本政府的首选。

为了加快对东北经济的掠夺，垄断东北的铁路运输，日本制定了建设"满铁"辅助线的庞大的"满蒙新五路"计划，诱迫张作霖签订。但在全国反帝浪潮的冲击下，张作霖未能满足日本的全部要求，并有所抵制和拖延。因此，日本政府逐渐失去了对张作霖的信任，并最终策划了皇姑屯事件，炸死了张作霖。皇姑屯事件后，张学良继承父业，于1928年7月就任东三省保安总司令，开始主持东北大政。摆在张学良面前的有两种选择：要么屈服于压力，接受日本的控制，在东北实行傀儡式的割据；要么维护国家主权和中华民族根本利益，实行"东北易帜"，实现国家的统一。在东三省和全国各地反帝爱国运动的影响下，1928年12月29日，张学良通电全国，宣布"东北易帜"，服从国民政府，由此实现了中国形式上的统一。东北易帜，给日本侵略者分裂中国、侵吞东北的阴谋活动以迎头痛击。日本政府为能继续霸占东北，决定诉诸武力。

为了激化中日矛盾，为其武装占领中国东北制造借口，日本先后挑起了万宝山事件和中村事件，在其煽动下，武力侵华的战争狂热达到了无以复加的程度，最终，日本政府于1931年9月发动了武装侵占中国东北的九一八事变。1931年9月18日夜，日本关东军按照预定计划，由独立守备队岛本大队川岛中队的河本末守中尉带领6名士兵来到沈阳城外东北军驻地北大营西南的柳条湖，把42包小型黄色炸药安放在南满铁路的道轨上，10点20分点燃导火线，随着一声巨响，东侧道轨接头处约1.5米的钢轨被炸弯，两根枕木被摧。尔后，河本立即报告大队本部和奉天特务机关，诬陷中国军队破坏铁路，袭击日本守备队。于是，早已做好攻击准备的日军第二大队第三中队长川岛正大尉率领日军向北大营发起了猛烈进攻。根据蒋介石"绝对不抵抗"的命令，仓促迎战的东北军被迫撤出营地。19日凌晨5时许，日军占领北大营，沈阳全城一夜之间陷于敌手；不到一星期，日军占领了本溪、凤城、安东（今丹东）、辽阳等30余座重要城市，控制了12条铁路线，至1932年2月占领哈尔滨，仅4个月零18天，东三省全部沦陷。

2. 溥仪潜往东北出任伪满洲国执政

九一八事变后，日本关东军认为"在目前形势下，一举实现满蒙占领方案实属困难，作为次善之策，不得不以建立新政权为满足"，由此确立了"满蒙问题解决方案"，指出"建立由我国支持，领土包括东北四省及蒙古的以宣统帝为元首的支那政权"，并受这一"政权"的委托，由日本担负国防、外交、交通、通讯等职责[①]。

而此时的溥仪，正在天津过着他的寓公生活。自1925年溥仪逃离北京来到天津住进日租界清驻武昌第八镇统制张彪的宅子张园后，至九一八事变时已经7年，这一期间溥仪在日本租界长期受日本人豢养。他吃西餐，打网球，出入天津的各种社交场所，与日本方面接触频繁。他日夜幻想着有朝一日重温旧梦，恢复其失掉的皇位，在拉拢前朝遗老、培植自我复辟力量之时，积极地寻求中外政客的帮助。其中他认为最值得选择的方向，一个是日本，另一个是国民政府。日本方面对其极其友好，但作为昔日天朝上国的皇帝，国民政府提出的优待条件及保留帝号，对其更加具有诱惑力。然而，1928年的清东陵被盗事件，当时国民政府对盗首孙殿英不罚反而升职的处理，使得溥仪对国民政府完全失去信任。因此，溥仪最终把复辟帝制的愿望完全放了日本人身上。九一八事变后，溥仪想借日本的势力恢复祖业，派人到东北见日本的最高统治者内田康裁和本庄繁，又与关东军联络。罗振玉、郑孝胥为了各自的利益分别拉拢溥仪，主动联络日本人，郑孝胥鼓动溥仪应主动与日本方面联系，要派人到日本去活动。这一切正迎合了日本人的打算。关东军依据"满蒙问题解决方案"，10月下旬，派遣奉天特务机关长土肥原贤二到天津，劝说溥仪北上。土肥原贤二到天津后，溥仪即刻夜召土肥原，与其密谋在东北建立新国家，土肥原表示：日本对满洲绝无领土野心，只是"诚心诚意地要帮助满洲人民建立自己的新国家"，劝溥仪赶快回到祖宗发祥地，亲自领导这个国家，日本将同这个国家订立攻守同盟，它的主权和领土将受到日本的全力保护，这个国家元首一切可以自主。溥仪提出：如果复辟我就去，不然的话，我就不去。当得知日本派人到天津劝说溥仪时，国民政府亦立即向溥仪伸出橄榄枝，以很诚恳的态度希望溥仪不要悲伤，帝师陈宝琛也劝说溥仪不要北上冒险。虽然国民政府和陈宝琛的劝说对溥仪没多大"影响"，但是为了确保溥仪能够"悲伤"，土肥原贤二采取了一些逼迫措施。一是策划"便衣队暴乱"，借张学良东北军镇压所谓的"叛乱"之机，由日本军队将天津戒严，进而控制了溥仪的行动；二是制造紧张局势，通过匿名送子弹等方式威吓溥仪，迫使溥仪不得不离开天津。由此，惊慌失措的溥仪决定前往东北。

1931年11月10日晚，溥仪藏在一辆敞篷车的后备厢中逃离了静园。抵达接头地点

---

① 〔日〕冈部牧夫著，郑毅译：《伪满洲国》，吉林文史出版社，1990年，第16页。

日本料理店之后，换上一套日军军装，在一群日本军人的簇拥之下，乘日军司令部的军车来到了天津市郊偏僻的白河渡口，在这里，溥仪见到了在此恭候的郑孝胥父子。而后，乘"比治山丸"于天明到大沽口，换乘"淡路丸"到达营口码头，乘车前往汤岗子，入住对翠阁温泉旅馆并与婉容会合，最后又因"附近马贼甚多，上宜居旅顺。夜十一时登车"。"天明至沙河口，换坐汽车，八时许至旅顺。至宪兵司令部。十一时入大和旅馆。"但大和旅馆毕竟非久居之所，经过多番选择及与关东军商议，最终，"罗叔蕴往商借肃府为行在，肃邸三格格移居且辞赏……"①。一个月后，溥仪搬到了原肃亲王府邸居住。溥仪在惶惑不安中熬了3个月。终于，板垣来见溥仪。1932年2月23日下午，溥仪招来郑孝胥和罗振玉两位清朝遗老作为代表，在旅顺肃亲王府与关东军交涉。此次会谈，板垣向溥仪通告了"建立满洲新国家"的情况，提出了日本方面暂时不设立皇帝称号而是采用三权分立，让溥仪出任新国家的"执政"。对此，郑孝胥、罗振玉提出了异议。溥仪表示决不放弃皇帝身份，双方在"国体"上互不相让，争执不下。第二天，板垣让郑氏父子向溥仪传达关东军的意思，军部的要求再不能有所更改，如果不接受，只能被看作是敌对态度，只有用对待敌人的手段作答复。面对此威逼，溥仪只好放弃自己企盼已久的皇帝梦，同意暂任"执政一年"。

1932年3月1日，张景惠以"东北行政委员会"委员长的身份宣布伪"满洲国成立"，并发表"建国宣言"。"新国家"定名为"满洲国"，"元首"称"执政"，"年号"为"大同"，"国旗"用红、蓝、白、黑、满地黄五色旗，"首都"设在长春，改称"新京"。

1932年3月6日上午，在日本关东军的特别保护下，溥仪在郑孝胥父子、罗振玉及上角利一、甘粕正彦等30多人的陪同下离开旅顺，当天到达汤岗子。8日，溥仪向新闻界发表谈话后，离开汤岗子，乘火车到达长春站。在长春站，溥仪受到了几次出逃以来未曾享受的隆重迎接，日本关东军及"满铁"代表、驻长春日本领事、蒙古旗王，特别是熙洽组织的由前清举人为团长的"吉林满洲旧臣迎銮团"40多人，身着清朝冠服，手持龙旗，一起向溥仪叩拜，此时的溥仪仿佛找回了往昔皇帝的感觉。第二天，1932年3月9日下午3时，在长春吉长道尹公署衙门，溥仪就任"执政"，年号"大同"。

（二）旅顺公学堂与日本殖民教育

日俄战争后，日军参谋总长儿玉源太郎曾对盛京将军赵尔巽谈到战后租借地政治的三点要诀，一是兴起产业，二是充实军备，而第三点最为重要，即教育的振兴。就当时来说，中国方面认为日本战胜俄国的一个重要原因就是日本的近代化教育，并且

---

① 中国国家博物馆编，劳祖德整理：《郑孝胥日记（第四册）》，中华书局，1993年，第2353页。

正在开始推行近代化教育的中国先达，将日本在旅大租借地推行近代化教育的成败视为中国近代化教育的试金石。而日本方面，为了长久占领满洲且变其为自由国土，故对发展满洲教育充满期待，希望通过类似于台湾式的渐进的奴化教育来泯灭中国人的国家意识，如果日本在殖民统治地区内的教育获得成功，那么其他中国人也必将信服，由此即能容易地实现其同化主义，这就是日本所谓的"文装的武备"的信念。

在日本军事占领旅大地区时期，由于殖民机构尚未建立且日本移民尚少，所以最初的殖民地教育仅是对中国人的初等教育。如当时的南金书院民立小学，虽聘请了上海东亚同文书院出身的日本人岩间德也教授为总教习，但制定的学堂规则仍以中国的为标准，教学科目包括中国文学、历史、地理等。

随着殖民地体制开始设立，日本殖民当局马上开始了对中国人的奴化教育。1905年4月，日本辽东守备军军政长官神尾光臣借鉴台湾殖民地教育经验，在给各辖区内军政长官的信件中包含如下殖民教育指令：一是首先要开发教育；二是要建立秩序完备而简易的公学堂；三是教学科目在对《奏定学堂章程》进行折中取舍后，加入日语一科；四是教员要聘用军政长官认可的日本人[①]。依据此方针，明治三十八年（1905）5月，日本军政署制定了《大连公学堂规则》，6月，新成立的关东州民政署开设了大连公学堂。同年10月，开设了旅顺公学堂。而上述的南金学堂民立小学则改称关东州公学堂南金书院，由此，形成了日本初期殖民教育的三大学堂。

原旅顺公学堂

---

① 参见平野健一郎：《満州における日本の教育政策——1906～1931》，《アジア研究》第15卷，1968～1969年第3期。

旅顺公学堂，学制为六年，其运营经费由关东都督府负担。依据关东都督府的命令，学堂长（校长）为日本人，且日本教员占据了半数以上。当时旅顺公学堂首任学堂长为中村谦。

为了贯彻奴化教育方针，关东都督府民政署对旅顺公学堂的授课科目及课程安排等都做了详细规定。在科目设置上，把日语作为必修课，全力推行。1906年3月，关东都督府民政署公布了《关东州公学堂规则》，其第一条明确指出，"公学堂的办学宗旨是对中国人实施日语教育，并传授日常生活技能"。在课程安排上，虽然表面看汉语课时比日语多，但其在修身、图画等日本人教授的课程上加入日语内容，实际上则形成了整体授课中日语占据了绝大的比重。

1915年，日本殖民当局修改了《关东州公学堂规则》，第一条规定"公学堂办学宗旨为促进学生身体健康成长，进行德育教育，传授生活上所必需的一般知识与技能"。可见，其要旨在于抹杀中国人的民族教育进而实现殖民地的同化教育。与此同时，公学堂六年的学制亦改为初等科四年、高等科两年。初等科的科目包括修身、日语、中文、数学、理科、地理、唱歌及体操，每周28～30课时，其中，日语的实际授课课时为10课时，占据了三分之一，而中文每周7～8个课时，完全少于日语教育。据1917年关东都督府的统计，当时旅顺公学堂有8个课堂，学生共计318人，其中初等科266人、高等科44人、补习科8人。教员中日本人5人、中国人3人①。

教材是推行奴化教育和愚民政策的重要工具。因而，殖民当局对教材的选用严加控制。最初，公学堂并没有固定教材，而是由学校自行选择。后来在1908年，上海商务印书馆和中华书局出版的新修教科书一度作为教材使用，虽然日本教师及当局对此不满，但碍于当时旅顺只是其25年的租借地，且清政府不定期派遣视学官前来调查大连地区日本建校等情况，故表面上对此暂不干涉，而是实际上对旅顺公学堂学生每日下午到私塾学习诗文却暗地里唆使警察通过捣毁私塾等做法来干扰。辛亥革命后，旅顺公学堂校长中堂谦立即叫嚷："商务印书馆出版的修身、国文等教科书必须修改。"关东都督府学务课立即采纳了中堂谦的说辞。普及知识的内容开始按照日本文部省规定范围编制的教材，不仅大加删改中国原有教材，而且不符合日本建国精神的教科书一律废止，并且编纂关东州和"满铁"附属地通用的10余种新教材，指令各校使用。这些教科书删去原有的颂扬中国悠久文化历史、大好河山的内容，大量增加了皇民化教育的内容，奴化教育的思想贯穿始终。

总而言之，作为日本殖民当局推行奴化教育的旅顺公学堂，在日本殖民统治时期，不断地通过日语教育，特别是对青少年的"皇民化"思想灌输，来抹杀中国人的

---

① 刘丽娜：《関東州における日本の植民地教育制度の形成過程——1905年—1919年の関東州都督府の時期を中心に》，日本《人文学报：教育学》1995年第30期。

民族思想，在一定程度上达到了其同化教育的目的，以至于满洲地区的公学堂被称为"日本奴隶制造所"。但是，大多数有良知的中国人一直不断地抵抗奴化教育，甚至创办自己的学校来抗衡，而且初期泯灭民族思想的部分中国人，也在抵制日货、收回教育权等运动影响下逐步觉醒，投入到反抗日本殖民统治的运动之中。1945年8月15日日本战败投降后，旅顺公学堂解体。

五 《植树记》碑

尹玉兰 李 雪

《植树记》碑，日本昭和十三年（1938）立。绿色花岗岩质地，高74、宽121、厚19厘米。该碑原址位于旅顺黄营日本关东军小林分队驻扎地，记述时值日本神武天皇诞辰日，日本士兵栽植樱花树以表祝贺的事情。1991年6月8日，旅顺日俄监狱旧址博物馆在旅顺黄营驻军院内采集。

《植树记》碑

碑阳

植樹ノ記』
夫レ櫻ハ花中ノ王者日本精神ノ象』徵タリ且ソノ春風ニ殿シテ爛漫一』時ニ雲ト咲キ繽紛一朝ノ雪ト化シ』テ悔ユルナキ壯美ノ何ソ沈毅清廉』而モ一旦ノ變ニ遭クヤ君國ノ爲ニ』戰陣ノ畢ト敬ル我ガ武人ノ境涯ト』相似ルノ甚シキ』
乃チ此所關東軍下士官□義ノ地ニ』植ウルニ之ヲ□□シ□□クル茅雲』ノ下隊員ラシテニハ以テ元弘延元』ノ悲憤ヲ新ニシテ忠烈ノ志ヲ固メ』シメ

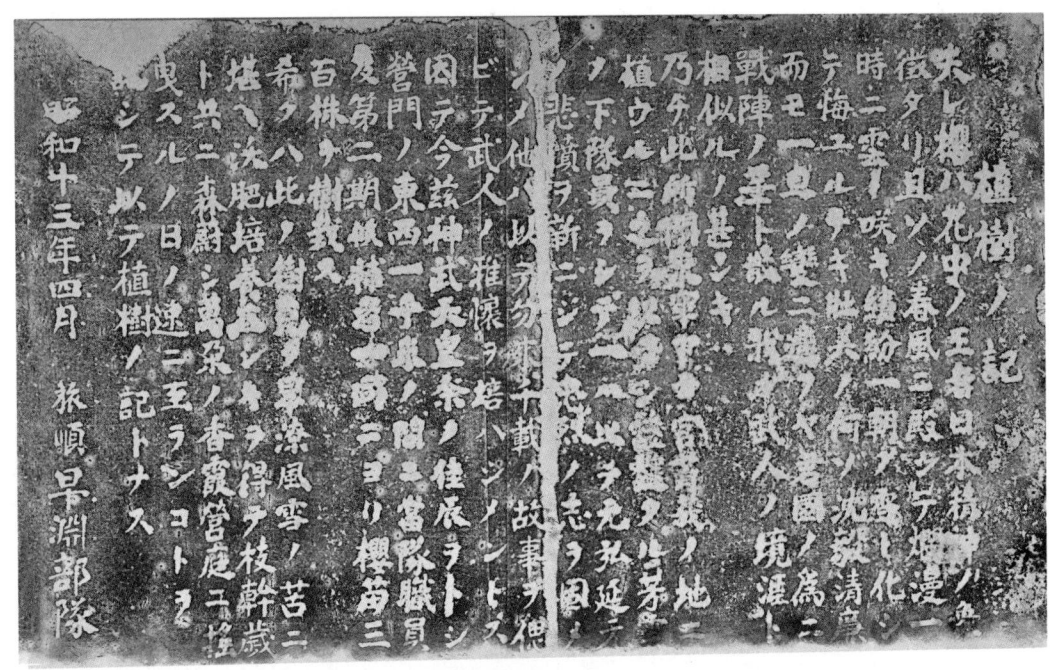

《植树记》碑拓片

他ハ以テ勿来千載ノ故事ヲ偲』ビテ武人ノ雅懷ヲ培ハシメントス』因テ今
兹神武天皇祭ノ佳辰ヲトシ』營門ノ東西一千米ノ間ニ當隊職員』及第二期
候補者一同ニヨリ櫻苗三』百株ヲ樹栽ス』
希クハ此ノ樹苑ク旱潦風雪ノ苦ニ』堪ヘ沃肥培養□シキヲ得テ枝幹歳』ト
共ニ森蔚シ萬朶ノ香霞營庭ニ搖』曳スルノ日ノ速ニ至ラシコトラ』記シテ
以テ植樹ノ記トナス』
昭和十三年四月旅順早淵部隊』

碑文汉语译文

《植树记》

樱是花中的王者,也是日本精神的象征。在春风到来之时,它吐艳绽放,烂漫蔚蒸,恰似云海;谢落时节又似飘飘洒洒的白雪,尚无一丁点的悔意,尤显万分的壮美。所有沉着刚毅、清廉不屈而英勇为国捐躯的武士们的境界就如同这樱花一般令人敬仰。

这里是关东军小林分队的驻扎地。队员们于此植树的目的就在于不忘自己的责任,展示自己为国的忠烈义胆,弘扬军人的情操,以传后人。时值神武天皇的诞辰日,队员们在营房前东西1 000米长的距离中栽植樱花树苗计300株。

希望这些树苗沐风浴雪茁壮成长，早日开出香飘四溢的万朵之花，进而随风摇曳于军营之中。谨以上述文字作为这次植树的纪念。

1938年4月 驻旅顺早渊部队

  1991年6月8日，旅顺日俄监狱旧址博物馆由旅顺黄营征集到了一块日军植树刻石。这块刻石，即开篇所述概要之《植树记》碑。此碑所反映的日本樱花文化与关东军驻军，如同芒刺般刺入旅顺口近代历史中，也是近代中国历史屈辱沧桑的一例。

  1904年，日俄战争在旅顺爆发。翌年双方在美国签订《朴茨茅斯和约》，置中国主权于不顾，擅自瓜分中国土地。双方订约，凡俄国在甲午战后所篡夺旅顺、大连土地、海港、铁路、驻军等特权，至此皆转予日本。如此，日本启殖民大连之始。

  在《朴茨茅斯和约》中，有一条关于"中东铁路"的规定："俄国在旅顺口、大连一带的租借权以及长春（宽城子）至旅顺口间的铁路及其所属权益在清政府承认的条件下，让与日本。"[①]关东军的雏形即与此铁路权益息息相关。

  日俄战后，日本以护路为由，成立了一个"满铁"守备队，又留了一个师团驻

《植树记》碑原址

---

① 〔日〕今井清一著，杨孝臣等译：《日本近现代史（第二卷）》，商务印书馆，1983年，第9页。

早渊大佐

扎在"南满",并将占领地大连、旅顺口改为"关东州"。这两支队伍有2万余人的力量,隶属关东都督府。至1919年五四运动爆发,日本借口伴随运动的爱国浪潮会对其驻扎中国的军队及侨民人身安全产生威胁,顺势改"关东都督府"为"关东军司令部",关东军以驻扎地为名,就此产生[①]。

这块《植树记》碑原在旅顺黄营。据了解,旅顺黄营在白银山隧道附近,原为清代黄仕林军队驻扎地,故称之为黄营。至"三国干涉还辽"后,又为俄军所占。俄军在旧黄营基础上扩建营房,日俄战后,这里又被日军占为军营,便是前文所介绍的关东军营地之一。

《植树记》碑所立时间为1938年早春。这一年,正是中国人民抗日战争全面爆发的第二年。日本以现代化兵团实战,从南、北两个方向,以海岸封锁、陆路进兵、空战助攻等各个方式对古老的中国发起进攻。任何一个对中国近代史有了解的中国人都可以回忆起当时中国的困境,北京沦陷、上海沦陷、首都南京沦陷,人们纷纷南迁,中国的军队退至山西、山东,并以武汉为中心,与日本军队展开殊死决斗。处于侵略狂热中的日本军队与日本国民并不会感到丝毫愧疚,他们以为天皇庇佑,国运亨通,既然中国的首都南京都被战无不胜的大日本帝国皇军所掠,中国还有一方可驻足之地吗?

在这样的战争狂热之下,居处关外的关东军的活动不会不有所折射。这一年在旅顺黄营的植樱,便源于此。

樱花,日本称之为国花,被赋予日本民族、国民、武士道及日本精神象征。据文献记载,甲午战争期间,日本第二军陆军司令官、大将大山岩率军驻扎金州,在一院内大山岩亲植樱花树,且题诗一首,名《国风》,以为后日之纪念,人呼曰"大山樱",并于1918年4月在原金州日本警察署(金州副都统衙门旧址)院内立大山樱诗碑。

甲午战争后,日本强迫清政府割地赔款,除台湾、澎湖列岛外,还要求割让辽东半岛。以后俄、德、法三国干涉要求日本归还辽东半岛。日本迫于三国的压力,归还了辽东半岛,但作为交换条件,清政府付巨额的"赎辽费"予日本。日本媒体人这样著文道:"伐清大军大举进攻,席卷辽东之时,有人遂在半岛植樱树五株,谓名曰'朝日樱',想必是为了让异域芳香馥郁之久,万年之常驻。岂料转瞬间满目江山复

---

① 李良志、廖良初:《关东军的建立与覆灭》,《抗日战争研究》1991年第2期,近代史研究杂志社,1991年9月。

归他人之手，名与花皆落空跌于尘埃。然而，不必拘泥于今，花若遇春总会发，要使敷岛（日本国别称）的大和心得以彰显，唯有等春天的再临，此间的樱花将是未之花必将迎来东风，吐露芬芳。"①

1938年4月，关东军旅顺早渊部队小林分队驻扎地在日本神武天皇诞辰之日，由士兵在营房前东西1 000米长的距离栽植樱花树300株，并立《植树记》碑记述此事。于是有了这块《植树记》碑的诞生。

此刻，我们审视这块《植树记》碑，它是一块沉默的历史证言。日本在占领中国之后，常喜欢在占领地栽植国花樱花，意味着对侵占地的"所有权"，因为樱花是日本帝国的象征。这块位于黄营的《植树记》碑，就是最好的证据。

碑文所载之"刚毅清廉，不屈英勇"，是形容国之勇士所用之词。然而日本侵略者却忘了，国之勇士若为正义之事使，则其刚毅清廉是为清流，为国捐躯是为国觞；相反，为不正当侵略他国土地而身死的士兵，只是法西斯思想下的亡魂而已。

丧钟为谁而鸣。愿我们记住历史，愿悲剧不再重演。

---

① 〔日〕树井弦：《朝日樱》，东京春阳堂，1895年。

六 "旅顺要塞地带标"混凝土标识

崔再尚

旅顺日俄监狱旧址博物馆藏有日本明治四十一年（1908）立"旅顺要塞地带标"混凝土标识，主要分为"旅顺要塞第一地带标""旅顺要塞第二地带标""旅顺要塞第三地带标"。尺寸分为两种类型，分别为高152、宽和厚各20厘米，以及高220、宽和厚各25厘米。标识主要分布于大连市内和旅顺境内。地带标识呈方柱形，由水泥、沙子、鹅卵石捣制而成，阴刻楷书。

正面

S.M.1st Z 旅順要塞第一地帯標
S.M.2nd Z 旅順要塞第二地帯標
S.M.3rd Z 旅順要塞第三地帯標

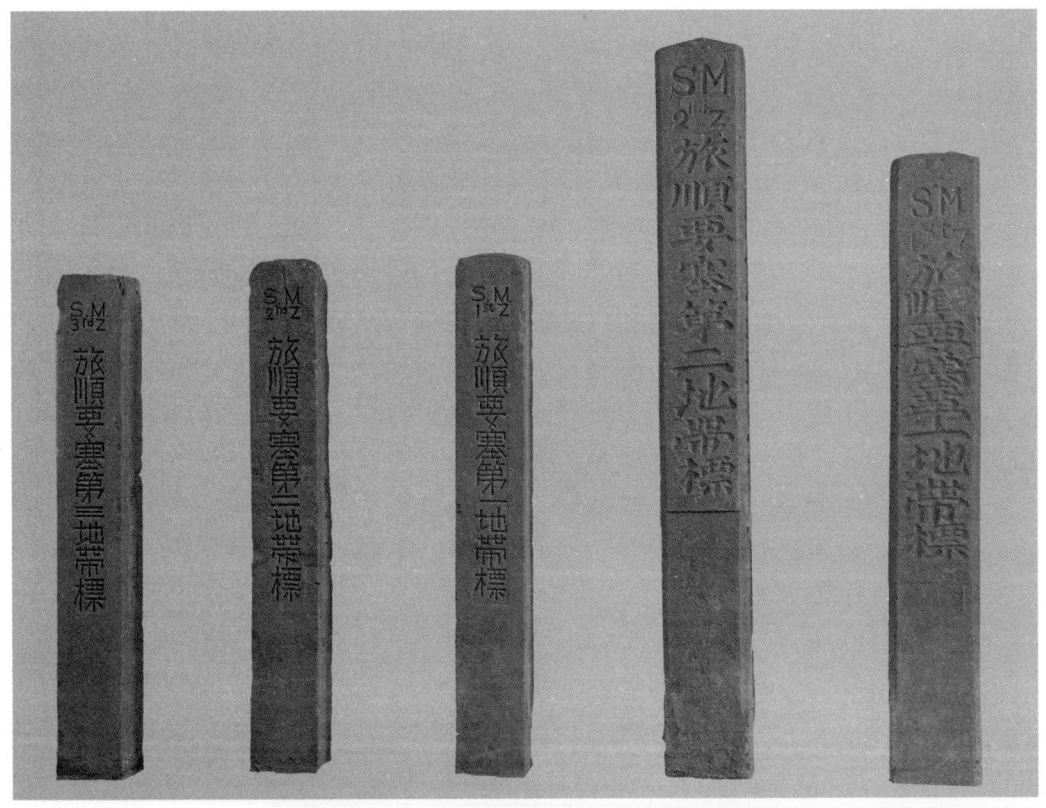

"旅顺要塞第一、第二、第三地带标"混凝土标识

第四章 俄国和日本殖民统治时期碑刻

"旅顺要塞第一地带标"混凝土标识正面、背面、右侧面拓片

背面

明治四十一年四月 关东都督府

右侧

第□号

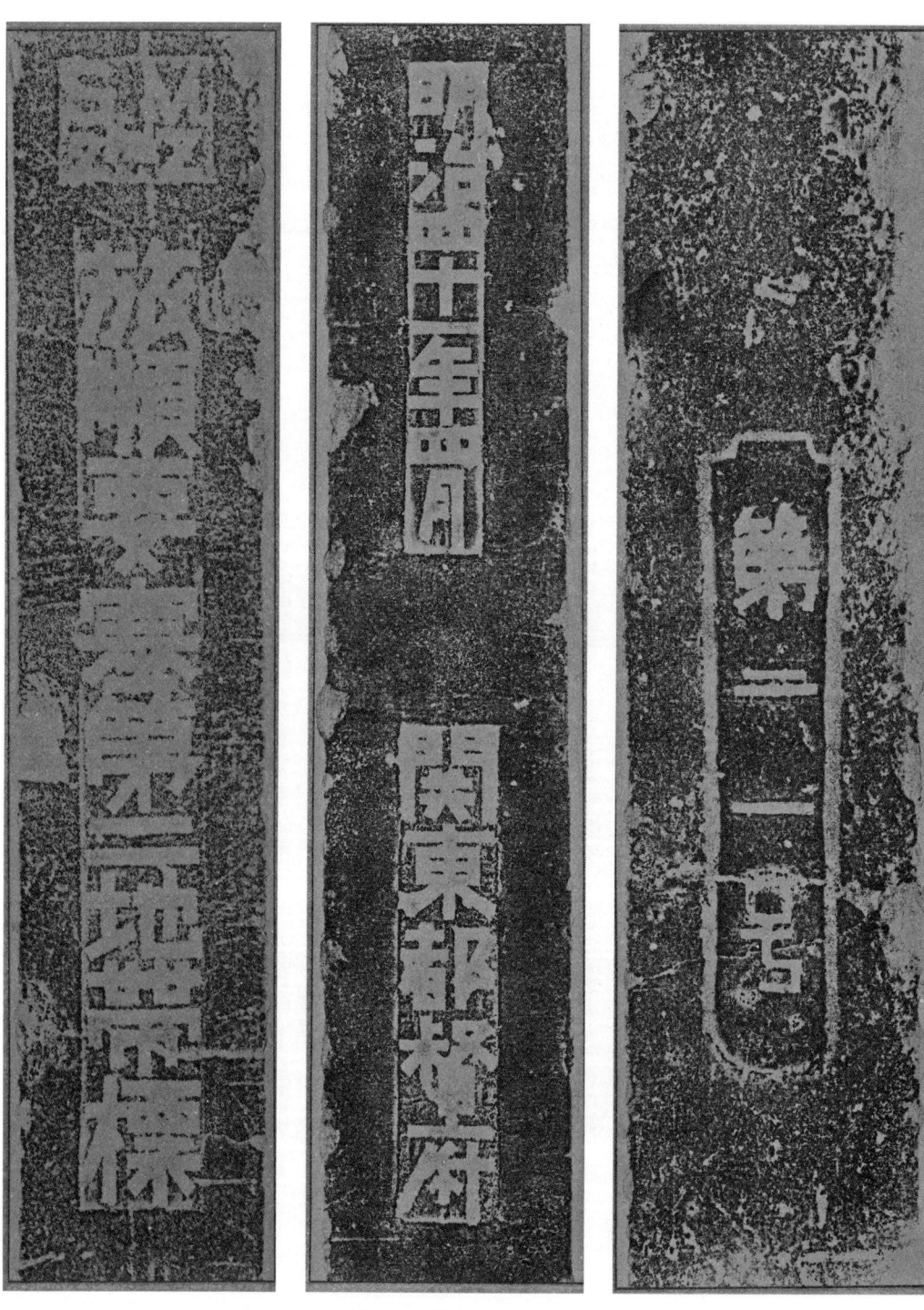

"旅顺要塞第二地带标"混凝土标识正面、背面、右侧面拓片

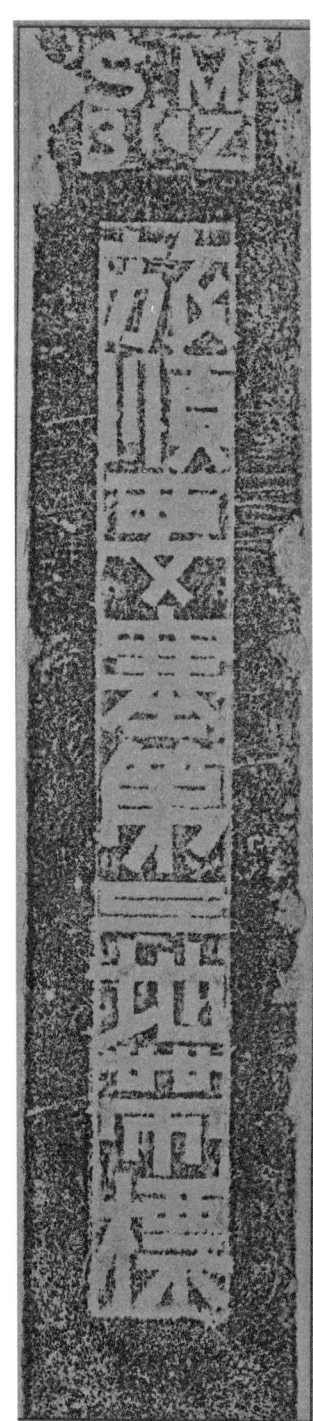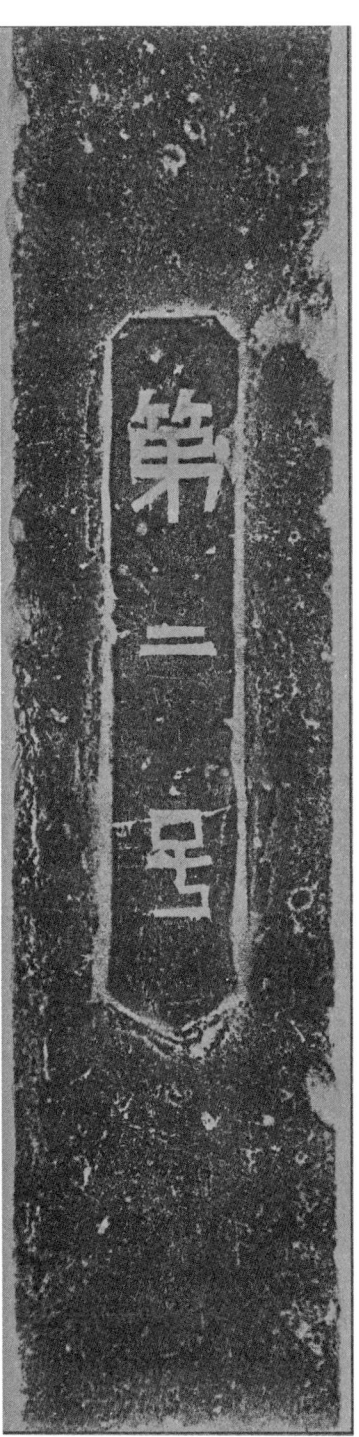

"旅顺要塞第三地带标"混凝土标识正面、背面、右侧面拓片

"旅顺要塞地带标"刻石正面采用中英文两种铭文。铭文中的英文"S.M."是单词South Manchuria 的简称，中文意思为"南满"。"1st"为英文单词first的缩写，中文意思是"第一"，"2nd"是英文单词"second"的缩写，中文意思是"第二"。3rd 是英文单词"third"的缩写，中文意思是"第三"。"z"是英文单词zone的缩写，中文意思是区域、地带。背面铭文为"明治四十一年四月""关东都督府"，第四面是地带标的编号分别是"第几号"，因为馆藏地带标较多，就不再一一列出编号码。明治四十一年四月（1908年4月），关东都督府是日本殖民统治时期的统治机构。

日俄战争后，日本通过《朴茨茅斯和约》侵占大连地区，实行殖民统治。1906年9月1日，日本成立关东都督府。1919年4月12日，日本将关东都督府改称关东厅，废除关东都督府。1905年1月9日，创建旅顺要塞司令部，它是日本殖民统治当局在军事方面对关东州实施殖民统治的直接执行机构。

1. 关东都督府的建立

日本侵占大连后，沿用俄国关东州的名称，并逐步建立起一整套殖民统治机构。1906年7月31日，日本政府敕令第196号公布了关东都督府官制，在旅顺成立关东都督府，作为管理关东州地区和南满洲铁道附属地的殖民统治机构。9月1日，关东都督府在旅顺正式成立，由大岛义昌任首任总督，石冢英藏为民政长官。官制中规定，关东都督为日本天皇亲任，由陆军大将或中将担任，主要从事关东州及有关南满洲铁道沿线的保护和管理，监督南满洲铁道株式会社的业务。此外，都督还享有管辖统率军队，掌管军事行政，接受外务大臣的监督，统理一般的外事事务的权力。都督府成立后，下设陆军部和民政部。民政部下设旅顺、大连、金州3个民政署。金州民政署下设普兰店、貔子窝两个民政支署。1908年11月关东都督府令，将金州民政署改为大连民政署金州支署，以告示规定将貔子窝、普兰店作为金州支署的出张所。

关东都督府集军政大权于一身、独揽大权的做法，导致日本统治集团内部矛盾逐渐激化。为了加强和巩固其殖民统治，日本政府不得不重新调整在大连的殖民统治机构。1919年4月12日，日本天皇以94号敕令废止关东都督府官制，实施关东厅官制。在废除关东都督府的基础上将原军政部分离出去成立关东军司令部，将原民政部改为关东厅，设关东长官。关东长官不限定由陆军将官担任，文职官员也可以充当。由原驻英大使林权助男爵为新任关东厅长官。关东厅机构和长官的权限大体上是：在关东厅设置关东长官，厅内设长官官房、民政部和外事部，分管各项事务。民政部长由关东厅事务总长担任，外事部长由奉天总领事担任；有关交通事务，设置顾问，由南满洲铁道株式会社社长担任。关东厅长官的职责，主要是管辖关东州，管理南满洲铁道株式会社的业务，为执行各项政务，可以发布厅令。一般的政务，接受日本内阁总理大臣的监督，涉外事项接受外务大臣的监督。

2. 旅顺要塞司令部和旅顺要港部

旅顺是京津门户，扼守渤海的咽喉，易守难攻，是东北重要的军港，是侵略东北日军的首脑机关所在地，因此，日军十分重视旅顺军事基地的建设。日军除了关东军司令部和其属下的师团、旅团、守备队等司令部外，隶属关东军司令部的机构在关东州地区还有：旅顺要塞司令部、旅顺要港部、旅顺重炮兵大队、关东宪兵队本部、关东军陆军仓库、陆军运输部大连支部、卫戍医院、卫戍监狱等。

原日本旅顺要塞司令部

原日本旅顺要港部

1908年1月，依据日本陆军军部令修订的一般要塞司令部条例，旅顺要塞司令部司令官隶属关东都督府，主要负责制订旅顺要塞的防御计划，营造防备工程，管理要塞备存的武器、器具、材料及备齐有关的军需品等任务。司令部设在旅顺，下属人员有参谋、副官、部员（属员）、主计（财会方面）、军医、准士官、下士和技术人员等。

依据卫戍条例，要塞司令部司令官也是关东州的卫戍司令官，同时作为驻屯于旅顺的陆军部队，如重炮兵大队、步兵联队、军乐队的司令官，对与旅顺（包括大连地区）有关的负有卫戍勤务的驻屯军队进行指挥，并具有部署卫兵和确定兵力人员的职权。一旦有事，可与民政长官协商担任驻地公众的治安保卫，在卫戍区域内出现"骚乱"时，经民政长官请求，可出兵镇压。司令官由日本陆军少将、中将出任。

日本在大连地区实行殖民统治，除了派驻陆军和指挥机关外，还派驻有海军。日本海军方面主要设有旅顺镇守府，后改称旅顺要港部。

1906年9月，日本政府以敕令将关东州的海岸、海面划为关东州海军区，由旅顺镇守府管辖，同时制定并发布了旅顺镇守府条例、海军港务部条例、工作部、经理部、敷设部、病院等条例和监狱官制，并于同年10月1日实施。1909年11月，又予以修订，通过颁发军令加以执行。其要项如下。

①旅顺镇守府担当关东州海军区内之关东州的海岸、海面的警备和防御任务，并对所辖各部的事务进行监督。

②根据需要，在旅顺镇守府设立舰队、驱逐舰和舰船。

③旅顺镇守府司令长官为亲授，直隶于天皇，统率麾下的舰队、驱逐舰队，并总理防务，监督所属各部。司令长官接受海军大臣的命令掌管有关的军政。

④司令官对麾下的舰队、驱逐舰艇队或舰船可向所管区域及第三海军区内派遣，又可在所管区域内派遣军队。

⑤在旅顺港内，司令长官可以指挥别的部门所管辖的舰船；但别的部门舰船，其司令长官或司令官在现场时，不受此限。

⑥为了维持地方的安宁，认为有必要动用兵力而又来不及等待上级的指挥命令时，可以方便行事动用武力；但事后必须迅速向海军大臣报告。

⑦作为海军旅顺镇守府的幕僚，设如下编制：参谋长、参谋、副官、机关长、军医长、主计长、法务长。另外，还有机关属官、军医官、翻译官等。①

隶属旅顺镇守府管辖的机构有：海军港务部、海军工作部、海军经理部、敷设队、海军病院、监狱。

---

① 顾明义等主编：《大连近百年史（上）》，辽宁人民出版社，1999年，第379、380页。

为了强化对旅顺港境域的管理，1906年9月，日本天皇以敕令确定了旅顺港的境域范围，于10月1日随同镇守府条例的实施一并执行。旅顺港境域的划分为：从北面的陆地向东方的杨家屯到大家屯、东北沟、李家屯、金家屯、小潘家屯的一线；拐过双岛湾南岸，沿着西海岸横断羊岛湾，从黄土角南端至老铁山岬的一线；再沿海岸从老铁山东南拉一直线至鲜生角到旅顺港外，从鲜生角再到杨家屯海岸。同年9月，又以海军省（部）令制定旅顺港规则，将水域划分为3个区域，规定了有关船舶进出的手续、港口水域内的管理及陆上境域内的建筑设计修造等事项。同时规定，对违反者处以11天以上1年以下的重禁闭或2日元以上50日元以下的罚金。1906年10月，关东都督府以告示的形式将大连湾内下列三线包含的海面及西湾内东半部划定为海军专有区域。即：①海岸上的三阶荞面店向南稍偏西所见到一线；②大烟囱向南稍偏西所见到的一线；③第一码头顶端同香炉礁相联系的一线。

这些种种限制和规定，极大地束缚了当地中国渔民的出海作业和船只的往来出入，一旦稍不留意触犯了规禁，轻者被日本殖民统治当局无端罚款或毒打，重者被投进牢房。

1914年3月，日本政府决定废止旅顺镇守府，设置旅顺要港部，以海军第二号军令发布《旅顺要塞部条例》，于4月1日实施。同时将关东州海军区划归日本佐世保镇守府管辖。

1922年，根据华盛顿会议裁减海军军备的规定，旅顺要港部又降格为防务队。1925年又撤销旅顺防务队，只在旅顺设置驻在武官和无线电通信所。由于旅顺港处于日本第二外遣舰队的警备区之内，因此该舰队所属的舰艇就经常到旅顺军港停泊，一般要在港内停泊二等巡洋舰1艘和二等驱逐舰4艘。1933年，又恢复了旅顺要港部。

3. 旅顺要塞地带标

1908年1月，依据日本陆军军部令修订的一般要塞司令部条例，旅顺要塞司令部司令官隶属关东都督府，主要负责制订旅顺要塞的防御计划，营造防备工程，实行对要塞的管理和储备军需物资等。同时又划定了旅顺要塞地带标界带范围，我们从关东州的地图中可以看出，旅顺要塞地带标界带范围主要以关东州南部面向黄海的陆地和水面区域为主，划分为两个区域，一个为金州和大连的部分区域，另一个为旅顺的部分区域。金州区域从金州小窑湾西岸起，包括大孤山半岛全部及大连湾的柳树屯。大连区域包括大连市内、革镇堡、小平岛和周水子地区。旅顺地区包括旅顺区内、水师营、铁山全部及三涧堡、双岛湾、龙王塘一部分。旅顺要塞地带标的范围非常广泛，占关东州南部地区的一半以上。旅顺要塞司令部在大连设有旅顺要塞司令部大连出张所，以管理和监督大连附近的属于旅顺要塞的地带。

1908年3月7日，关东都督府颁布《关东州防御营造物地带令》，并于4月1日开始实施。4月25日，关东都督府又具体颁布《防御营造物地带令施行细则》。日本在《关东州防御营造物地带令》中明确规定了16条，具体如下。

第一条 防御营造物地带，以防御营造物为基点对陆地和水面外延区域划分为三个地带，实行严格管理。

其划分标准为：第一区是距离防御营造物（基点）500间[①]（约900米）以内，即为旅顺要塞第一地带；第二区是距离防御营造物（基点）2 500间（约4 500米）以内，即为旅顺要塞第二地带；第三区是距离防御营造物基点5 000间（约9 000米）以内，即为旅顺要塞第三地带。上述的标准也适用于预定作防御营造物的地点。

第二条 防御营造物地带的设立要经过日本陆军大臣的认可，接受关东都督划定的区域，并进行告知，如果经变场所，也要经过审核。

第三条 对进出防御营造物的人，需要经过要塞司令官及旅顺镇守府司令官的许可，遵从司令部所属人员的导引。

第四条 未经要塞司令官的许可，严禁对要塞地带内的水面、陆地的形状，以及防御营造物进行测量、摄影、描绘、模造或记录等行为。

第五条 在第一区和第二区内未经过要塞司令官的许可，不得从事下列行为：
①永久性变动地表高低的工程；
②新设或变动沟渠、盐田、上下水道、道路、桥梁、泊船场；
③新设或变动铁路的轨道和隧道、涵洞；
④开凿采矿物及其地盘；
⑤新设运河、永久性栈桥，进行水面填埋，挖掘或变动河、海的两岸。
上述处分要经过要塞司令官和关东都督的认可。

第六条 在第一区防御营造物内有下列行为时也要经过要塞司令官的许可：
①新设、变动或转移工程；
②新设或变动墓地、牧场、公园、竹木林等；
③在山林和原野进行焚火；
④发射或引爆火器、爆发物；
⑤制造或贮存易爆易燃等危险物品。

第七条 对防御营造物地带内的军队状况及其他地方等的视察，亦需经要塞司令官的许可，否则不准进入地带内。

第八条 防御营造物地带内的水面和陆地形状，以及关于防御营造物的文书、图画、模型等对军事上有害的东西，亦需要经过要塞司令官的许可，如果发现，将没收

---

① 间，日本的长度计量单位，1间约等于1.8米。

所得。

第九条　对于违反第五条和第六条的人必须在规定期限内恢复其原貌，必须经过要塞司令官的认可，还有征收期费用。上面对于第五条违反者要得到关东都督的认可，才能恢复其原貌。

第十条　如果第四条至第六条的一定区域内全部或部分解除变更或取消的场所，必须经关东都督同意，并发布公告。上述事项也得经过陆军大臣的认可。

第十一条　属于海军的防御营造物地带也要经过关东都督、要塞司令官、旅顺镇守府司令官的共同执行，亦经陆军大臣和海军大臣的同意。

第十二条　在第二条、第五条、第六条、第九条及第十条中属于海军的防御营造物，需要陆军军官和海军军官协商解决。

第十三条　对于驻守在旅顺的陆军和海军官兵进入防御营造物地带内及其附近，也需要经过要塞司令官和旅顺镇守府海军司令官的许可。

第十四条　官方对于第三条至第六条的规则有需要在防御营造场地带内从事活动的人员需要陆海军军官协商许可。

第十五条　对违反以下行为者将处以1年以下的重禁锢和罚款二圆金以下：

①对移动和毁坏防御营造物堤内的标木、标石和标札的人；

②未经过许可进出防御营造物内的人；

③违反第四条至第六条的人；

④不按照第七条命令进出者。

第十六条　本条令实行的必要细则由关东都督、旅顺镇守府司令长官协议决定。①

随着日本殖民统治对大连地区控制的加深，《关东州防御营造物地带令》的部分细则也相应地发生改变。

从《关东州防御营造物地带令》中规定的十六条细则可以看出，日本殖民当局将旅顺要塞地带标划定为第一、二、三地带的具体范围，并有严格的划定标准及惩罚措施。日本殖民当局将大连地区许多原本属于中国百姓共有的土地、森林、河流、海洋等公共地区划归为日本的军事管理区，禁止中国人进入该区进行正常的生产和生活活动，如果中国人不小心进入该地区，将会受到惩罚。旅顺要塞地带标是日本军事侵占大连地区的重要物证。

---

① 关东都督官房文书课编撰：《关东都督府法规提要》，1910年，第1251~1254页。

七 旅顺监狱"刑用地"界桩混凝土标识

崔再尚

旅顺监狱"刑用地"界桩混凝土标识高76、宽8.5、厚8.5厘米,呈长方柱形,由混凝土、钢筋捣制而成,界桩上部"刑用地"的铭文,为阴刻楷书。1971年5月,旅顺日俄监狱旧址博物馆在监狱旧址围墙外发现并将其保存。

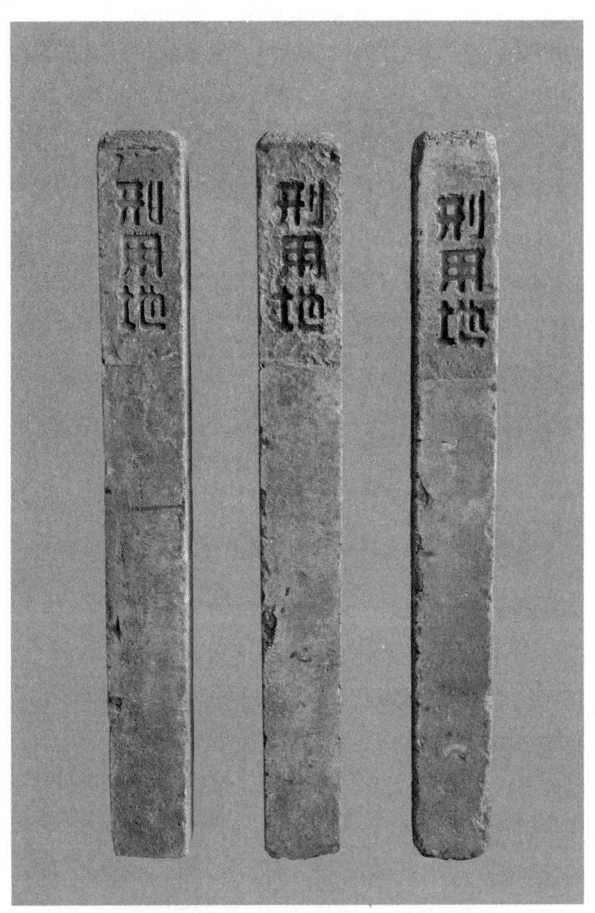

旅顺监狱"刑用地"界桩混凝土标识

正面

刑用地

1898年3月27日,俄国以武力相威胁,迫使清政府签订了《旅大租地条约》,开始了对大连地区长达7年的殖民统治。为维护它的殖民统治,镇压中国人民的反抗斗争,

1907年扩建后的旅顺监狱

俄国关东州总督阿列克谢耶夫于1902年奏请沙皇尼古拉二世批准，在旅顺元宝房修建监狱。

1904年2月8日，日俄战争爆发，旅顺监狱的修建工程被迫停止。1905年1月2日，日俄战争旅大地区的战事结束，日本重新占领这里。从1907年开始，日本殖民当局在俄国原建监狱的基础上进行扩建，牢房数量迅速增加，加上1916年所建的医务系的18间病牢和地下的4间暗牢，共有牢房275间。1934年在监狱的东北角还设立了一个秘密杀人场所——绞刑室。另外，监狱还设有工场15座，以强迫被关押者为殖民当局生产军需用品和生活日用品。

旅顺监狱位于日本殖民统治时期的大岛町（后改为元宝町85番地，今向阳街139号），因所处位置地势比较平坦，所以当地百姓称之为"棋盘地"。监狱整体方位是坐东北向西南，周围建筑有高4、长725米的红砖围墙，围墙内占地2.6万平方米，围墙外占地20万平方米，辟为"刑用地"，其中南面、西面是菜地和监管人员住宅区，北面是窑场和林场。整个监狱共占地22.6万平方米，"其设备完善，规模之大，在当时世界各国以至日本国内都是很少见的"[①]。日本殖民者在监狱围墙外强占土地并树立"刑用地"界桩，它是用来占领旅顺监狱周围土地的标识。

1908年，日本殖民者开始开垦监狱周围的荒地，种植监狱需要的蔬菜，以期实现自给自足。由于采用日本国内的种植技术，没有考虑到当地的气候、土质、蔬菜品种等因素，导致种植失败，1909年停止了蔬菜种植。1913年，随着狱中被关押者不断增多，为节约开支，旅顺监狱重新开始种植蔬菜，大面积开垦监狱南面和西南面的荒地，采用中国式的种植方法，耕种易于成活和储存的白菜、萝卜、大葱等。旅顺监狱菜园种植的蔬菜大部分由被关押的中国人种植，在他们的辛勤耕种下，种植的蔬菜收成很好。但是

---

① 姜晔：《旅顺监狱揭秘》，大连出版社，2004年，第43页。

旅顺监狱窑场原貌

被关押者整天吃的却是咸菜和菜汤。据资料记载,到1936年,旅顺监狱拥有耕地19 000余坪[1],产品不仅满足了监狱监管人员和家属的日常所需,还有剩余可以外销[2]。

窑业是大连地区最兴盛的传统民族工业之一。日本占领大连后,随着各类工场建筑设施的日趋发展,刺激了包括砖瓦工业、玻璃制造业等在内的窑业发展。在狱中看守的监视下,每天有数百名不用发工资的劳动力在监狱的窑场从事繁重的劳役,殖民当局疯狂榨取他们的血汗,使窑业成为旅顺监狱作业项目的支柱产业,并随着监狱本身不断扩建的需要,以及殖民当局牟取暴利的目的而持续发展,直至监狱解体。1935年,旅顺监狱窑场占地面积2.1万平方米。1936年,旅顺监狱耕地占地面积6.4万平方米,林场占地面积1 200平方米。

1945年8月15日,日本战败投降,8月22日苏联红军进驻旅大,旅顺监狱彻底解体,这些"刑用地"界桩被推倒。1971年7月,旅顺日俄监狱旧址经过全面修葺,正式对外开放,供人们参观,使人们受到深刻的爱国主义教育。

---

[1] 1坪=3.3平方米。
[2] 旅顺日俄监狱旧址博物馆、大连近代史研究所编:《大连近代史研究(第3卷)》,辽宁人民出版社,2006年,第284页。

八 "复县界"碑

崔再尚

"复县界"碑,花岗岩质地,其中一通的尺寸为高93、宽33、厚24厘米,另一通的尺寸为高82、宽31、厚23厘米。两通界碑均呈长方柱形,正面中间有凹槽,凹槽内阴刻楷书"复县界"铭文。尺寸大的复县界碑是1989年10月26日旅顺日俄监狱旧址博物馆工作人员从普兰店市花儿山街道五湖嘴防风山上所采集,尺寸小的复县界碑是同日从普兰店市花儿山街道二道岭采集。

正面

復縣界

界碑是两国或地区之间界线的标记,"复县界"碑是大连人民反抗日本殖民者侵占中国领土的见证,具有重要的历史价值。笔者通过查阅相关的历史文献资料和考证两处界桩采集地,以探求界碑背后那段鲜为人知的历史。

"复县界"碑

1. 俄国在旅大地区所立界碑

1894年爆发了震惊中外的中日甲午战争，清政府战败投降。1895年4月17日，清政府被迫与日本签订丧权辱国的《马关条约》，将辽东半岛割让给日本。此款条约严重威胁到俄国在中国东北的利益，俄国联合德国和法国"干涉还辽"。日本在原有清政府赔款的基础上，勒索3 000万两白银，将辽东半岛归还给中国。

俄国觊觎辽东半岛的野心由来已久，1898年3月27日，俄国强迫清政府签订《旅大租地条约》。清政府将旅顺口、大连湾及其附近海面租与俄国，租期25年，在租期内旅顺口和大连湾完全由俄国管辖。《旅大租地条约》签订后不久，清政府派遣许景澄专使会同驻俄公使杨儒与俄国外交大臣穆拉维约夫在俄国圣彼得堡就租界界限及各项细则进行谈判。

1898年5月7日，清政府又与俄国在圣彼得堡签订了《中俄续订旅大租地条约》。条约第一款规定："按照原约第二条，租与俄国旅顺口及大连湾、辽东半岛陆地，其北界应从辽东西岸亚当湾之北起，穿过亚当山脊（山脊亦在俄国租地内）至辽东东岸貔子窝湾北尽处止。租界附近水面及陆地周围各岛，均准俄国享用。两国各派专员就地详细勘定所租地段之界限。"①条约中提到的"亚当湾"为现在的普兰店湾，貔子窝为普兰店市皮口街道。条约中明确划定，俄国租借旅大地区的北界从西侧的普兰店湾经过普兰店中部的山脉和平原，至西侧的皮口湾北侧，以及附近的水面和周围岛屿。从此，旅顺、大连湾、金州和普兰店地区的南部区域被划入俄国的租借地，后来俄国人将这一地区命名为"关东州"。关东州的北部边界与奉天省的复州接壤，后来称为复县，即今天的瓦房店市。

根据《旅大租地条约》和《续订旅大租地条约》的规定，1898年7月，盛京将军依克唐阿派知府福培与协领高万梅（后改为涂景涛），会同俄国分界委员、驻华使馆武官倭高格等人勘察划界立碑。双方于1899年2月26日在旅顺签订《勘分旅大租界专条》，对旅大租界地的具体界限进行了划分，并在边界处立界碑31块，以俄文字母的顺序排列，又加立小界碑8块，以号码为记，其中第一款规定：

"阿字界碑（即中国第一碑）立在五湖嘴之防风山（亦名亚当山）极南岗，距枣房身屯尽处之西南二百六十俄丈（即罗镜四十度），距枣房身屯往高家屯车道之北九十俄丈。由阿字界碑起，界线一面往南，至亚当湾北岸，直出往英国海部第二千八百三十三号地图所记四百三十英丈高之阴领山顶，一面往北微偏东，顺防风山脊而走，长六百四十俄丈，并在防风山脊极北山顶加立第一小界碑，距二道领子、枣房身两屯往老爷庙车道岔口之南四十五俄丈。由此小界碑起，界限多偏东，往黄衣山南坡之乱葬冈（即义地冈）而走，在乱葬冈东围墙立巴字界碑（即中国第二碑），距

---

① 王彦威纂辑，王亮编，王敬立校：《清季外交史料》，书目文献出版社，1987年，第2202页。

第一小界碑二百三十五俄丈,枣房身屯土地归入俄国租地,其乱葬冈留在隙地之内。

由巴字界碑(即中国第二碑)起,界线往东,二道领子、姜家炉及两屯土地归入俄国租界地,其花儿山屯土地留在隙地之内。在姜家炉北山顶之南边立瓦字界碑(即中国第三碑),距巴字界碑六百八十俄丈。由此界碑起,界线微偏北,陈家屯及其土地归入俄国租地,孙家屯及其土地留在隙地之内。在孙家屯东北之山冈南坡地加立第二小界碑,距孙家屯九十俄丈,距瓦字界碑三百八十俄丈。界线由此偏往东南,顺陈家屯土地北界而走,直出至俄国租地内三官庙及其土地与留在隙地内姜家屯之分道处,噶字界碑(即中国第四碑)立于附近陈家茔平坡之高顶,距第二小界碑六百二十俄丈。由噶字界碑起,界线往东微偏北,留韩家屯及其土地于隙地之内,在驿山西北前山顶立达字界碑(中国第五碑),距噶字界碑一千一百九十二俄丈。"①

界碑的南段为俄国租界的关东州界内,北段隙地由中国人管理。中俄两国人员所立的界碑,如果有损坏或者破坏,两国官员应当按照这次所立界碑的原址重新树立。

2. 日本对关东州租借地的扩张

1904年2月8日,日本和俄国为争夺中国东北和朝鲜,爆发日俄战争。战争历时一年半,俄国战败。1905年9月5日,日本和俄国签订了《朴茨茅斯和约》,其中,"第五条 俄国政府以中国政府之允许,将旅顺口、大连湾并其附近领土领水之租借权内一部分之一切权利及所让与者,转移与日本政府"②。1905年12月22日,日本政府又强迫清政府签订了《会议东三省事宜正约》,迫使清政府允诺俄国转让给日本的权益。从此,旅大地区沦于日本的殖民统治下达40年之久。

日本继承了俄国对关东州的租借权后,在俄国租借地地界的基础上,进一步非法违约强行扩大租借地地界。日本殖民者公然违约越过租借地界线,侵入隙地,擅自将隙地划为东西两区,分区设长。后又将姜家屯起东至大沙河的30余屯,划为第三区,派金家屯的金纯玉为区长,协同会首(长)王绍延等管理;又将大沙河东至赞子河90余屯,再从赞子河东至碧流河30余屯划为第五区,派单家屯的单延宝为区长,协同会首(长)郑瑞年等管理。

日本殖民统治当局还规定隙地内土地之钱粮,按金州粮册规定之钱粮加倍征收,使该隙地脱离中国管辖,归入关东州租借地的管辖范围。对此,清政府指令官吏屡次与之交涉,但日本政府蛮横已极,置若罔闻。日本殖民统治当局在隙地强行划区设长的做法,实际上是将本属于中国的隙地强行划归关东州的地界之内。中俄两国曾在关东州租借地与隙地之间立有界碑,隙地在条约上有所标明,且界碑更是铁证。

---

① 王彦威纂辑,王亮编,王敬立校:《清季外交史料》,书目文献出版社,1987年,第2217页。
② 王希智、韩行方主编:《大连近百年史文献》,辽宁人民出版社,1999年,第255页。

日本殖民者不以鲸吞中国隙地划入关东州租借地为满足，继续采取各种卑劣手段，设法蚕食与关东州租借地毗邻的复县土地。1918年7月19日，关东州普兰店管内的快马厂警察官吏派出所日本警察率民夫车辆，将复县界内警察二区三分所管内毗连西自枣房身之西北、东至驿城堡西北山之间（现均在普兰店市花儿山街道境内）俄国租借时期所立的大界碑4块、小界碑1块公然强行拔掉，载回快马厂警察派出所。复县的大姜屯百家长鲍大令当即报告三分所，分所中国巡官王富青立即呈报二区区官，区官白依麟按例上呈复县警察所，所长金玉璧即呈复县警察监督（县知事兼）陈延恒，陈当即派翻译孙裕永前往关东州的普兰店民政署出张所交涉。该出张所池田真道推说一向不知有此事，"俟派员调查确实，再行函知"。10日后，池田真道回信诡称"该派出所警官并未拔去界石碑，亦无该界石碑之置在"。鉴如此，复县公署训令二区区官，"依原式另制石碑五颗，里面刻成三字，名曰'复县界'，速召集各村百、什家长，查明原处，一律照旧深埋……"[①]，同时呈文东三省巡阅使兼奉天省督军、奉天省长张作霖及东边道道尹兼安东交涉员。

不久，日本关东都督府代理民政长官铃木三郎照会复县程知事，不得不承认复县另制五座石碑所埋之地点，"于以前地点无异，本府亦无何等之异词"。但又诡称"境界线之决定，关系重大，建设石碑，彼此必须派员会同勘定"埋立，因为这是"接壤之重大责任所在"。说得好听，做起来全是肮脏的鬼蜮伎俩，这是日本帝国主义对外的一贯手法。铃木的照会发出后不久，日本殖民统治当局立即撕毁"派员会同勘定"的诺言，再次把中国方面重新埋立的石碑拔掉，硬性地把关东州租借地外属于中国领土的隙地包括大姜屯在内的今普兰店市花儿山乡的许多村屯攫为关东州的辖地。此后，日本殖民当局得寸进尺，又把凡是俄国所立的大小界碑先后拔掉，将关东州的地界北移。

日本殖民统治大连40年期间，殖民当局通过种种卑劣手段违约扩展的地界，在今普兰店市境内者，由西向东顺次为花儿山街道的枣房、二道岭、陈屯、长房、西拉树房、东拉树房、上张沟、陶沟、川心店、吴屯、玉皇庙（大李屯）、大山后，大田镇的邢沟、王店、宫屯、陶屯、王棚沟东，大谭镇的东陈沟、卢屯、长安庙（街心分界）、沙包子（街心分界）、叶窝棚，夹河庙镇的田屯、王屯、王店、郑屯，皮口镇的八家子（街心分界）、东南庄，赞子河乡的小李屯、新台子、后拉嘴、后赵屯、李屯，碧流河乡的姜家沟、马家屯、任店、张家屯、吴屯、阎王店，城子坦镇的郭家屯、金厂、城复（小傅屯）、城子坦镇街中心（小桥中心分界），东至碧流河岸。日本殖民者侵占关东州租借地的总面积为3 462平方千米，违约扩展关东州地界土地达262平方千米，充分暴露了贪得无厌、鲸吞蚕食中国领土的野心。

---

① 顾明义等主编：《大连近百年史（上）》，辽宁人民出版社，1999年，第552页。

3. "复县界"碑的考证

通过查阅历史文献和旅顺日俄监狱旧址博物馆采集两通"复县界"碑的地点，可以确认，旅顺日俄监狱旧址博物馆所藏的两通"复县界"碑为复县二区官吏为反抗日本殖民者拔掉原中俄两国勘查所立的界碑而重新雕刻制作的两通界碑。大的"复县界"碑在五湖嘴防风山上采集，应为中俄勘分时所立的第一块碑（阿字碑）所在地重新树立的界碑。小的"复县界"碑在二道岭采集，应为中俄勘分时所立的第一块小界碑所在地重新立的界碑。新中国成立后，旅大地区回归祖国怀抱的人们拔掉了日俄殖民者树立在辽东半岛山头上的界碑，界碑两侧的人民可以自由往来。随着时间的流逝，其余的界碑已经无从考证，旅顺日俄监狱旧址博物馆珍藏的这两通界碑已经成为记录那段屈辱历史的重要物证。

九 小村寿太郎碑

周爱民

小村寿太郎碑,日本昭和十三年(1938)5月立。大理石质地,高151、宽241、厚20厘米,重约2.5吨,阴刻楷书,左右下角均残缺。1992年6月26日,经大连市文物管理办公室批准,旅顺日俄监狱旧址博物馆工作人员从大连白云山庄公园征集回馆内保存。1996年6月16日,经国家文物局专家鉴定组鉴定,为一级文物。

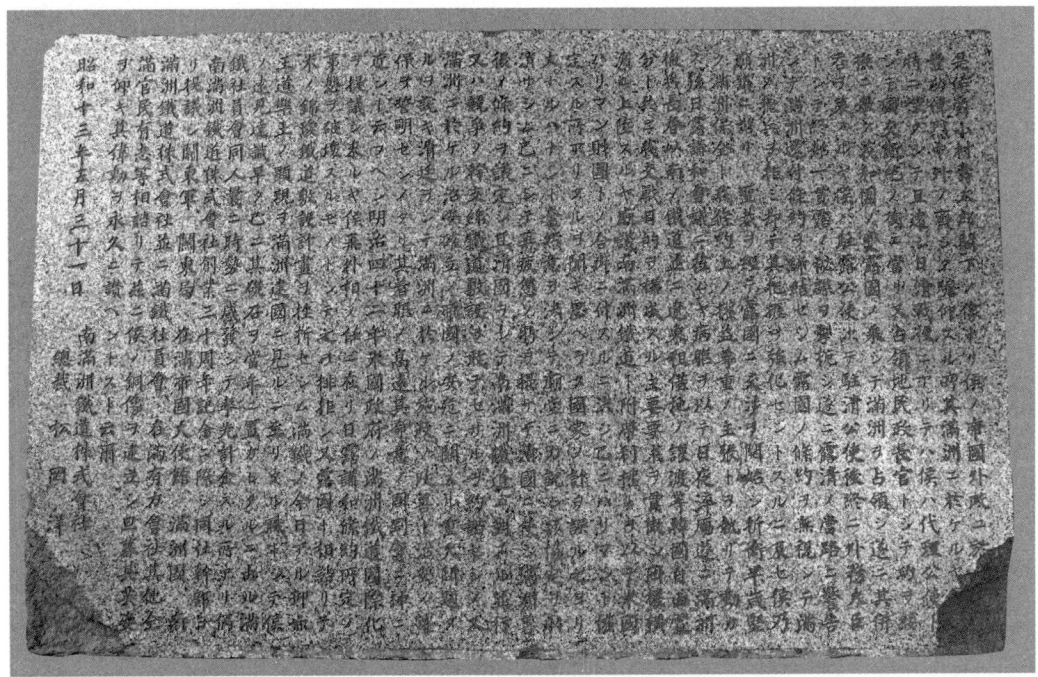

小村寿太郎碑

碑阳

是侯爵小村壽太郎閣下ノ像ナリ侯ノ帝國外政ニ於ク ノ其』豐功偉烈中外ノ齊シク瞻仰スル所其滿洲ニ於ケルヤ 緣故』特ニ深クシテ且遠シ日清戰役ニアリテハ侯ハ代理公使ト』シテ國交斷絕ノ衝ニ當リ又占領地民政長官トシテ功ヲ綏』撫ニ舉ク義和團ノ變露國ノ乘シテ滿洲ヲ占領シ遂ニ其併』呑ヲ策スルヤ侯ハ駐露公使次テ駐清公使後終ニ外務大臣』トシテ終始一貫露ノ秘謀ヲ掣扼シ遂ニ露清ノ當路ニ警告』シテ滿洲還付條約ヲ締結セシム露國ノ條約ヲ無視シテ滿』洲ノ撤兵ヲ拒ベ却テ其把握ヲ強化セントスルニ及

小村寿太郎碑拓片

ヒ侯乃』廟議ニ諮リ 聖裁ヲ經テ露國ニ交渉ヲ開始シ折衝半歳堅』ク満洲保全ト我條約上ノ權益尊重ノ主張トヲ執リテ動カ』ス後日露講和會議ニ莅ムヤ病軀ヲ以テ日夜淬勵遂ニ満洲』撤兵長春以南ノ鐵道並ニ遼東租借地ノ讓渡等韓國自由雲』分ト共ニ我交戦目的ヲ構成スル主要要求ヲ貫徹シ回槎横』濱ニ上陸スルヤ廟議南満洲鐵道ト附帯利權トヲ以テ米國』ノハリマン財團トノ合辦ニ付スルニ決シ已ニハリマント協』定スル所アリタルヲ聞キ思ヘラク國家ノ計ヲ誤ル之ヨリ』大ナルハナシト奮然意ヲ決シテ廟堂ニカ説シ該協定ヲ取』消サシム已ニシテ再疲憊ノ躬ヲ提ケテ清國ニ使シ満洲善』後ノ條約ヲ議定シ且清國ヲシテ南満洲鐵道ニ對スル並行』又ハ競争ノ幹支線鐵道敷設ヲ敢テセサルヲ約諾セシノヌ』満洲ニ於ケル治安確立ノ帝國ノ安危ニ關スル重大問題タ』ルヲ説キ清廷ヲシテ満洲ニ於ケル施政ノ改善ト治安ノ確』保ヲ誓明セシノタリ其着眼ノ高遠其命意ノ周到實ニ神ニ』近シト云フヘシ明治四十二年米國政府ノ満洲鐵道國際化』ヲ提議シ來ルヤ侯再外相ノ任ニ在リ日露講和條約所定ノ』事態ヲ破壊スルモノトシテ之ヲ排拒シ又露國ト相諮リテ』米ノ錦璦鐵道敷設計畫ヲ挫折セシム満鐵ノ今日アル抑亦』王道樂土ノ顯現ヲ満洲建國ニ見ルニ至リタル職トシテ侯』ノ遠見達識早クヒニ其礎石ヲ當年ニ置カレタルニ由ル満』鐵社員會同人曩ニ時勢ニ

感發シテ率先計企スル所アリ偶』南滿洲鐵道株式會社創業三十周年記念ニ際シ同社幹部ヨ』リ提議シ關東軍、關東局、在滿帝國大使館、滿洲國、南』滿洲鐵道株式會社並二滿鐵社員會、在滿有力會社其他全』滿官民有志等相諮リテ茲ニ侯ノ銅像ヲ建立シ旦暮其英姿』ヲ仰キ其偉勳ヲ永久二讚ヘントスト云爾』昭和十三年五月三十一日 南滿洲鐵道株式会社』總裁 松岡洋右』

碑阳译文

这是侯爵小村寿太郎阁下的塑像，侯爵在帝国外交史上立下了丰功伟绩，扬名内外，受到敬仰，尤其在满洲更为驰名。忆往昔在日清战争当中，侯爵作为代理公使出任清廷之际，也正是与清廷断绝外交关系之时，后作为民政长官为绥靖占领地立下功劳。俄国乘义和团之乱占领了满洲，并企图吞并满洲。侯爵以公使名义出使俄国和清国。后来作为日本外务大臣。他始终如一地揭穿和扼制了俄国的阴谋，并警告了俄国及清国的挡道行为。他不但无视俄国要求缔结归还满洲的条约，更拒绝从满洲撤兵。进而上奏朝廷要求强化对占领地的控制。他为了主张尊重我方在条约上的权益，经朝廷的裁决，他开始向俄国进行伸缩外交竟达半年之久。侯爵以病躯之身，鞠躬尽瘁，他参与了日俄讲和会议，从而达成了撤兵满洲的协议，同时也达成了长春以南的铁路、辽东半岛的租借地的转让问题和韩国的自身自由问题等。他成功地达成了可能构成我方交战目的的主要要求。他为向朝廷回奏国事，在横滨港一上陆，就耳闻朝廷已同美国哈利曼财团达成了一项以南满铁路及其附属一切利权为条件和美国签订了一项错误意向书。侯爵考虑到问题的严重性，挺身而起，尽力说服朝廷取消该协定而成功。更以疲惫不堪之躯出使清国，议定了占领地满洲的善后条约，且向清国说明我对南满铁道及有争议的韩支铁道不铺设的许诺。在满洲的治安保证、施政的改善等重大问题上，都是为了帝国在满洲的安危而着想。他卓识的远见，犹同神明一般。明治四十二年美国向我方提议将满洲铁道国际化的要求，于是侯爵再次出任外相，抨击这种做法破坏了俄国讲和条约中所规定的条款。同时又同俄国一起协商挫败了美国主张的锦瑷铁路的铺设计划。回顾满铁之所以有今日，满洲之所以呈现了王道乐土以至发展到满洲的建国，皆是侯爵的高瞻远瞩、卓越见识所在，早已奠定了基础的缘故。故满铁社员鉴于形势的要求，首先提议藉纪念南满洲铁道株式会社创业三十周年之际，该社干部建议：由关东军、关东局、驻满洲帝国大使馆、满洲国、南满洲铁道株式会社及满铁社员会，在满有力社团及全满洲官民有志之士等发起，相互协商，在此建立侯爵铜像，以供朝夕瞻仰，永矢不忘其英姿，昭扬其丰功伟绩也。
昭和十三年五月三十一日南满洲铁道株式会社总裁松冈洋右

碑主小村寿太郎（1855～1911）作为日本明治时期的外交官，由于其外交生涯与日本"大陆政策"的形成与发展恰好一致，所以在日本推行"大陆政策"的每一个重要问题上，都充当了"开战之急先锋"的角色，在日本外交史上曾有着"卓越"的表现。小村寿太郎碑的碑文即概述了他在日本外交史上的"丰功伟绩"，特别是对其在日本南满洲铁道株式会社建设中的"伟勋"尤加赞扬。

松冈洋右（1880～1946），日本侵略扩张思想的顽固继承者和狂热鼓吹者，曾任日本驻华、驻俄、驻美外交官，以及"满铁"总裁。在日俄战争中，他以外交官的身份从事军事间谍活动，积极为日本政府搜集有关俄国军队的情报，并因此得到日本政府的赏识。1921年7月担任"满铁"理事，组建庞大的情报调查机构。1927年7月至1929年8月担任"满铁"第10任副社长。1935年8月至1939年3月，担任"满铁"第14届总裁。松冈洋右极具有煽动力，早在九一八事变之前，他就和关东军一唱一和，叫嚣"满蒙是日本生命线"，"把日本统治阶级中根深蒂固的侵华思想变成极富蛊惑性的行动口号，为武装占领中国东北提供了蒙蔽世人的理论依据"[①]。松冈洋右在"满铁"任职期间主要做了两方面的事情，一方面是编织情报网，触角伸及各地，使"满铁"本社成为搜集中国，特别是中国东北地区情报的汇集地；另一方面增强"满铁"的经济效益，并用从中国榨取的巨大经济利益不断强化和扩大"满铁"的地位。

从松冈洋右与小村寿太郎的个人经历来看，两人既同为外交官出身，又同是"地地道道的狂热的军国主义分子"，所以由松冈洋右为小村寿太郎撰写碑文就不足为奇了。松冈洋右在碑文撰写中充分发挥其"八面玲珑的口才"，极尽吹捧之能事，将小村寿太郎美化成"犹同神明一般"的人物。根据碑文中提到的相关事宜，以历史为依据，在此还原小村寿太郎"侵华之急先锋"的真实面目。

1. 小村寿太郎其人

小村寿太郎，安政二年（1855）10月26日出生于日本西海道的日向国饫肥藩士家庭。父亲贯平，母亲梅子。小村寿太郎于1861年入振德堂藩校学习，1869年毕业。1875年以文部省首届毕业生赴美留学，学习法律科。1880年由美留学归国，在司法省任职，先后任上等裁判所判事、大审院判事等职。1884年任外务权少书记官。1886年升任外务省翻译局次长，1888年任翻译局局长。1893年10月，因得到伊藤博文内阁外

---

① 李一安主编：《侵华日军甲级战犯大结局》，珠海出版社，2004年，第218、219页。

小村寿太郎（右三）作为日本首席谈判代表参加朴茨茅斯和谈会议

相陆奥宗光的赏识，以驻华使馆参事官身份任临时代理公使①。

在日本政界，小村寿太郎是积极主张侵略中国的所谓"日清开战论"的倡导者，素有"开战之急先锋"的称号。他在出任驻华代理公使期间，竭力搜集中国的军事、政治、经济、产业、民俗风情等情报，以及列强在华的活动情况，并将情报源源不断地传递给日本政府。小村寿太郎因善于盗窃情报，又加之长得身材矮小、为人狡猾奸诈，所以到任不久，就被驻北京外交使团的各国公使称为"鼠公使"，以讽喻他像老鼠一样狡黠机诈。

1895年，中日甲午战争结束后，小村寿太郎被任命为驻朝公使。1896年经陆奥宗光推荐，出任外务次官。1898~1900年先后任驻美、俄公使。1901年转任驻华公使，参与八国联军侵华活动及《辛丑条约》的签订。1905年以全权代表身份出席朴茨茅斯会议，签订日俄《朴茨茅斯和约》。1908~1911年任第二次桂内阁外务大臣，签订《日俄密约》、吞并朝鲜、收回关税自主权。1911年11月病死，被授予侯爵。

2. 小村寿太郎与中日甲午战争

1894年2月15日，朝鲜爆发东学党武装起义，朝鲜政府请求清政府派兵协助镇压。根据1885年的《中日天津条约》，清政府在派兵分批赴朝时，电告驻日公使汪凤藻，令其告知日本外务省。处心积虑的日本政府决心利用朝鲜东学党事件，以保护驻朝使馆、侨民的名义，派兵进入朝鲜。为了制造挑起战争的借口，6月7日，日本政府训令

---

① 关捷、王江鹏等主编：《中日甲午战争全史（第六卷·人物篇）》，吉林人民出版社，2005年，第503页。

小村寿太郎照会清政府，以朝鲜现有重大变乱事件为由，提出日本拟出兵入朝的要求。6月9日，清总理衙门据理驳斥日本的照会，但日本已派兵从广岛的宇品港出发，于朝鲜仁川登陆。6月12日，小村寿太郎再次向清政府提出强硬照会，坚持要派兵入朝。6月17日，日本政府又提出了共同改革朝鲜内政的无理要求，以期达到日军既可赖在朝鲜不走、又能拖住清军的双重目的。对日本的要求，清政府断然拒绝，认为"止可由朝鲜自行厘革，中国尚不干预其内政，日本素认朝鲜自主，尤无干预其内政之权"①。理屈词穷的日本政府无言以对，便于6月22日由小村寿太郎再次照会清政府，提出即使中国不答应日本的要求，日本也绝不撤离驻扎在朝鲜的军队。此被称为日本对中国的第一次绝交书。

7月9日，经过英国驻华公使欧格讷从中斡旋，小村寿太郎与清总理衙门大臣奕劻会晤，商讨朝鲜事件。奕劻提出：日本必须先从朝鲜撤军，然后才能商讨。小村寿太郎愤然离席，会谈终止。陆奥宗光接到报告后，决定趁此机会与清政府彻底摊牌。7月12日，小村寿太郎收到陆奥宗光"向中国提出第二次绝交书"的电令，并于14日向中国提交照会，指责中国要求日本从朝鲜撤兵，是"徒好生事"，甚至威胁说："将来即发生不测之变，日本政府不任其责。"7月23日，日军占领朝鲜王宫。25日，日军开始驱逐屯驻牙山的清军，并挑起丰岛海战。8月1日，日本正式向中国宣战。

中日甲午战争爆发后，清政府开始驱逐日本公使。小村寿太郎在完成了通过外交手段发动侵华战争的任务后回国，受到日本政府的嘉奖，并被任命为战地行政官，随同山县有朋的第一军赴朝，从事新的侵略活动。1894年10月25日，日本第一军攻陷九连城、安东县，并在安东县设立"军管民政厅"，小村出任民政长官，开始对中国东北实行殖民统治。

3. 小村寿太郎与《朴茨茅斯和约》的签订

1904年2月8日夜晚，日本不宣而战，偷袭停泊在中国旅顺港的俄国舰队，日俄战争爆发。这场历时近20个月的战争是日俄两个帝国主义国家无视中国主权、为争夺殖民地而进行的侵略战争，不仅使中国领土和主权遭到粗暴践踏，而且使中国东北人民在战争中遭受了巨大的财产损失和人身伤亡。

1905年日俄战争结束后，日俄双方在美国总统罗斯福的调停下，在美国朴茨茅斯海军基地举行和谈。9月5日，小村寿太郎作为日方全权代表与俄方全权代表维特签署了《朴茨茅斯和约》。该条约包括正约15条和附约2条。其主要内容为：俄国承认日本在朝鲜的独占利益；俄国将辽东半岛租借权和南满铁路（旅顺至长春等支线）及有关

---

① 关捷、王江鹏等主编：《中日甲午战争全史（第六卷·人物篇）》，吉林人民出版社，2005年，第504页。

原南满洲铁道株式会社大连本社

特权转让给日本；俄国将库页岛南部让给日本。《朴茨茅斯和约》的签订标志着日本和俄国开始重新瓜分中国东北，为后来日本帝国主义经营满洲，建立"满铁"，奠定了第一个所谓的"国际法基础"。

日俄双方虽然签订了《朴茨茅斯和约》，但若把条约利益变为现实利益，还必须得到清政府的允诺，因为条约规定，关于中国东北权益事项，"须商请清国政府承诺"。于是，尽快与中国政府交涉、落实《朴茨茅斯和约》利益就成了日本政府的当务之急。

1905年11月16日，日本外相小村寿太郎率领参加日俄朴茨茅斯和会的原班人马来到北京，由日本驻华公使内田康哉（后任"满铁"第12任总裁）辅佐，同以庆亲王奕劻为首席全权代表的清政府代表举行谈判。谈判期间，小村寿太郎按照"强权就是公理"的帝国主义法则，蛮横无理地强迫清政府无条件地接受日本的要求。12月22日，清政府被迫签订了丧权辱国的中日《东三省事宜条约》。该条约是《朴茨茅斯和约》的继续和补充，使日本实现了对朝鲜的独占，并把中国东北南部变成了势力范围。小村寿太郎使尽浑身解数为日本谋求了最大限度的权益。

本多熊太郎（1874~1948），日本外交官，小村寿太郎的追随者。1901年担任小村寿太郎的秘书，并随同其参加了日俄朴茨茅斯和会。1926年退出外交界，曾著有《胆略外交》一书，对小村寿太郎在日俄战争中所起的作用给予了高度的评价，书中说："日俄战争是因为有小村才发生。如果没有小村，就不会爆发日俄战争……至少那个时期有这种说法。我至今依然确信无疑。"作为曾经的跟随者,本多熊太郎对小村寿太郎的评价难免溢美之词,与历史事实不相符,但也从一个侧面反映了小村寿太郎"开战之急先锋"的作用。

4. 小村寿太郎与南满洲铁道株式会社

南满洲铁道株式会社是日本政府为了侵略中国东北而设立的殖民侵略机构,是执行日本国策的地方机关。

日俄战争结束后,日本根据《朴茨茅斯和约》,从俄国手中夺取了中国中东铁路南段(长春至大连)和经营抚顺煤矿等特权,并由此取得南满铁路的垄断地位。1906年1月,为了经营南满铁路及沿线附属地,日本政府成立了满洲经营调查委员会,其任务是

日本外务大臣小村寿太郎

"研究和起草侵略中国东北与南满铁路、安奉铁路的战略计划、施政方案和政策"①。6月7日,在经营方针确定之后,日本政府发布142号敕令,宣告设立南满洲铁道株式会社。11月26日,"满铁"在东京召开了成立大会。1907年3月5日,"满铁"总社由日本东京迁到中国大连,4月1日正式营业。

"满铁"总裁松冈洋右

关于"满铁"的性质,我们通过日本政府公布的《142号敕令》就可以看得很清楚:由政府设立,采取公司的形式,以经营铁路为中心,综合经营各种事业;公司总裁、副总裁及理事由政府任命;政府设"满铁"监督官以监督其业务;政府得以发布监督公司事业的命令;等等。此外,有关预决算、财会等都要经日本政府审查批准。由此可见,"满铁"的经营范围绝不仅仅是一个铁路,而是在"代替政府经营南满洲",并负有在政治、经济、军事、文化、情报等方面推行日本"帝国殖民政策"的重要侵华任务,其职能除了经济掠夺外,还包括文化侵略、间谍活动等。松冈洋右曾大言不惭地说:"满铁"虽是日本政府的监督之下,但它作为"具有灵魂的有机体"已活

---

① 顾明义等主编:《大连近百年史(上)》,辽宁人民出版社,1999年,第449、450页。

原日本大连电气游园

原日本小村公园里小村寿太郎坐像，碑则镶在后面

脱脱像个政府①。

综观"满铁"从筹备到成立，特别是经营的过程，我们不难发现，日本政府将中国政府对南满铁路的经营权利全部鲸吞，极力排除中国人的参与，完全实行独自经营，这一点公然违反了中日两国于1905年12月签订的《会议东三省事宜正约》，其中第二款规定："日本国政府承允按照中俄两国所订借地及造路原约实力遵行。嗣后遇事，随时与中国政府妥商厘定。"②由此可见，日本政府苦心经营"满铁"的目的就是掠夺资源，扩大侵略。

"满铁"在管理上受日本政府的直接监督，所以自成立开始，日本政府即委派递信、大藏、外务三省大臣联合组成监督官署监督"满铁"。1908年12月开始受内阁总理大臣监督。小村寿太郎于1908～1911年担任内阁外务大臣，因此，他不仅为"满铁"的创建曾立下汗马功劳，还担任过"满铁"的直接上司。1935年8月2日，松冈洋右担任"满铁"总裁。他上任伊始就对机构进行大改组，将计划部、地方部、调查部合并为产业部，加快掠夺东北的资源。1937年七七事变后，日军大规模侵占中国内地，"满铁"配合日军对占领区的情况及国际形势进行调查。1938年4月，松冈洋右撤销产业部，重新设立调查部，在日本政府和关东军的支持下，将"满铁"调查部扩大成为日本最大的"国策调查机关"。

1938年，"满铁"已经营了30年。为了宣扬对"满铁"建设有贡献者，大肆鼓吹日本军国主义思想，松冈洋右决定借"满铁"成立30周年之际为小村寿太郎立碑。于是，"满铁"联合关东军、关东局、日本驻伪满大使馆、伪满洲国等在大连电气游园为小村寿太郎立了一尊铜坐像，同时在坐像的背后立碑，碑文即由时任总裁松冈洋右亲自撰写。松冈洋右在碑文中历数小村寿太郎在甲午战争、日俄战争中的"丰功伟绩"，同时，特别强调"满铁之所以有今日，之所以满洲呈现了王道乐土以至发展到满洲的建国，皆是侯爵的高瞻远瞩，卓越见识所在，早已奠定了基础的缘故"。其厚颜无耻的言论把侵略者的无赖嘴脸和强盗逻辑暴露无遗，更由此显见小村寿太郎在日本对外侵略过程中的急先锋作用。

小村寿太郎虽然比松冈洋右年长许多，但他们都是日本军国主义思想的狂热鼓吹者和对外侵略扩张政策的践行者，共同的思想将两个人紧密地联系在一起，留下了这方石碑作为日本侵华的铁证。大连电气游园由"满铁"建于1909年，旧址位于大连火车站西面（今大连市西岗区更新街1号），占地面积7.1万平方米。当时，大连电气游园是一个专供日本人游玩的场所，因游园内设有电动木马等娱乐设施而得名。1938年11月3日，"满铁"在园内完成了小村寿太郎的塑像和立碑。1940年，大连电气游园改称"小村公园"。1945年大连解放后，小村寿太郎碑即被拆除。

---

① 李一安主编：《侵华日军甲级战犯大结局》，珠海出版社，2004年，第224页。
② 王铁崖：《中外旧约章汇编（第2册）》，生活·读书·新知三联书店，1982年，第339页。

十　高冢原一先生之碑

汪　旻

　　高冢原一先生之碑，日本昭和十八年（1943）6月立。花岗岩质地，高258、宽94、厚26.5厘米；呈长方形，碑面铭文为阴刻楷书，11行，满行21字。碑额"高冢原一先生之碑"阳刻篆书，由线条框起，碑额与碑身连为一体，碑阴为阴刻行书。1994年5月，旅顺日俄监狱旧址博物馆从大连市西岗区水仙小学校院内采集。

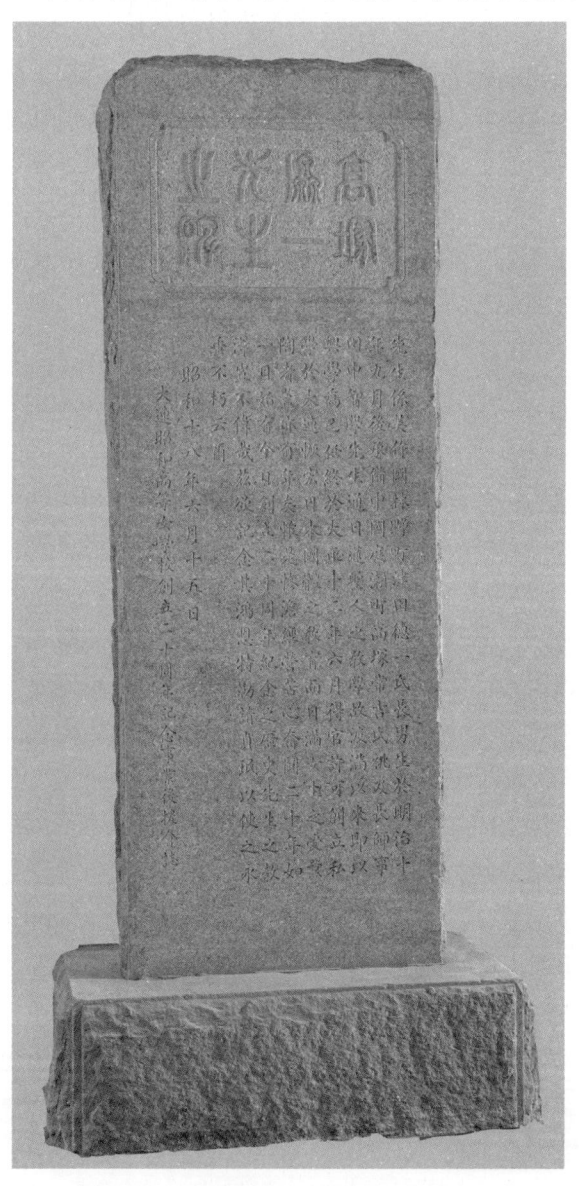

高冢原一先生之碑

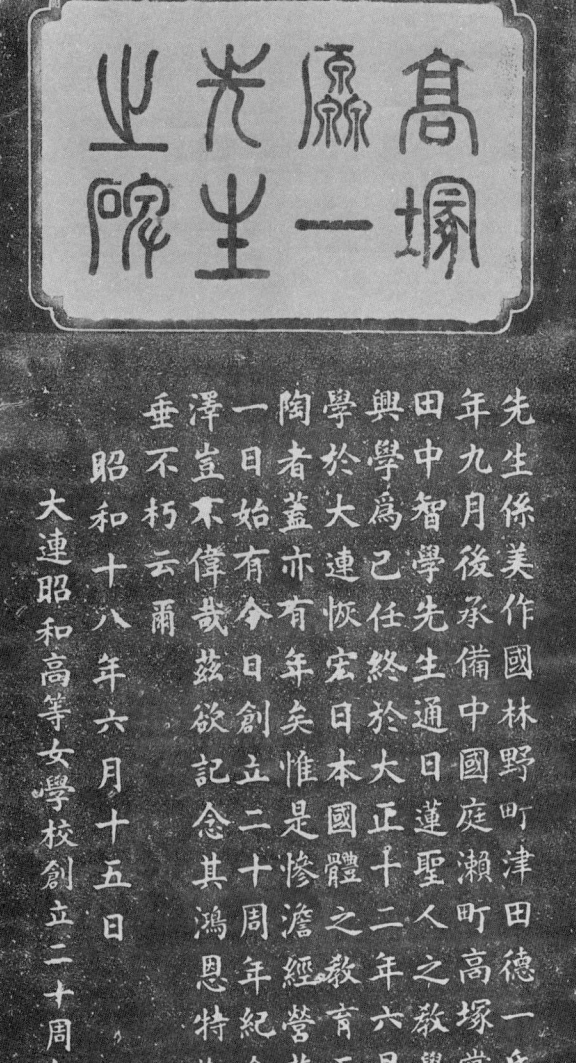

高冢原一先生之碑碑阳拓片

高冢原一先生之碑碑阴拓片

碑额

高塚纛一先生之碑

碑阳

先生係美作國林野町津田德一氏長男生於明治十』年九月後承備中國庭瀬町高塚常吉氏祧及長師事』田中智學先生通日蓮聖人之教學故渡滿以來即以』興學爲己任終於大正十二年六月得官許可創立私』學於大連恢宏日本國體之教育而日滿女生之受薰』陶者蓋亦有年矣惟是慘澹經營苦心奮鬪二十年如』一日始有今日創立二十周年紀念之歷史先生之教』澤豈不偉哉茲欲記念其鴻恩特勒請貞珉以使之永』垂不朽云爾』

昭和十八年六月十五日』大連昭和高等女學校創立二十周年記念事業後援會誌』

碑阴

碑宇镇靈

碑左侧

勳五等正八位張本政篆額并撰』久世菊治 書』

  1905年，日俄战争中俄国战败，日本攫取了此前俄国在大连、旅顺地区的租借权，从1905年至1945年，日本对旅大地区殖民统治的时间长达40年。在日本帝国主义统治关东州期间，教育也同资本一样，作为巩固殖民统治的重要组成部分，靠军国主义的强权输入到殖民统治区，并自始至终受到殖民统治当局的高度重视。高冢原一碑是昭和十八年（1943）6月，大连昭和高等女学校创立20周年纪念事业后援会立并书。

大连昭和高等女学校的办学宗旨及对学生的要求与日本人在大连所建立的其他普通中学一致，但是更强调"陶冶从事产业的皇国民的德操和技能"，对女学生则要求提高其作为"皇国女子职责的自觉性"，并明确要求"要特别注意培养妇德"。在大连昭和高等女学校所设置的科目中，我们可以看见其教学理念明确提出要使学生所谓地"明了日本及东亚产业的国家使命"，培养学生为日本侵略扩张服务的观念。

1943年6月，日本殖民当局颁布《关东州人教育令》，于1944年执行。大连昭和高等女学校的教育严格按照《关东州人教育令》执行。《关东州人教育令·总则》[①]第2条"根据我国（日本）建国精神，醇化陶冶关东州人，培养挺身奉公的实践精神，以归顺皇国之道为目的"。第3条"对关东州人进行教育的学校，除根据前条的宗旨之外，还必须注意按下列要求教育儿童和学生：一、遵奉教育敕语（教育诏书）的宗旨，经过全面的教育，以修炼皇国之道，贯彻的诚心；二、明确皇国在东亚及世界上的使命，须知辅佐大东亚建设事业是关东州人的职责；三、在教育的全过程中，必须尽力做到，重视精神训练，培养灭私奉公的实践能力；四、培养尊重劳动的观念，振作从事劳动的风气，贯彻坚守岗位的信念；五、重视集体训练，为培养负责、协同、纪律等品德而尽力；六、重视教养，尤其要努力培养公德心，养成关心公共卫生的思想，并要贯彻在实践当中"。

我们从碑刻中能够充分了解到一些相关的历史信息：一是从碑额可以知道，碑刻的主人是日本人高冢原一，他是大连昭和高等女学校创始人。大连昭和高等女学校是以日本人高冢原一为代表的财团投资建立起来的私立女校，当时组建该校的主要目的是解决移民到关东州的日本民众中女孩子的教育问题而设立。大连昭和高等女学校是日本殖民统治时期由财团法人大连昭和学团创办，成立于1923年，初期称为大连女子工艺学校，1928年2月，改为

高冢原一先生之碑碑左侧拓片

---

① 〔日〕关东州厅学务课编：《现行学事法规》，1936年，第193页。

原日本大连昭和高等女学校校舍

大连昭和高等女学校校徽

日本殖民当局对中国学生进行奴化教育

大连技艺女学校，1934年2月，改称大连女子专修学校，新校舍在桔梗町，该校为寄宿学校。1937年4月，正式成立大连昭和高等女学校。是私立四年制日本人中学，但也招收部分中国人入学。1940年有班级16个，学生840人，教职员23人。校址在今西岗区水仙小学。到1945年，大连昭和高等女学校有班级18个，学生603人，教员20人[①]。大连昭和高等女学校课程设置如下：修身、公民、国语、外国语、历史、地理、数学、理科、绘画、家事、缝纫、音乐、体操等教学科目。课程中家事、裁缝等工艺课程占三分之一。二是从正面206个字的碑文中，我们可以了解到，高冢原一生于明治十年9月，长期受到良好的教育，又师从名师田中智学。田中智学是日本的宗教家，早年在灵妙觉寺出家，信奉的是日莲正宗，所以碑文中有"日莲圣人"一语。高冢原一通晓日本教学理念，所以来到关东州兴建学校。大正十二年6月得官许可创立私学，其目的是"于大连恢宏日本国体之教育"。

碑左侧文字提及张本政。张本政为何人？为何由他来篆额并撰碑文？大汉奸张本政（1865~1951），旅顺黄泥川人。在太平洋战争期间，利用开办轮船公司的十几艘货轮替日军运送军火，曾数次到东京，受到日本天皇接见，并获得五等勋位瑞宝章和金牌。先后担任关东州厅参事、大连商会会长、大连宏济善堂总经理等职。作为财团的法人代表、后援会的负责人，为高冢原一立碑，首当其冲。久世菊治是大连昭和高等女学校教师。

"勋五等"是日本一项表彰功勋的制度中的一个勋阶，也称勋等制度或勋位制度。在日本律令制度中，勋等制度是指被授予的东西，它从勋一等以下直到勋十二等为止，设置了12个等级。"正八位"是日本官位制度中的一个位阶。从平安时代直到江户时代为止，官位即位阶和官职是公家和武家的身份制中仍然使用勋等的勋阶，然而随着时代的变迁，后来用的就少了。进入明治时代，明治八年（1875）开始实施勋等与赏牌制度，次年，也就是明治九年（1876），改称为赏牌勋章制度。设置了勋章的等级和勋等（从勋一等到勋八等），颁布诏书制定勋位。勋章授予时，相对应勋等的勋章授予被称作授章。明治二十三年（1890），金鸡勋章被制定，被授予勋等的功级，相应地也制定了档次。另外，勋位的等级也与官品的位阶相关。具体勋位与品位相对应如下：勋一等相当于正三位，勋二等相当于从三位，勋三等相当于正四位，勋四等相当于从四位，勋五等相当于正五位，勋六等相当于从五位，从勋一等到勋六等是天皇诏命授予。勋七等相当于正六位，勋八等相当于从六位，勋九等相当于正七位，勋十等相当于从七位，勋十一等相当于正八位，勋十二等相当于从八位。

高冢原一碑对研究日本在大连殖民统治时期的女子教育具有重要的资料价值，特别是在其开设的科目中，带有明显的殖民特色的内容充斥其中。在开设的各门课程中，因为修身科教育是"根据敕语之趣旨，以培养道德上之思想情操，锻炼坚强的意志，特别是以培养关于我国国体的信念，期待成为健全有为的国民，引导实践躬行为

[①] 大连市史志办公室编：《大连市志·教育志》，中央文献出版社，2001年，第163页。

要旨"①，所以居于全部课程之首。修身科的主要内容为：传授道德之要领；领悟日本国民道德之由来与特质；明确日本国体及国体本义；对国家社会及家庭的义务；并知晓关于人格养成及国际生活的必要事项，更进一步养成正确的批判力，尽力确立道德的信念。培养"亲躬实践"的"健全有为的国民"。公民科，传授与完善日本人的政治、经济、社会生活的知识与道德规范有关的内容，要求学生领会"共存共荣"的本义。"国语"（指日本语）每周有8课时之多，而"满语"一、二年级每周3课时，三、四年级每周仅2课时。同时，中国人女子高等公学校不设外语科。这充分反映了其"授日语、施德育"的教育宗旨。历史科，通过"邦国盛衰之由来"与"国运进展的迹象"，培养学生的"国民精神"。地理科，通过了解日本和诸外国的国势，促进学生形成献身于"开发""开拓"的"国民自觉"等。《关东州人教育令》规定，男子高等公学校数理科是以锻炼学生能正确考察处理事物现象的能力；透过事物现象掌握一般的原理和应用，并能运用在生活实践上，从而培养创造精神，为国运的发展作贡献的素质为要旨。数理科分为数学、物象及生物等课程。

女子高等公学校数理科是锻炼学生正确考察处理事物现象的能力。透过事物现象掌握一般的原理和应用，并能运用在日常生活尤其是家庭生活的实践当中，以培养创造精神和启发培养为国运发展作贡献的素质为要旨。数理科分为数学、物象及生物等课程。课程要求的细微差别却彰显了男、女生培养重点的不同。家事科，是要使女子知道其在家庭生活中的任务及责任，同时还要学习一些实际业务，以利于妇德的培养。授以祭事、敬老、教育子女、食物、居住、卫生、护理、家庭经济等家庭日常生活知识。必须重视与奉公科有关的礼法教育。注意与数理科相结合，以养成科学处理家务的态度。根据地方情况，注意改善、充实生活方面的指导。要重视教养，养成勤劳习惯，还要在勤俭节约、提高生活、清洁整顿等方面进行训练。缝纫课是要熟练地掌握一般服装的裁缝，学会有关衣类的常识，以利妇德的培养。教给运针、剪裁、缝制简易衣物的方法。学会选择衣料，整理、保存和其他有关衣类的常识。结合艺能科的家事课，在养成节约习惯的同时，还要培养对物品要有感谢的心情。根据地方的情况，在指导开动脑筋找窍门的同时，还要为培养改进服装的能力方面打好基础。体育科是锻炼身体、磨炼精神、育成强韧的身心，以培养为集体训练尽力、献身奉公的实践能力为要旨。

大连昭和高等女子学校在1944年以后的课程设置按照《关东州人教育令》来执行，在《关东州人教育令》第三节女子高等公学校的第126条中规定："女子高等公学校，必须进行教学和修炼。教学方面有奉公科、数理科、家政科、体育科、艺能科及劳动科。"那么，这六科又有什么具体要求呢？《关东州人教育令》中的第127条、

---

① 关东厅学务课编：《关东厅学事法规》，大连日清印刷所，1932年，第22页。

第128条、第129条、第130条、第131条和第132条进行了明确的阐述。第127条明确规定："奉公科是学习我国（日本）文化，以及以我国为中心的东亚和世界的历史、地理，阐明国体的本义，醇化陶冶关东州人的素质。在理解皇国使命的同时，启发和培养妇德，以培养挺身奉公的实践精神为要旨。奉公科分为修身、国语、满语、历史、地理等课程。"第129条明确规定："家政科是要明确我国家庭的本义，知道妇女任务的同时，要学会掌管家务、改善家庭生活、养成勤劳习惯，以培养主妇和母亲的道德情操为要旨。家政科分为家政、教育子女、保健及被服等课程。"第131条明确规定："艺能科是掌握在生活上必需的艺术技能，培养创造及鉴赏能力，以醇化情操、充实生活为要旨。艺能科分为音乐、书法、图画及手工等课程。"第132条明确规定："劳动科是通过户外农业劳动作业及其他各种作业，学习农业知识和农业生产技能，明确劳动的重要意义，进而培养从事劳动的习惯，以养成生产报国、勤劳奉公的诚意为要旨。"第133条明确规定："修练科是以行为的修练为中心，使教育向实践、综合方面发展，修练与教育合为一体，修练皇国之道，以培养献身奉公的实践能力为要旨。修练科，有平时进行的修练，每周定时进行的修练以及在学年中随时进行的修练。"这些内容充分论证了日本在大连殖民统治时期教育的奴役性，是日本教育侵华的铁证。

十一 大连"碧山庄"万灵塔碑

姜　超

大连"碧山庄"万灵塔碑，日本大正八年（1919）立，花岗岩质地，高354、宽122、厚60厘米，重约10吨。碑额残缺，碑身保存完整。二十世纪七十年代末，旅顺日俄监狱旧址博物馆的工作人员到大连寺儿沟"红房子"旧址考察时，发现了已被摧毁

大连"碧山庄"万灵塔碑

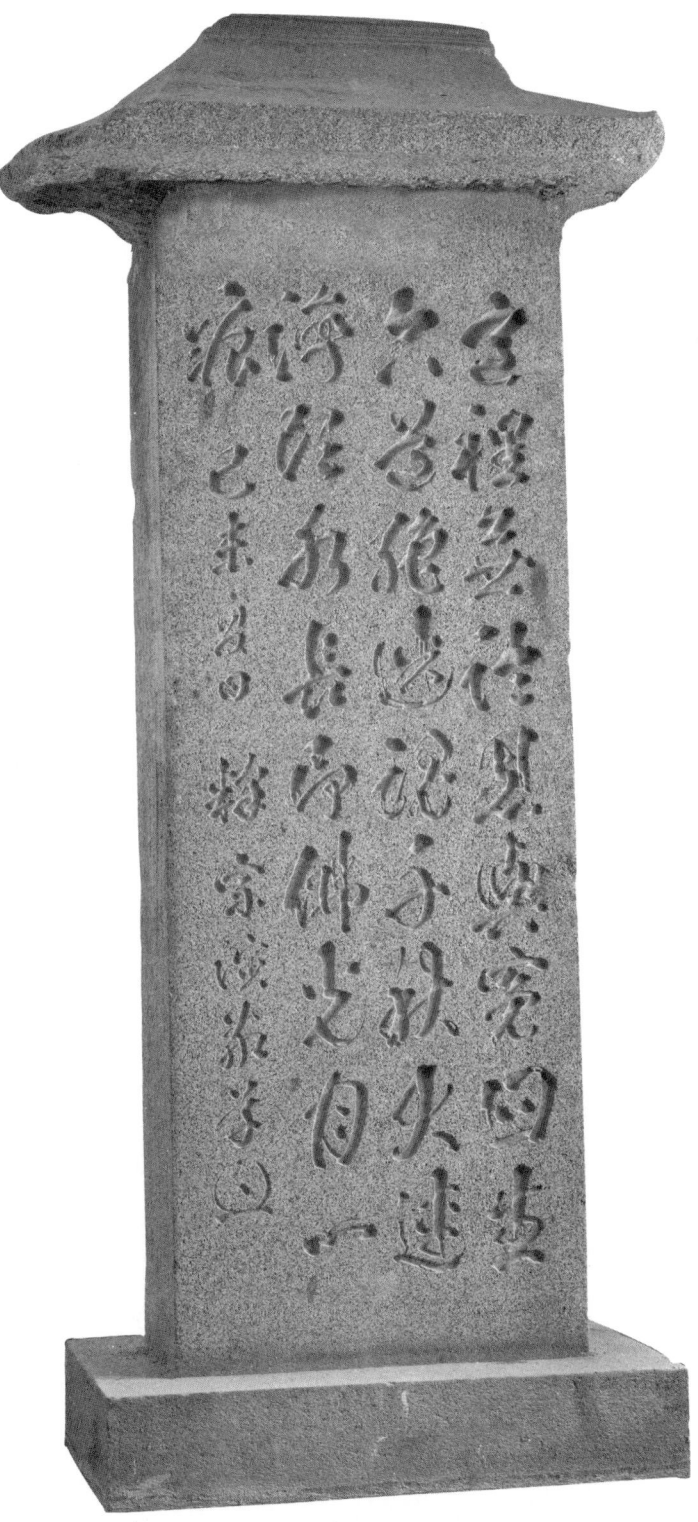

大连"碧山庄"万灵塔碑碑阴

大连"碧山庄"万灵塔碑碑阳拓片

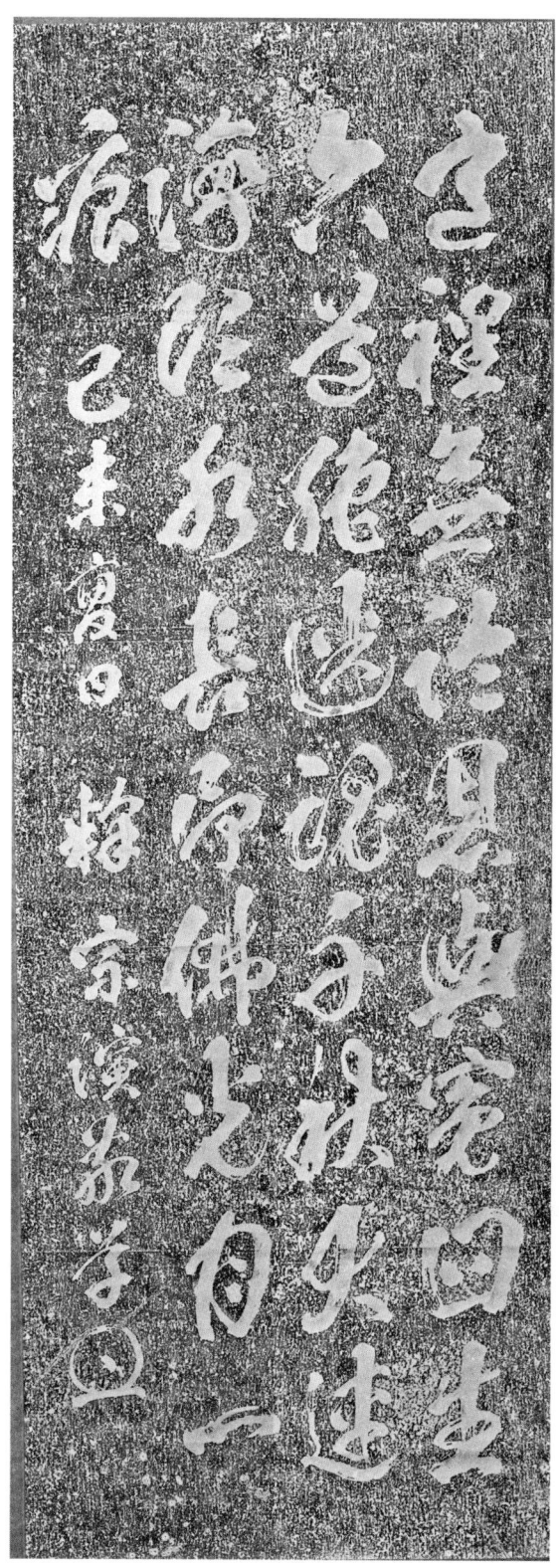

大连"碧山庄"万灵塔碑碑阴拓片

大连"碧山庄"万灵塔碑碑左侧　　　　　大连"碧山庄"万灵塔碑碑右侧
（《万灵塔纪铭》下）拓片　　　　　　　（《万灵塔纪铭》上）拓片

的万灵塔石碑，当时倾倒的石碑上覆盖着厚厚的生活垃圾。1990年9月15日，在专业运输部门的配合下，旅顺日俄监狱旧址博物馆工作人员从大连寺儿沟将该石碑运回馆内收藏。1996年6月，经国家文物局专家鉴定组鉴定，其为一级文物。

碑阳

萬靈塔

碑阴

定裡無論恩與冤，四生』六道絕迷魂。千秋大連』灣頭水，長印佛光自心』痕。已未夏日 釋宗演敬草』

碑右侧

萬靈塔紀銘』雪齋學人金子平吉撰並書』
連灣膺渤海之極，水陸之匯，形勢之雄，因冠泰東。自乙巳歸日本統治，綱錐式廓，規模煥新，百貨雲集，番工蔚』起，幾有與寰宇諸名港駢駕爭先之勢。惟碼頭運務至爲艱巨，董督乏人，適有相生由太郎君慨然應聘，許以馳驅。明治』四十二年，肇興福昌公司，擘劃一切，廣招工徒，從事裝卸。辦法整齊，有條不紊，運務得以快暢，衆商感賴便』焉。君所設華工常不下萬人，日人亦近百人，而君視爲同胞，全泯畛域，渾作一大家族。附設房舍、病院、寺觀、劇場。』凡爲衆請求厚生樂業之道，罔淤不至其所。另經營事業率著厥勤，而君常謂，發財實爲公財，雖錙銖不』敢私之也。每逢傭工病故，君悼之如喪骨肉，領葬以禮恤，及鰥寡孤獨耋，俾有聊賴而後已，其所素持鄰交。』

碑左侧

大旨純繇公理發，而原儲天良，微諸寔事而不爲，只言宜矣棣萼或諸靡事不濟也。今茲值公司發軔十周年，』建萬靈塔於碧山莊以奠衆靈焉。主人曰，此後凡吾麾下之歿，欽概祀於此，以彰吾一片之耿耿，藉爲鼓勵倫常』，始範建塔致祭之寧哉，由是以觀君之所誌，亦可謂韙矣。盖大丈去當以推倒一世英傑，開拓萬古心胸爲快矣，偏』因於貨殖而舍人生之指歸。先哲有言，天非私福一人，託以衆不幸者之命，想君亦悟，幾乎有亮就於此者已。余不』綱，爲人作頌不能自欺而出諞言也，乃憑事紀實之銘曰』碧山之阿，繫靈攸朝，利生碩志，寓神嶕嶢，彝倫奠抵，於斯揚鐮，崇碼含氣，終古冲宵。』
大正八年十月　相生由太郎建之』

提起"碧山庄",大连人可能会感到有些陌生,但提起"红房子",大连人可谓无人不知,无人不晓,因为"碧山庄"还有个俗称"红房子",它是日本殖民统治大连期间,码头工人集中居住的地方。

1905年日本侵占大连后,大连港成为日本掠夺东北资源、倾销日本商品的进出港口。1907年4月1日,南满洲铁道株式会社(简称"满铁")在大连正式营业,以大连港、南满铁路和安奉铁路为主要物资基础的交通运输业,是"满铁"全部经营活动的基础和中心,并特设了大连栈桥事务所,聘任相生由太郎担任所长。同年10月1日,大连栈桥事务所改称"大连码头事务所"。1908年12月9日,大连码头事务所直属"满铁"总裁管理,极大地提高了大连港的地位,其主要经营范围包括:掌管码头、栈桥及船舶进出港利用岸壁等事项;统一安排和管理在港船舶;统一管理码头货物装卸及堆存;经营仓库保管业务;制定有关规章制度[①]。1909年4月,受"满铁"委托,相生由太郎辞去所长职务,创立福昌公司。

原大连港货运码头

---

① 顾明义等主编:《大连百年史》,辽宁人民出版社,1999年,第831页。

相生由太郎（1867～1930），号铁牛居士，出生于日本福冈市，东京高等商业学校（今一桥大学）毕业后入日本邮船株式会社。1906年，应"满铁"理事犬冢信太郎的邀请来大连考察，主要是解决大连码头秩序比较混乱的问题。1909年福昌公司成立后，开始垄断大连港货物装卸业务，并专门经营码头劳力供应，为甘井子码头、吾妻驿（原大连东站）、小岗子驿（原大连西站）、南关岭、旅顺等车站提供装卸工人。

对于中国劳工，"满铁"总务部资料课长川锅诚一曾撰写《入满打工的中国劳工问题》进行分析，他认为山东省劳工性格剽悍，团结力强，因为集体作业使用的场合常有反抗发生，所以不适宜大集团作业，以个人或小集团为单位使用的时候，可以获得与其他省劳工同

相生由太郎

样的效率。青岛入满的劳工最适合港湾的劳役和矿山劳动。芝罘作为小商人、厨师、木工、铁匠、锻工等入满的必经之路，自古以来具有这个特点。龙口入满的从事采石、矿工等劳动受到好评。威海入满的以为安东（今丹东）提供采木、伐木作业的劳工而著名。因为码头装卸工作属于重体力劳动，相生由太郎特别提出"身体虚弱、视力不合格、不能负担140斤重物者不宜采用"。山东人体格强壮、朴实、吃苦耐劳，福昌公司特别青睐招募山东人。据福昌华工株式会社《大连码头工人出生地统计》，在其使用的码头工人中，来自山东的最多，1936年占88.7%，1939年占85.9%；其次是河北，1939年占10.2%[①]。

1911年12月，相生由太郎在大连寺儿沟东山建起"碧山庄华工宿舍"，总占地面积11.5万平方米，建筑面积3.9万平方米，共有92排184栋房屋，其中工人宿舍与工头宿舍各占92栋（包括平房38栋，二层楼房54栋），另外还有其他建筑共同组成宿舍群。宿舍四周筑有高大的围墙，围墙上架有铁丝网。由于这些房子是由红砖统一建造的，远远望去，一排排房子呈一片片红色，所以人们便俗称其为"红房子"，里面住着从山东、河北、上海等地骗招来的几万名贫苦农民和失业工人。当时，红房子最多时可容纳码头工人2.8万人，但码头货运繁忙时节，这里居住的码头工人竟达3.5万人。每间房子里面全部是四层床铺，每人只有一尺的位置，冬天无取暖设施，夏日蚊蝇成群，

---

① 刘连岗执笔：《大连港史》，大连出版社，1995年，第217页。

原大连码头工人居住地"红房子"（中间路尽头即万灵塔）

大批码头工人正在装卸货物

劳累、饥饿、传染病夺走大量码头工人的生命

环境异常恶劣。

　　福昌公司实行把头制度，形成满铁—福昌—把头的装卸体系，在"红房子"里设有"华工事务所"和"工头议事堂"，大工头、小工头监视、盘剥码头工人。红房子设有东西南北四个门，平时只开北门，由守卫严密监视着工人的出入。北面的正门是二级钟楼，楼上的亭式建筑物上镶着四面电钟，称为"碧山庄钟楼"，这口乌黑的大钟是催逼码头工人上工的催命钟。每天早晨还不到4点，工头就拼命敲钟，刺耳的钟声把疲劳的码头工人惊醒。工人们刚准备起来，一群身穿皮袄、手持镐把的工头就气势汹汹地闯进工棚，撵着上工。工头们一边骂，一边把窗户打开，任凭刺骨的寒风吹进屋里，像锥子一样扎进工人们的身上，谁行动稍微慢一点，就要劈头盖脸地挨一顿镐把子。在野蛮欺压和残酷迫害下，每年被冻死、饿死、病死、打死的码头工人不计

万灵塔原貌

其数,据1943年3月至6月的统计数字显示,仅因患病残废的码头工人就达3 520多人。"红房子是杀人场,鬼子工头赛虎狼,有进无出囚牢间,断气葬身乱尸岗。"这首曾在"红房子"里流传的顺口溜,正是码头工人们生活的真实写照。

码头工人吃的是猪狗食,干的是牛马活。在工头的皮鞭和棍棒下,码头工人饿着肚子,在没有任何保护条件下,肩挑200斤重的煤筐,扛着200多斤重的袋物,在近7米高的桥板上跑来跑去。他们肩膀压肿了还得拼命地扛,实在扛不动了,就伏下身子驮,脊背都压弯了。这样沉重的劳动,码头工人每天得干12至16个小时,甚至通宵达旦,1929年有299万吨货物就是通过夜班作业完成的。由于劳动强度过大,导致工伤和死亡事故经常发生。据1909~1919年的不完全统计,因作业死亡者达1 372人。1923年1月6日,《大连新闻》报道:"大连港每年装卸1 000多万吨货物,其装卸全部使用人力,每个'苦力'一天得搬运10吨以上的货物。"码头工人的斑斑血泪洒遍大连码头。

1919年,福昌公司在"红房子"里面修建了天德寺和万灵塔,利用宗教迷信麻痹欺骗码头工人,消除反抗情绪。据1938年福昌华工株式会社编辑发行的《碧山庄》一书说:"万灵塔塔基石高六尺八寸,塔高二丈一尺。塔下有地穴,装满死难劳工的名牌。"每年阴历七月十五日(盂兰盆会),日本人在万灵塔前搭起经棚,举行所谓的"招魂祭塔"活动。白天,相生由太郎率领大小工头身着黑色服装在塔前"祭奠",

并请和尚念经"超度"亡灵。工头又率领码头工人到塔前献花、祈祷。晚上，将残废、死亡的码头工人的名单装在一只纸船中，放在海上任其随风飘去，为他们"送走灾祸疾病，祈求吉祥平安"，让死者可以"魂归故里"，实际是冤沉大海。日本殖民统治者千方百计地愚弄欺骗码头工人，笼络人心。

万灵塔碑正面阴刻着"万灵塔"三个大字，背面刻有释宗演的题诗："定里无论恩与冤，四生六道绝迷魂。千秋大连湾头水，长印佛光自心痕。"大意是：人世间的福祸恩冤都是由前生注定的，生命就像大连的海水源远流长，我们要常常让佛光照耀心灵。就像天德寺经词云："前世你欠如来债，今世贬你做牛马。"宣扬的都是因果报应的宿命谬论，瓦解工人的反抗斗志，将日本殖民统治者残酷压榨剥削码头工人的罪行合法化。

万灵塔碑左右两侧刻有《万灵塔纪铭》，由日本汉学家、时任《泰东日报》社长的金子平吉撰书。铭文共551字，极力鼓吹日本统治下的大连港有与"世界名港并驾争先之势"。对相生由太郎也尽是美化赞颂，说他对万余华工"视为同胞，全泯畛域，浑作一大家族。附设房舍、病院、寺观、剧场，为众请求厚生乐业之道。每逢佣工病故，其悼之如丧骨肉，领葬以礼恤"。颂扬相生由太郎在福昌公司成立十周年之际"建万灵塔于碧山庄以奠众灵，凡此后之殁者概祀于此，为鼓励伦常，始范建塔致祭……崇碣含气，终古冲霄"云云。

释宗演（1859～1919），字洪岳，日本福井县人，临济宗圆觉寺僧人，是现代佛教在日本的开创者。1904～1905年日俄战争期间，他作为僧职人员随军布教，认为武士道是佛教、儒教和神道教融合的结果，将日本的侵略行径归功于武士道文化。金子平吉（1864～1925），号雪斋，日本福井县人，日本著名汉学家。先后参加过甲午战争和日俄战争，充当随军翻译。两位同出自日本福井县的名人，联手为万灵塔碑题诗和撰写铭文，面对日本侵略者的残酷掠夺和野蛮杀害，面对利润滚滚万古枯的残酷现实，他们极尽歌功颂德之能事，这是以佛教和文化的名义对生命的亵渎。

1926年，福昌公司通过垄断大连码头装卸作业，同时经营货物委托、土木建设、窑业、采石业、农园等，势力已经日益增大，引起日本其他财团的舆论攻击。相生由太郎慑于多种势力夹击，另外又身患重病，于1926年10月21日将福昌公司的1.5万名码头工人以及全部作业机具以180万日元转让给"满铁"。福昌公司更名为福昌华工株式会社，由相生由太郎的养子相生常三郎掌管，日本殖民统治者对码头工人的剥削压迫仍在继续。1930年，相生由太郎病死于大连。

1945年大连地区解放之后，"红房子"一带成为海港工人家属的住宅区，工人们推倒万灵塔碑，捣毁天德寺。

十二 关东神宫嘲风浮雕

周爱民

  关东神宫嘲风浮雕品相完整，做工精美，为汉白玉质地，呈五边形，高112～115、宽87～90、厚12厘米，浮雕正面雕刻着嘲风的毛发、眉须、眼睛、鼻子等图案，虽然经历了半个多世纪的风雨侵蚀，却依然清晰可见。

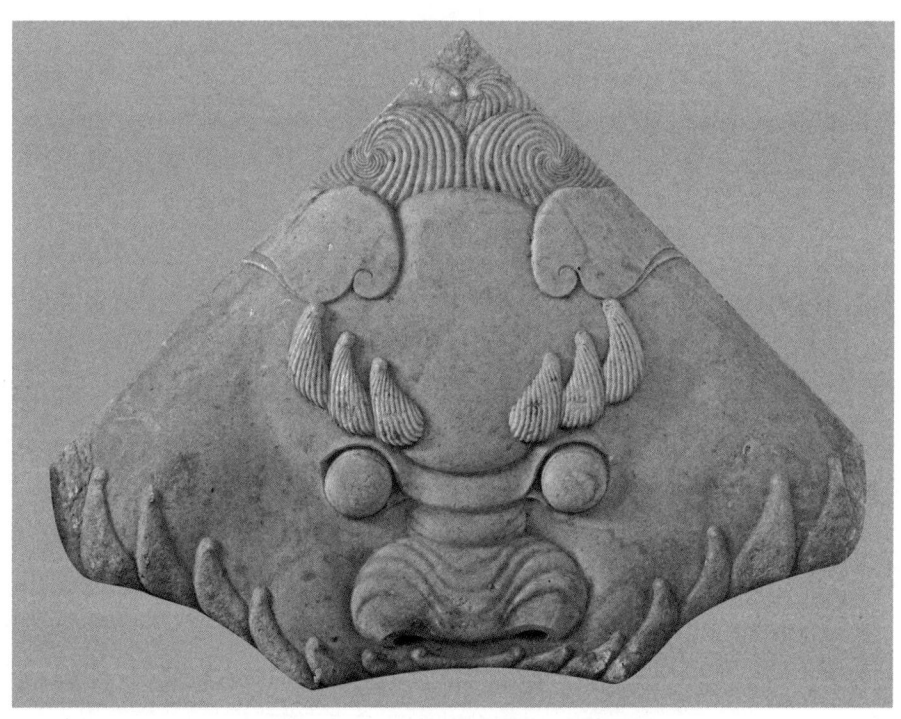

原日本关东神宫汉白玉浮雕——嘲风

  关东神宫原址位于大连市旅顺口区同心街1号，是日本殖民统治大连期间修建的一座祭祀神社，建筑面积2 665平方米。1945年日本投降后，该神社被废止，1958年主体建筑被拆除，其镶装在大殿房檐上的汉白玉浮雕嘲风，1991年8月23日被旅顺日俄监狱旧址博物馆收藏。

  时光流转，世事变迁，关于当年关东神宫的全貌，我们已经无从得知，仅能从历史照片中看个大概。但是，从至今尚保存完好的装饰物汉白玉浮雕嘲风来看，其雕刻工艺和形象设计依然使我们可以想见当时关东神宫的工程浩大、建筑宏伟和做工讲究。为了将日本普通的宗教活动神道教演变成为超越其他一切宗教形式，建立以皇室为中心的政治性宗教体系——国家神道体系，不断扩大日本帝国主义的精神文化侵略，日本殖民当局煞费苦心地到处修建神社庙宇，而关东神宫当属其中级别最高的一座，将日本妄图长期侵占大连地区的狼子野心暴露无遗。

1. 关东神宫的来历

在日本对外发动侵略战争过程中，日军所到之处必有神道教和佛教人员紧随其后，使宗教活动发挥其独有的精神文化侵略作用。神道教是日本固有的宗教形式，明治维新后与天皇制帝国主义国家体系结合起来，成为"国家神道体系"，始终发挥着"凝聚日本人的精神力量，支持侵略扩张国策"的作用。日本殖民当局自1905年殖民统治大连以来，日本各宗教派别借着侵略扩张的势力纷纷涌入大连，从1908年开始，至1945年投降，在大连各地相继建立了大连神社、沙河口神社、金刀比罗神社（大连市）、小野田神社、貔子窝神社、普兰店神社、金州神社、金刀比罗神社（旅顺）、关水神社、大连惠比须神社、柳树屯稻荷神社、周水神社、关东神社等20座神社供人参拜[1]，提倡在大连的日本人要"早晚崇仰、礼拜、默祷"，表示不忘祖国。1936年，为了进一步加强神道教的作用，日本外务省专门制定了《在满洲国及中华民国神社规则》，对神社的性质、作用、管理和参拜等都做出了更加详细的规定，以此激励士气，为军国主义服务，慰藉和欺骗死亡士兵的家属，毒害和奴化中国人民，培养"皇道顺化"之"良民"[2]。

1931年日本发动九一八事变，侵占中国东北。又于1937年七七事变后，发动全面侵华战争，并积极利用神道设教活动为侵略战争服务。1938年6月1日，为了巩固其在大连地区的殖民统治，日本政府内阁发布《第30号告令》，决定在旅顺新市街修建关东神宫，其规格为神社中级别最高的"官币大社"。所谓"官币大社"就是由国家出资建造和实行管理的神社。同时宣布，关东神宫中的主祭神是当时日本人信奉的天照大神和明治天皇，其目的就是希望以此"移植国风""弘扬国威""鼓舞士气"。当时，关东神宫的工程预算是100万日元，为了征集更多的资金，日本举行了捐款活动，征集到资金400多万日元。

1938年7月3日，日本殖民当局举行关东神宫奠基仪式，日本驻伪满洲国大使、时任关东军司令官植田谦吉专程从长春赶到旅顺，代表日本政府以祭主身份主持了地镇祭仪式，声势浩大。1939年7月，关东神宫建筑方案仍处在规划设计中，日本殖民当局再次组织祭祀活动，大肆宣传"五族协和"的殖民主义论调，企图在民间形成神道文化的氛围及忠诚于天皇的信念。

1940年5月4日，关东神宫的正殿举行上梁仪式，大连神社神主水野久直主持了庄

---

[1] 顾明义等主编：《大连近百年史（下）》，辽宁人民出版社，1999年，第1300页。
[2] 顾明义等主编：《大连近百年史（下）》，辽宁人民出版社，1999年，第1320页。

1938年7月3日，驻伪满全权大使植田谦吉以祭主身份主持关东神宫地镇祭

1938年7月3日，日本在关东神宫举行地镇祭

严的开工仪式。按照原定计划，关东神宫的修建工期是3年，应该在1943年竣工。但1941年12月8日太平洋战争爆发后，日本疲于应对战事，国内财力不断吃紧，致使修建关东神宫的经费供应不上，原材料和劳动力都明显不足，工程进展缓慢，祝词殿、内拜殿、外拜殿等逐渐建成，各殿由回廊连接起来。1944年9月28日，举行了大殿落成典礼。

2. 关东神宫的建筑

关东神宫的选址对日本殖民当局而言至关重要，它关系到巩固日本对大连地区的占领与控制，进一步宣传国家神道体系，使居住在大连的日本人成为日本"圣战"的忠实信徒,使大连人民成为"皇道顺化"的顺民,从而形成日本国土"彻底的真实的延伸",将大连变成日本可靠的侵略基地。日本殖民当局的军政要员经过反复勘察和选址,最终将关东神宫的位置确定在旅顺新市区北面的高坡上,这里依山傍海,神社在群山环抱中面向大海,风景十分优美清静。殖民当局采用高压政策迁走居民,强占了这片好山好水,开始动工修建关东神宫。

日本建造神社时大多采用白木流造式的建筑风格,这是日本学自唐朝并发扬光大的一种长屋檐独特建筑样式,关东神宫就属于这种建筑。白木流造式的具体做法,即采用高档的白荏木头精雕细刻,不涂油漆,露出木材原生态的纹路和颜色,清新自然,做工考究。建造关东神宫时,专业技术工人都是从日本国内招募来的,木工、瓦工等都可谓技术高手。当时,建造神社使用的木材都是专门从台湾运来的有合抱粗的樟木,不仅能够起到防腐防蛀的作用,还使建筑始终散发着一股浓浓的樟香味道,更增加了神社的神秘感。在关东神宫的巨型门槛上,排列有序地镶嵌着铜制铆钉,每个重达0.25千克;屋顶全部采用铜瓦覆盖,每片重达0.5千克;房檐上镶装着汉白玉材质的浮雕嘲风,显得十分雍容华贵。

关东神宫门前立有三排高大的鸟居,每根柱子十分粗大,两个成年人都合抱不过来,还有神宫屋顶上交叉叠压的栋梁、各殿巨大的廊柱,以及带着精雕细刻花纹的木制装饰,均采用台湾樟木,每根木材都是顺丝顺绺,连一个疤痕都没有,足以想见当时建筑选料的精细和建造方式的讲究。据旅顺居民回忆,当年日本人采用拖船将樟木从台湾运到旅顺港,沿途还有军舰护航,木料到港时,日本殖民当局竟然规定旅顺渔

原日本关东神宫鸟居

民一律不准出海打鱼。当时，由于樟木过于粗大，缺少相应的运输工具，采用原始的圆木交替滚动、人工拖拉的方式运到工地。鸟居完工后，每排鸟居的下面都设有岗哨，站岗的军警全部佩带短枪和长刀，戒备森严，不允许中国人靠近。

  1944年第二次世界大战接近尾声，9月28日，关东神宫主殿竣工，日本殖民当局企图以神道来挽救失败的命运，为此匆忙举行了落成典礼。同年10月1日上午10点，日本天皇亲自派遣特使到旅顺主持关东神宫镇座祭仪式，驻伪满洲国日本大使、关东军总司令山田乙三和新上任的关东神宫神主佐藤重三郎等都出席了仪式，来自大连神社的人员奏乐起舞，整个仪式进行了2个多小时。当时，为虚张声势，日本邮递局还同期发行了"关东神宫镇座纪念"邮票和明信片，这是军国主义者为自己敲响的丧钟，因为这是战争期间日本发行的最后一项纪念邮票。根据史料记载，在日本本土以外，

原日本关东神宫主殿

原日本关东神宫大殿

像关东神宫这样规格的神社，日本在中国大陆仅此一处。另外两处分别在朝鲜和中国台湾。从此，由日本政府主导建成的关东神宫取代由日本民间组织建立的大连神社，成为日本在大连地区的中心神社。

日本投降前夕于1944年10月1日在关东神宫匆忙举办镇座祭

日本殖民当局修筑的通往关东神宫的"御道"

在关东神宫建造的同时，日本殖民当局还在神社门前（今旅顺白山街）修建了一条笔直宽阔、长达480米的"御道"。"御道"，据说是供皇帝和达官贵人们专用的道路，平民百姓只能从两侧通行。关东神宫的御道并行三排宽32米，中间主道宽10米，两边侧路宽6米。御道两旁建有长长的绿化带，种植着日本银杏树、白玉兰等各种名贵树木，粗壮的大树枝叶相连，遮天蔽日，将道路包裹起来，形成三条郁郁森森的林荫大道，面向大海。日本殖民当局大兴土木、劳民伤财地修建关东神宫，正预示其太平洋战争的最后惨败。

3. 以"勤劳奉仕"名义强迫学生修建关东神宫

1941年太平洋战争爆发后，日军由于侵略战线过长，致使兵力吃紧，到处强抓中国劳工修筑工事。1943年后，日本殖民当局在大连地区相继颁布了《学校战时动员体制确立纲要决定》《关于教育的战时非常措施方案》《学生勤劳令》等一系列战时教育的非常措施，把学校变成"增强战争实力"的工具，通过法西斯的军事教育将学生变成紧急时期的劳动力。1944年，日本殖民当局通过《紧急学徒勤劳动员细要》《决战教育纲要》等条令，要求学校组织学生进行军事训练，祈祷日本皇军"武运长久"，同时以"勤劳奉仕"（即义务劳动）的名义，强迫中国学生到军需仓库、机场、关东神宫等地参加数日乃至半年的义务劳动，致使旅顺各学校的学生大多离开学校。当年在旅顺第二中学校读书的李茂庄曾经回忆道：那时每月8日，日本殖民当局都要组织旅顺的中学生、师范生、大学生到白玉山上参拜纳骨祠，纳骨祠里存放着日俄战争中日军死亡的22 723人的骨灰；下山后，直接到关东神宫工地参加劳动，日本人叫"勤劳奉仕"。

当年殖民者胁迫学生到关东神宫参加"勤劳奉仕"

原日本关东神宫残留的部分侧廊

原日本关东神宫御神印章

1940年5月4日关东神宫开工时的上梁钱

另据当年目击关东神宫施工情况的老人证实，修建神宫时，工地上集聚了许多精工巧匠，昼夜拼搏，但像砌墙、上瓦、安装门槛等细活都由日本人负责完成，根本不许中国人靠前。中国人干的都是粗活、脏活、累活，如让年幼的学生抬大筐运土，劳动强度非常大，日本教师做监工，对中国学生不是打就是骂，激起了学生们针锋相对的反抗斗争。学生主要做苦力活，负责搬运大量的土石方，两人抬一个大筐，装上土后，要抬起来跑着走，学生们不跑，能磨蹭就磨蹭，以"磨洋工"的形式进行对抗。

4. 关东神宫的遗物

1945年8月15日，日本战败投降，中国人民的抗日战争取得胜利。8月22日，苏联红军进驻旅顺，关东神宫废弃。至1958年，因为疏于管理，关东神宫的屋顶铜瓦、樟木门柱等物件陆续被人拆走，难遮风雨的关东神宫开始破败。1958年4月4日，经上级管理部门批准，关东神宫被拆除，仅保留西侧走廊建筑800多平方米。

早在1945年9月12日，驻旅大地区（旅顺和大连）的苏联红军司令部命令居住在旅顺的日本人立即撤离，前往大连集合，关东神宫被露西亚教堂接管。日本投降前，神宫的神职人员已经将许多物品烧毁，露西亚教堂接管时，关东神宫只剩下几座空旷的殿堂。同年10月，日本人小林满听说关东神宫被苏方接管，悄悄来到旅顺，希望能够找到与关东神宫有关联的东西做纪念，并在草丛中发现"关东神宫御神印"。该印章呈四角形，是由日本篆刻家大石南山刻成后献给"满铁"后，又转献给了关东神宫。

1958年，人们在拆除关东神宫正殿时还发现了上梁的镇物，即关东神宫上栋钱币，纪时为"昭和十五年五月四日"。据专家分析，这是当年修建关东神宫正殿时摆放在房梁上的镇物，俗称上梁钱，属于专用、专铸的上梁钱，作用是祈盼避邪趋吉，保佑平安。

嘲风，相传为龙所生九子之老三，平生好险又好望，因此，其形状常常作为殿角的装饰。在中国古建筑装饰中，我们在许多楼台亭阁殿角上都会看到排列着单行队的走兽，走兽的领头是一位骑禽的仙人，后面依次为龙、凤、狮子、天马、海马、狻猊、押鱼、獬豸、斗牛和行什。走兽的安放有严格的等级制度，只有北京故宫的太和殿才能十样俱全，次要的殿堂则要相应减少。关东神宫殿角上嘲风的安置，是威严的象征，具有威慑妖魔、清除灾祸的含义，专门用来化解风水十八煞中的反光煞。殿角的走兽被建筑行业形象地称为"走投无路"，因为它们已经"走"到了檐角的最前端，再向前一步就会掉下去，真的是走投无路了。这就如同日本殖民当局修建关东神宫，借此祈望神灵保佑侵略战争取得胜利，但多行不义必自毙，侵略者都没有好下场，无论他们做怎样的垂死挣扎，最终都是走向灭亡。

十三 "旅大八景蔡大岭"和"旅大八景玉乃浦"刻石

崔再尚

旅顺日俄监狱旧址博物馆馆藏有"旅大八景蔡大岭"和"旅大八景玉乃浦"两块刻石,系日本昭和三年(1928)立。"旅大八景蔡大岭"刻石,石灰石质地,高163、宽80厘米,刻石上部中间稍凸起,呈不规则锥形。1991年旅顺日俄监狱旧址博物馆在旅顺南路蔡大岭采集。"旅大八景玉乃浦"刻石,灰绿岩质地,高165、宽85厘米,刻石腰部两侧稍凸起,呈不规则锥形。1991年,旅顺日俄监狱旧址博物馆从旅顺南路塔河湾采集。

"旅大八景蔡大岭"刻石

"旅大八景玉乃浦"刻石

"旅大八景蔡大岭"刻石正面

旅大八景蔡大嶺

"旅大八景玉乃浦"刻石正面

旅大八景玉の浦

"旅大八景玉乃浦"刻石拓片

1. 旅顺南路的修建

1905年日本侵占旅大之前，旅顺至大连间的交通工具只有铁路。日本殖民统治大连和旅顺以后，两地间的行政、文化、经济等方面的交流非常密切，原来的公路变得十分拥挤，迫切需要加强旅顺与大连间的交通建设。大正十年（1921），关东厅长官山县伊三郎决定开辟一条沿着黄海海岸线从旅顺至大连的新道路，当时称为旅大汽车道路，即现在的旅顺南路。这条道路从当年10月动工，经过3年的时间，于大正十三年（1924）10月竣工。道路采用沥青铺设路面，全长为46.8千米，是大连至旅顺的第一条黑色路面，也是辽宁第一条近代公路。

旅大南路沿南部海滨经过星个浦（今星海公园）、小平岛、黄泥川、龙王塘、盐厂等地到达旅顺，道路分为汽车道路和马车道路。由于南路交通越来越繁杂，日本于昭和三年（1928）在大连星海附近花费500元延长610米铺设石道。在道路的修建过程中，修建了老座山和白银山两个隧

旅顺南路龙王塘大桥

道，凌水河、龙王塘、玉乃浦桥三座桥梁，搭建道路标志。与此同时，在道路两旁栽植白杨、枫树等进行绿化，使得夏季道路两侧绿树成荫。

这时期道路宽度也有重大变化，从星个浦（今星海公园）到小平岛间道路的宽度是10.9米，其他地区为9米，尤其是汽车道路和马车道路宽度不一。南路共长35 705米，其中有27 678.5米的道路路宽9米；汽车道路宽5.4米，马车道宽3.6米。有8 026.5米的道路路宽10.9米；汽车道路为黑色路面，宽7.3米，马车道宽3.6米。修中型桥4座共长227米、小型桥9座共长125米、隧道2处共长418.22米。

旅顺南路的修建在行政、经济、旅游等方面都对日本殖民统治旅大地区有着独特的价值与意义。在行政方面，旅顺南路的修建加快了旅顺、大连的交通联系，使得行政命令能够及时、快速地到达各地方行政机构，以加强其殖民统治。在经济方面，南路的开通节约了各产业的运输费用，使得时令产品能够快速销售，工业、商业得到巨大的发展。在旅游方面，通过南路的旅途，使人们能够欣赏沿途的风光，领略大海的气息，消除旅客的疲劳，就连日本国内的京滨道、阪神道也大为逊色。

2. 旅大八景的设立

1926年，日本殖民者为庆祝关东州施政20年举行庆典，《满洲日报社》在报纸上开始募集旅大八景的地点，并选择纪念碑石进行建设，为一些喜欢旅游的人提供方便。1928年，日本殖民当局根据自然景观，在公路沿途设立了八个景点刻石。后来，人们习惯将其称为"旅大八景"。八景主要有：黑石礁、凌水寺、小平岛、蔡大岭、老座山、龙王塘、玉乃浦、白银山。

黑石礁位于大连滨海西段，因海边有黑色礁石而得名。这里沉积着厚达600余米的黑石灰岩。地壳构造运动中，海岸上升，许多瑰丽多姿的礁石拔地而起，成为大连有名的"海上石林"。

凌水寺位于栾金村凌水河畔。该寺建于明代，是大连西部地区的著名庙宇。茂密的山林给古刹增添了许多神秘的色彩。

小平岛位于大连西南的黄海之滨，是伸入海中的小半岛，长约2千米，宽1千米，面积2平方千米。这里原本与陆地隔离，因泥沙淤积，后与大陆相连接。半岛的东北部最高海拔为76米，有东西两个港口，东港口外有4个砣子。该岛原名曾称小滨岛，亦称比顽崖，后因其平面图似"平"字，故称小平岛。半岛的西南端建有灯塔。在大连港建立之前，这里是繁荣的码头和古镇，清代及俄国、日本殖民统治时期曾在此设立海关。

蔡大岭位于龙王塘的黄泥川村，南临黄海，北依峰峦，主峰海拔200米。此处崇山峻岭，陡崖峭壁，林深树茂，清泉奔流，田园、果树与菜畦层次错落，农村小舍平布在山沟旁。

旅顺南路黄泥川隧道

老座山山上长着槲树、柞树和松树，每到秋季山菊盛开，树叶染黄变红，在蓝天白云的衬托下另有一番风光，旧称"柞树红叶"。1921年10月，日本殖民当局在老座山下修建黄泥川隧道。隧道全长254.5米，宽7.4米，其中北侧有宽1.2米的人行道；隧道内壁每间隔30米有照明灯一盏。隧道外15米处，分别设有三角形指示灯，以引导、控制行车。1922年隧道建设完工，关东厅长官山县伊三郎为东西两个隧道口题名，东侧道口为"黄泥对月"，西侧道口为"老座宜风"。

龙王塘是著名的风景区。龙王塘水库位于龙王塘官方村龙王河狭窄处，建于1920年，竣工于1925年。龙王塘水库公园种植有樱花、星玉兰花等树木，供游人观赏。

玉乃浦位于旅顺盐厂村，现称"塔河湾"，是著名的海水浴场。从盐厂村至鲍鱼肚村为海湾沿岸，海湾呈弧形，湾口向南，西起龙王庙村，东至松树嘴，长约4千米。海湾中段大湾头一带为沙砾岸质，沙滩洁白，海水清澈。玉乃浦于1921年动工，1924年竣工，当时桥头立有刻石，上面刻有"旅大八景玉乃浦"的铭文。1957年10月11日，旅顺南路修建的玉乃浦桥改称"塔河湾桥"。

白银山是旅顺南部的天然屏障，隔绝了旅顺通往大连的道路。1921年10月，日本殖民当局开始动工修建白银山隧道。隧道全长163.7米，宽7.4米，其中北侧有宽1.2米的人行道。隧道内壁每间隔30米有照明灯一盏。1922年隧道建设完工，关东厅长官山县伊三郎为东西两个隧道口题名，东侧道口为"白银开利"，西侧道口为"老铁通津"。

大连解放后，旅大八景的刻石陆续被拆除。2000年，大连市政府对旅顺南路进行拓宽改造，由原来的双向二车道拓宽为双向四车道，旅顺南路成为旅顺到大连路程最短、路况较好的重要通道。2007年，大连市在修建高新园区黄浦路工地现场挖出了

第四章　俄国和日本殖民统治时期碑刻　　·353·

1924年9月竣工的玉乃浦桥铭文

正在施工中的旅顺白银山隧道西口

"旅大八景凌水寺"刻石。这块刻石高约120、宽70、下方厚30、上方厚15厘米，上窄下宽，呈梯形，上面刻有"旅大八景凌水寺"七个字，这是目前保存下来的旅大八景的第三块刻石。

十四　日伪军"靖安游击队五勇士战死之地"碑

周爱民

　　日伪军"靖安游击队五勇士战死之地"碑，伪满康德六年（1939）立。花岗岩质地，高91.5、宽27、厚19厘米。碑石呈长方形，保存完整。该碑原立于庄河土城子，1991年1月24日，旅顺日俄监狱旧址博物馆征集收藏。

日伪军"靖安游击队五勇士战死之地"碑

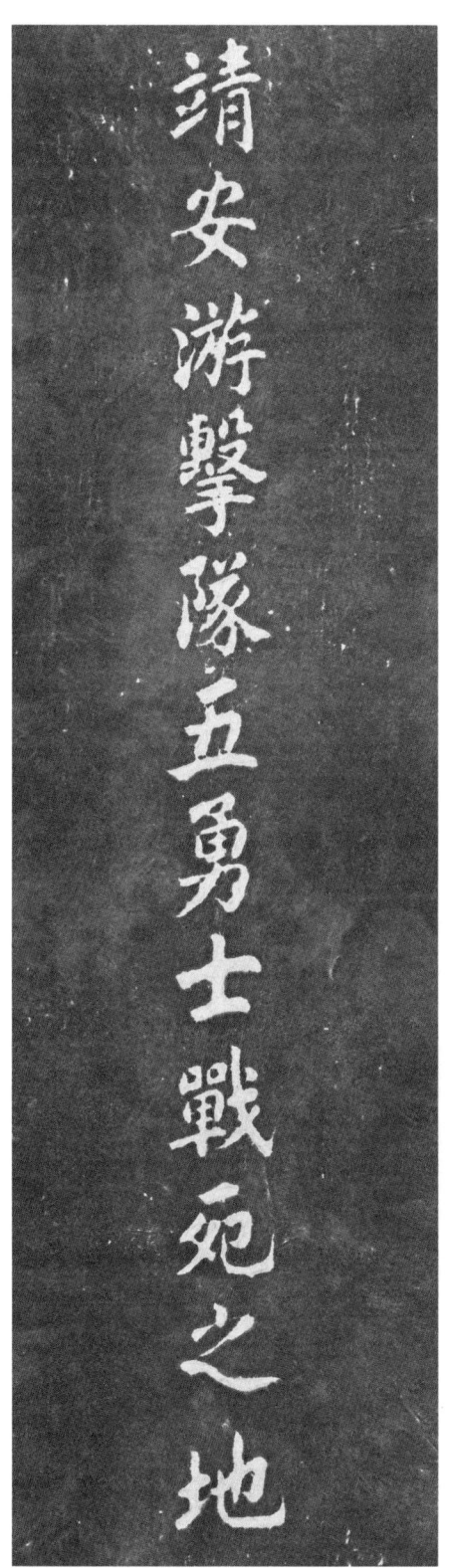 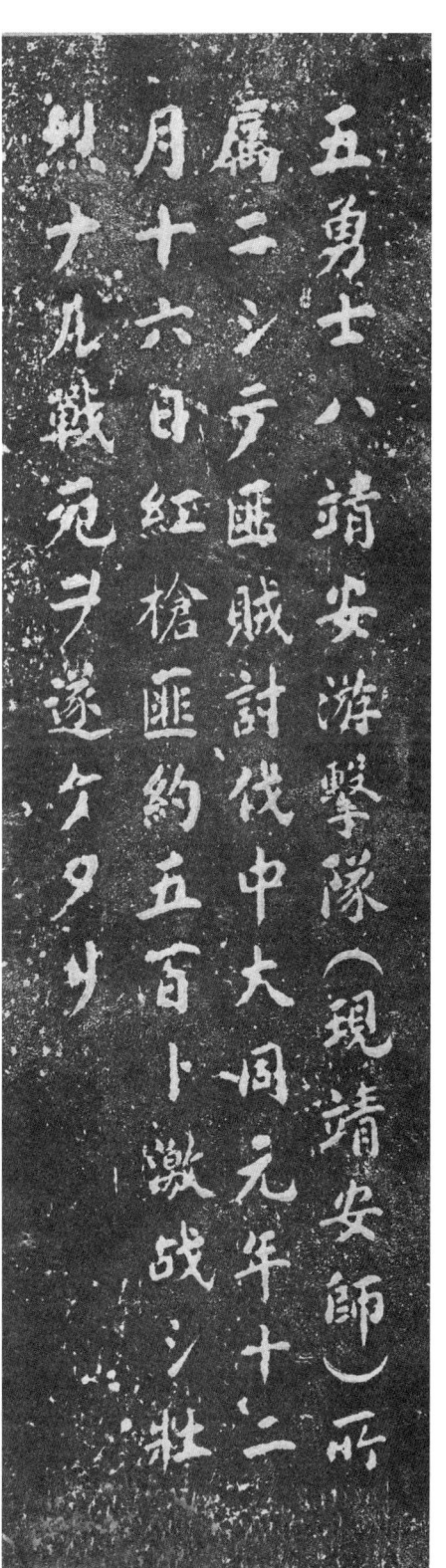

日伪军"靖安游击队五勇士战死之地"碑　　　日伪军"靖安游击队五勇士战死之地"碑
　　　　　碑阳拓片　　　　　　　　　　　　　　　　碑阴拓片

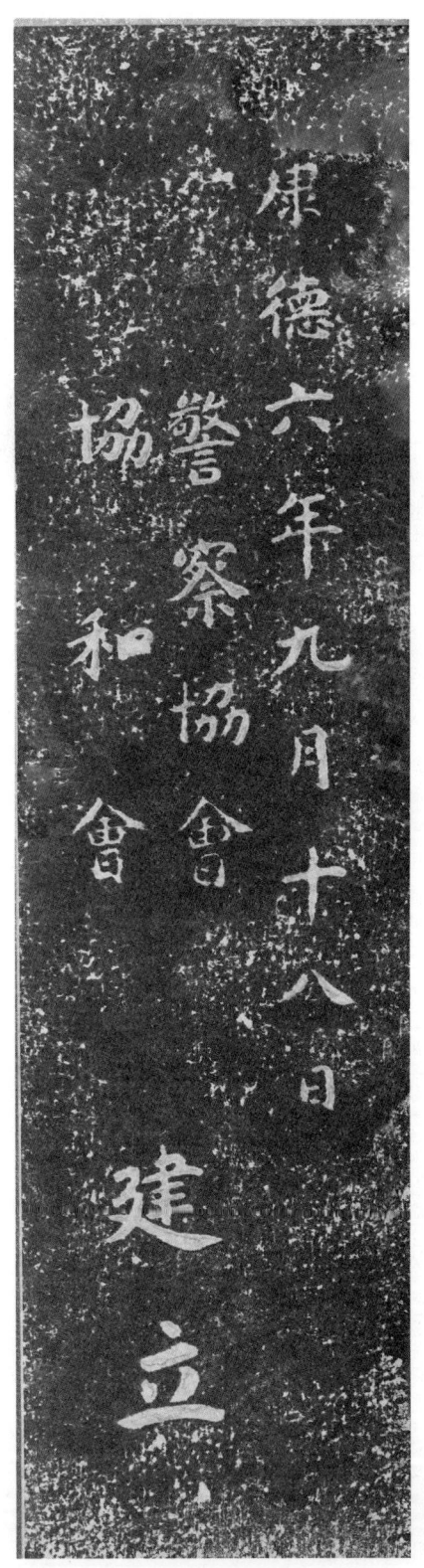

日伪军"靖安游击队五勇士战死之地"碑　　　日伪军"靖安游击队五勇士战死之地"碑
　　　碑左侧拓片　　　　　　　　　　　　　　　　碑右侧拓片

碑阳

靖安游擊隊五勇士戰死之地

碑阴

五勇士ハ靖安游擊隊（現靖安師）所』屬ニシテ匪賊討伐中大同元年十二』月十六日紅槍匪約五百ト激战シ壯』烈ナル戰死ヲ遂ケタリ』

碑左侧

故陸軍少將森秀樹』故陸軍騎兵上尉木下謙一郎』故陸軍騎兵上等兵張恩』故陸軍騎兵上等兵李德全』故陸軍騎兵一等兵張民』

碑右侧

康德六年九月十八日

　　　　警察協會

　　　　　　建立

　　　協和會

碑阴文译文

五勇士跟随所属的靖安游击队（现靖安师）讨伐匪贼，于1932年12月16日，同约五百名红枪匪激战时壮烈牺牲。

至此，我们可以得知，所谓的"靖安游击队五勇士"，即碑左侧文字所指日本关东军靖安游击队的森秀树、木下谦一郎、张恩、李德全、张民。而碑文中所提到的"红枪匪"则毫无疑问就是曾经威震敌胆的庄河大刀会。

1. 森秀树

森秀树，1905年毕业于日本陆军士官学校骑兵科，被授予骑兵下士官军衔。1930年8月晋升为骑兵大佐。1931年10月担任日本关东军靖安游击队联队长。

靖安游击队联队成立于1931年10月，由日本关东军从中国东北搜罗数千名地痞流氓混编而成，联

日军少将森秀树

队下辖五支游击队，归关东军直接管辖。1932年3月1日，伪满洲国在长春成立，日本殖民当局为了镇压东北人民的抗日活动，进一步扩大侵略战争规模，在制造伪满傀儡政权的同时，又组建了一支军队——伪满洲国军。同年6月，关东军将"靖安游击队"联队改编为靖安军，归伪满洲国军政部直辖。驻扎地也由沈阳迁移到锦州。司令官为藤井重郎少将，其下辖步兵2个团、骑兵和炮兵各1个团，号称伪满洲国军中最有战斗力的部队。

1932年11月26日，在日本关东军司令官武藤信义的亲自部署下，日军调集重兵对辽东三角地带的抗日武装力量实施"大讨伐"。森秀树奉命率领"靖安游击队"联队参加此次大讨伐。他踌躇满志，妄想再以中国人民的生命和鲜血铺就他加官晋爵的前程，但庄河大刀会成员却成为其侵略生涯的终结者。

2. 庄河大刀会

辽宁省的东南部以安奉铁路（今沈丹线）、南满铁路（今长大线）和黄海海岸为界，围成一个狭长的三角形，史称辽东三角地带。主要包括安东（今丹东）、庄河、东沟（今东港）、岫岩和凤城等市县。该地区树林沟渠较多，地形复杂，南下可以威胁日本经营多年的关东州，北上可以威慑本溪、辽阳、沈阳等经济、军事重镇，战略地位十分重要。九一八事变前，日本殖民当局即对占领辽东地区作了特别详细的部署。事变爆发后，日军在几天时间内就相继占领安东、凤城、庄河等地，使辽东地区成为沦陷区。日军在辽东地区烧杀抢掠，无恶不作，致使民不聊生。辽东地区的民众纷纷自发组织起来，以抗日救国的武装力量到处痛击日本侵略军。

1931年10月，在凤城、岫岩、安东一带出现了一支以农民为主要力量的抗日武装队伍——东北民众自卫军，邓铁梅担任司令员。与此同时，各地义勇军也如雨后春笋般兴起。1932年3月，庄河抗日救国军在庄河青堆子成立，频繁打击日伪军，曾一度攻下庄河县城。七八月间，庄河地区抗日武装力量又出现一支新的队伍——联庄自卫团（俗称"大刀会"），主要由华春盛在庄河长岭，郭殿政、鞠抗捷分别在自己家乡邱家沟、曹家屯组织民众参加而形成，其中，以鞠抗捷（原名鞠仁卿）等组织的庄河县大刀会力量最强。

1932年9月，长岭、邱家沟、曹家屯3个团的大刀会成员联合起来，在盖县苇子沟攻打日本殖民当局在庄河收买的土匪"野狼队"，大刀会成

庄河大刀会组织者鞠抗捷

员英勇作战，大获全胜，使队伍得到不断壮大。当时，庄河县六个区中有三个区存在大刀会的力量，大刀会从3个团发展到16个团，人数达4 000人。大刀会成立了团总部，郭殿政担任总团长，鞠抗捷任参谋长。

大刀会原为民间的秘密社团，最初以会道门的形式出现。会道门是"会门"和"道门"的合称，形成于明代中后期，在清朝得以活跃和发展。会门最初是以兵器种类命名的，偏重吞符念咒，练功习武，据地自保，经过长期发展，其组织名目多达数百种。道门诵经拜神，制造和传播迷信邪说，迷信色彩极为浓厚。所以，日常活动表现为念咒、练武，即封建迷信思想和练功习武相混杂。但在迷信宣传过程中，一些行为要求对成员思想还是有约束力的，如：凡是不爱财、不调戏妇女、不吃血食、心诚苦练者，都可练就刀枪不入的本领。

东北地区的大刀会势力多从河北、河南、山东等省份传入，是以农民为主自发组织起来的进行反帝斗争的群众性组织，采取的管理方式为"战则聚，无事则散，以务农为主"，遇有战事，凭鸡毛信传令集合。由于都是自愿参加，所以没有兵饷，武器也是自备。每人一杆红缨枪、一把匕首，还有大刀等，没有洋枪洋炮，有少许土枪土炮，所以又称"红枪会"。当时会道门的负责人称道长，大刀会的负责人称团长，每团50~80人，成员主要是农村各阶层群众，另外还有知识分子、小教员等爱国人士。大刀会虽然提倡打仗时念咒、喝符，使农民相信刀枪不入，但抗日思想坚决，作战勇敢，秉承了中华民族抵御外侮、反抗侵略的斗争传统。

大刀会当时提出的口号是：抵抗日本人，保卫家乡。另外，还有严明的纪律规定：不准打骂百姓；不准侮辱妇女；不准动百姓的东西。对于违犯纪律者，轻者处罚，重者斩首。因此，大刀会赢得了广大人民群众的信任和支持。

随着大刀会抗日爱国思想不断深入人心，日本殖民当局极为恐慌，除派兵围剿外，还采取各种手段离间、破坏大刀会在人民群众当中的声望，但这些都未能阻碍大刀会势如破竹的发展势头，大刀会很快成为辽东三角地带的一支政治力量。当时，各区村屯凡是有大刀会组织存在，都成为当地的政治中心，群众有事也愿意找大刀会商量，致使日本殖民当局不敢也无法在此地建立日伪政府机构。

3. 森秀树之死

1932年11月，辽东三角地带的抗日烽火越燃越烈，日本侵略军和伪军在这一带连续遭到打击。此时，邓铁梅等领导的义勇军和鞠抗捷等领导的庄河大刀会成员合计已有3万余人，这支强大的抗日武装力量活跃在安奉、南满两条铁路之间，等于在日本殖民统治的腹地插了一把钢刀，抗日的烽火烧得日本殖民当局焦头烂额。

1932年11月26日，日本关东军司令官武藤信义发布命令，从多门、坂本、西义等侵华师团中抽调15 000余人，从齐齐哈尔调来"靖安游击队"三个营等组成连山关讨伐师团，兵分多路向庄河、岫岩和凤城三角区发起疯狂的进攻。为了防止抗日武装力量从海路撤离，日军还派遣日本海军精锐部队从海上予以拦截，并派一个飞行队协助作战，扬言要在半个月之内彻底消灭各抗日军队。

1932年12月13日，日军讨伐师团从两个方向同时行动。"第一路以第二师团天野旅团司令部和步兵十六联队第二大队、步兵第三十联队第一大队、野炮第二联队第一中队等日军为主力，配以靖安游击队主力组成数路纵队，分别从海城、盖平、辽阳出发，向岫岩进击；第二路以第二师团骑兵讨伐队、骑兵第二联队、步兵第四联队第三中队为主力，配以靖安游击队一部和伪安奉地区警备司令李寿山部，自庄河方向向大孤山、龙王庙一线进击。"是时，担任"靖安游击队"联队长的森秀树率部跟随第二路行动。早在头一天，森秀树已带领"靖安游击队"500人从瓦房店向庄河开进，要踏平庄河，围剿大刀会。庄河大刀会总部得到情报后，迅速集合各分团待命，做好战斗准备，决心在庄河境内消灭这支侵略军。

12月15日晚，森秀树率领由160名"靖安游击队"队员组成的骑兵队行至位于庄河县城北面的土城子时，由于天色太晚，决定进村宿营。在森秀树的布置下，全部人马分别驻扎在当地的几个大院内，队部驻扎在村东头的寇福昌大院里。大刀会总部得到消息后，迅速发出号令，决定先消灭这股日军力量。3 000余名大刀会成员得到号令后在庄河桂云花附近集聚起来，鞠抗捷命令大刀会首领娄子敬率领500名刀术高强的会员从土城子西北方向担任主攻，自己则率领2 500余名会员负责将土城子周围团团围住。

12月16日凌晨，枕戈待旦的大刀会成员已兵分两路将土城子围个水泄不通。待总部发出进攻信号后，刹那间刀光闪闪，杀声震天。此时，正在酣睡的森秀树与部下被震耳欲聋的喊杀声惊醒，慌乱中一部分"靖安游击队"队员还没来得及穿衣服就已做了刀下鬼。寇福昌家是个四合院，四周有围墙，森秀树当时住在东厢房。听到枪声后，森秀树强装镇静，急令部下抢占东厢房屋顶，凭借装备优势，居高临下用机枪等向进攻的大刀会成员疯狂地扫射，以期拼死抵抗。虽然"靖安游击队"武器装备精良，大刀会只有红缨枪、大刀，但早已仇恨满腔、杀敌心切的大刀会会员个个英勇善战，他们顶着日军的密集火力，组成一道道人墙，前仆后继，直打得日军丢盔卸甲，四处逃窜。

激战中，娄子敬带领10余人迂回到东厢房的后门，趁日军不备，突然破门而入，杀死日军机枪手。大刀会成员趁势一鼓作气冲进院子，登上屋顶，将数十名日军砍死或砍伤，负责保护森秀树的军官高桥等人皆负重伤。森秀树见大势已去，惊慌失措，率领剩余部下冲出院子仓皇逃窜。这时大刀会成员再次冲上来，将围在森秀树身边的日军砍翻在地，日军又掉头往回跑。森秀树身穿铁甲、头戴钢盔，大刀会成员们举起大刀、红缨枪在他身上又砍又戳，却刀枪不入。一位叫郑义的大刀会成员看到森秀树屁股上的"钢叶子"不严实，便大喝一声，用红缨枪猛刺进去，只听一声嚎叫，森秀树口吐鲜血，当场毙命。

土城子战斗历经了4个小时，大刀会成员凭借着手中的红缨枪和大刀打垮了日军半个骑兵营，并杀死身经数十次战斗、在第一次世界大战中立过战功的森秀树等5人，刺伤日军数十人。另外，还缴获日军长短枪30余支、战刀一把、战马30余匹和一部分粮食、弹药等，使土枪土炮的大刀会充实了一部分新式武器。

大刀会自成立至1934年3月解散，一年多的时间里先后经历了4次较大的抗日战斗。其中，土城子战斗是庄河大刀会与日本侵略军的第一次交锋，极大地鼓舞了东北民众的抗日信心，特别是坚定了辽东三角地带人民反讨伐斗争的必胜决心。同时，对日本侵略军也具有极大的震慑作用。此次战斗后，大刀会又转战于庄河、岫岩、盖平交界一带。由于敌我力量悬殊又缺乏强有力的统一领导，大刀会连续打了几次败仗，伤亡很大。大刀会解散后，郭殿政、鞠抗捷等相继进关参加中国共产党领导的抗日队伍。

4. "靖安游击队五勇士战死之地"碑

1938年10月，日本侵略军相继占领武汉、广州。由于战线过长，兵力不足，日军后方屡遭八路军、新四军打击。1939年以后，日军将主力转于敌后解放区战场，抗日战争进入战略相持阶段。为解除后顾之忧，日军开始对中国共产党领导的各抗日根据地进行大规模"扫荡"作战，推行"烧光、杀光、抢光"的"三光政策"。在民族存亡的危急时刻，中国共产党领导抗日武装力量广泛开展游击战争，到处打击敌人，不断歼灭敌人的有生力量。

此时的大连地区，抗日武装活动随着全民族抗日高潮的出现从而更加激烈。"大连抗日放火团"成员机智勇敢，训练有素，他们利用化学药品引燃、定时爆破等方

日本殖民当局在庄河大刀会击毙森秀树等人的原址立碑

法烧毁日本殖民当局在大连各军用仓库储存的石油、军服、食品、机器等大批军用物资。其放火行动之敏捷，手段之高超，令日本关东州厅警察部惊呼："其活跃十分惊人。"

1939年9月18日，为了鼓舞"士气"，日本警察协会、伪满协和会联合在庄河土城子为已被日军追晋为陆军少将的森秀树等5人立碑，适得其反，此举反而使庄河大刀会的抗日斗争事迹广泛流传。

据资料记载，日本东京靖国神社里供奉着从明治维新至第二次世界大战结束期间，日本在历次战争中死亡的2 464万余名官兵，其中包括自1931年九一八事变至1945年8月15日日本投降期间，被中国抗日军民击毙的104名日军将帅，他们中有罪恶累累的元帅1名、大将4名、中将37名、少将62名，森秀树就在其中。

残存的日伪军"靖安游击队五勇士战死之地"碑的基座

附　　录

馆藏碑刻的征集故事

周祥令　周爱民

　　旅顺日俄监狱旧址博物馆所藏近现代碑刻中，有很多碑刻曾因各种历史原因遭到损坏。为了不让这些碑刻成为人们的垫脚石和建筑用材，博物馆的工作人员苦苦寻觅，克服千难万险，费尽波折才把它们抢救入馆。从建馆之初一件文物也没有，到今日仓廪丰满，旅顺日俄监狱旧址博物馆得以征集到这么多有价值的碑刻，并非一朝一夕之功，而是在几代人的辛勤努力下，经过默默无闻的工作和奉献取得的。每一通碑刻的背后都有着曲折而鲜为人知的故事。

1. 风雪天寻觅"攻城山"碑

　　1978年2月21日，正逢农历正月十五，老百姓家家户户都在热热闹闹地过元宵节。在这样一个喜庆的日子里，旅顺日俄监狱旧址博物馆的工作人员接到一个特殊的任务，准备去旅顺口区龙头镇寻找"攻城山"碑。

　　根据群众反映，"攻城山"碑已被当地群众拆除，要用其石料盖生产队办公室。得知这个情况后，时任馆长周祥令立即召集馆内员工准备去现场查看情况，如果"攻城山"碑被毁坏，那将是日本侵华物证中不可估量的损失，一分一秒也不能迟疑。

　　攻城山位于旅顺口区龙头镇，原名凤凰山东南高地。1904年8月，日军炮兵司令部设在此地，指挥炮击旅顺俄军阵地。战后日军将其改名"攻城山"。1916年，日本满洲战迹保存会立碑，碑名由日军炮兵司令丰岛阳藏书写。

　　2月21日早晨，外面刮起了凛冽的北风，正下着鹅毛般的大雪。恶劣的天气，丝毫没有动摇大家的信念。天刚刚亮，馆内工作人员都来到旅顺火车站集合，乘坐第一趟去大连的火车，在龙头站下车。下火车后，大家徒步走到梨岚老虎沟山下驻军营房，通过与官兵交谈了解到的情况是，战士们曾在凤凰山的半山坡上发现一方残碑，大家喜出望外，于是向山上奔去。北风吹着雪花，使人睁不开眼睛，大家背着行囊，手里握着树棍艰难地前行。当大家登上山顶时，已经气喘吁吁，汗流浃背，发现原立碑处仅剩下石碑的基石。大家站在山顶上，环视着山下白茫茫的一片，远处一个小山坡上好像厚厚的白雪覆盖着一块长方形的石头，于是加快了脚步向这个目标迈进。由于山路湿滑，有几个人不小心摔倒在雪地里，大家赶紧将他们搀扶起来，继续前进，走到石头跟前，将雪除净一看，正是那方刻有"攻城山"字样的石碑，此时它仿佛是一具冻死的战犯僵尸，横卧在雪地里。

征集"攻城山"碑

3月14日，旅顺日俄监狱旧址博物馆的工作人员再次来到龙头，准备将"攻城山"碑运回馆内。由于"攻城山"碑在山坡上，汽车上不去，也没有先进的设备，将它挪到山下很困难。在困难面前，大家没有退缩，心往一处想，劲往一处使，没有条件，创造条件也要将它运走。这时山下驻军也来帮忙，5个人分成一组，双手扶住石碑，跪在地上，将石碑慢慢地向前移动。大家累了就喝一口凉水，饿了吃一口干粮，互相鼓劲。傍晚时分，才将石碑运到山下，又一鼓作气，将石碑装上车，拉回馆里收藏。

2. 大雨中抢救日本"第三军司令部驻营地"碑

日俄战争期间，负责进攻旅顺的日军陆军主力部队是日本第三军。战争中，第三军司令官乃木希典将司令部设在旅顺柳树房村。1912年，乃木希典在日本京都为明治天皇剖腹殉葬。1915年，日本殖民当局将柳树房村原日本第三军司令部的草房拆运回日本京都重建，作为乃木神社的一部分。1916年，日本满洲战迹保存会在柳树房原址立"第三军司令部驻营地"碑。二十世纪七十年代，石碑被推倒。

1976年，旅顺日俄监狱旧址博物馆工作人员在考察时发现此碑被推倒在水沟里，碑身背面被人凿了些洞，周围群众告诉他们，石碑已经卖给邻村石匠，准备凿成三段运回去制作磨盘。9月26日，博物馆借旅顺农机厂解放汽车到柳树房村拉碑。汽车行进在半路时突降暴雨，当工作人员赶到现场进行吊装时，因石碑太重，而且地面又湿又滑，使吊装的三叉杆几次陷入泥土中，长时间吊不起来。雨越下越大，他们急中生智，从附近猪圈找到几段枕木，将三叉杆垫起来，才勉强把石碑吊上车，冒雨拉回馆内。当年作为日本第三军司令部旧址的民房流落他乡，如今"第三军司令部驻营地"石碑则成了那段罪恶历史的佐证。

3. 三上老横山寻到"剑山"碑

"剑山"碑位于旅顺龙王塘黄泥川村胡家大岭的老横山，老横山是旅顺第三高峰。1904年6月26日，日军第十一师团步兵第四十三联队向驻守在老横山的俄军发起进攻，占领此山。因参与攻打老横山的日军士兵家乡有一座山称"剑山"，日本军事头目乃木希典便将老横山改名为"剑山"。1927年，日军在老横山建塔树碑。二十世纪七十年代，"剑山"塔被拆除。

1976年和1978年，日俄战争的见证人，住在胡家大岭的已80多岁高龄的胡安善老人，先后两次亲自带领旅顺日俄监狱旧址博物馆的工作人员登山考察"剑山"塔废墟。

1994年9月，博物馆工作人员第三次考察老横山，终于在废墟间发现一方花岗岩石碑，约有1吨重。回馆后，制定了切实可行的方案。大家都说，日本人能把碑拉上去，我们就能把它拖下来。11月1日，老横山的山路荆棘横生，工作人员和几名民工非常艰难地爬到山顶。为了防止损坏石碑，他们先用铁丝把木棍捆绑在石碑的周围，然后再一起动手将石碑向山下挪动。不断地掀下翻上，五个人忙碌了一天，越过两道堑壕，才把石碑移动了50米。第二天，有了经验，又增加了人力，进度明显加快。到了第三天，已将石碑移到有利地势，即山腹石砬子上方。第四天，大家齐心协力，从山上用力一推，石碑顺势从石砬子滚到山腰土路上。下山后，大家一鼓作气，将石碑装上车，拉回博物馆收藏。

4. 除去水泥发现原是日本侵华物证碑

1992年6月25日，大连市园林管理处向大连市文物管理部门反映了一个重要情况：日本东京银行驻大连办事处的两名工作人员到大连白云山公园游览，发现路旁停放着一通石碑，日本人提出要收藏。闻此消息，旅顺日俄监狱旧址博物馆的工作人员同大连市文物管理部门工作人员到现场考察，发现长方形花岗岩石碑的正面被水泥罩面，只在碑的左下角露出"南满洲铁道株式会社 总裁松冈洋右"的刻字。"满铁"是日本殖民者在大连设立的庞大的经济掠夺组织，这通碑刻是日本侵华的物证，有着重要的历史价值。文博专家当即表示，这通碑需要很好地保护起来。

第二天清晨，博物馆工作人员到大连白云山公园拉碑。据公园负责人介绍，此碑拉到山上公园，原本打算废物利用刻筑路碑，但因碑石字太多，嫌加工费事，便扔在那里。工作人员把石碑拉回博物馆后，首先小心地除去石碑表面的水泥，但深埋在阴刻的碑文文字里的水泥很难去掉。博物馆专门雇了两名刻碑的石匠，用10天时间把碑文文字里的水泥清除掉，碑文清晰可见，一切真相大白。原来这通碑是"满铁"第14任总裁松冈洋右于1938年为日本原外务大臣小村寿太郎立的"功德碑"。

1905年，小村寿太郎曾参与日俄《朴茨茅斯和约》的签订，是日本侵华的罪魁之一。1938年，"满铁"成立30周年时，由关东军、关东局、"满铁"等发起，在大连电气游园为小村寿太郎立坐式铜像一尊，铜像后面立有松冈洋右撰文的石碑，电气游园也因此改名为"小村公园"。1945年8月大连解放后，铜像被推倒，石碑亦被拆除。

5. 从石料堆里找回的东鸡冠山第二堡垒碑刻

东鸡冠山第二堡垒碑刻，旅顺日俄监狱旧址博物馆的工作人员为了寻找这通碑刻，下了不少功夫，付出了辛勤的努力。

旅顺东鸡冠山是日俄战争中双方争夺东部防线的重要战场。东鸡冠山二号堡垒位于东鸡冠山北堡垒的东南方，是东鸡冠山北堡垒的附属炮台。1905年1月2日，俄军投降，二号堡垒被日军占领。1916年日本满洲战迹保存会在此立"东鸡冠山第二堡垒"碑。石碑的正面和背面还分别镶嵌着两通呈长方形的刻石。其中，正面刻石高56、宽93、厚24厘米，碑铭字体为正楷，阴刻着两行中文"东鸡冠山第二堡垒"。背面刻石高88、宽93、厚28厘米，碑铭字体也为正楷，阴刻着9行日文，共64个字。正面刻石和背面刻石的铭文均由日军陆军大将、男爵土屋光春（日俄战争期间，担任日军第十一师团长、中将）亲自题名和撰写。

二十世纪七十年代，"东鸡冠山第二堡垒"碑被当地群众拆毁，镶嵌在石碑中的刻石下落不明。1976年8月9日，时任馆长周祥令带领业务人员在旅顺海岸桥附近进行文物考察时，在旅顺水产分公司院外堆放的花岗岩石料中发现一方刻石，正是"东鸡冠山第二堡垒"碑的背面刻石。据周围群众说，拆来这些石料是准备盖房子用的。趁着刻石还没有被使用，周馆长急忙将这通碑刻抢救下来，用车拉回旅顺日俄监狱旧址博物馆收藏。

"东鸡冠山第二堡垒"碑的背面碑刻已经找到，正面碑刻却杳无消息，周祥令馆长始终惦记。功夫不负有心人，经过多方寻找，终于发现这方下落不明的碑刻原来砌在居民家小仓库的房基里。经过商量，房主人答应待房屋动迁时通知博物馆将碑刻拉走。随着光阴流转，房主人已经搬迁到大连居住，可是小仓库却一直未拆迁。2000年6月17日，博物馆事先征得房主人的同意，派人去把小仓库房基的碑刻拆出来，然后又把墙基砌好。这方重约400斤的碑刻，终于由隐藏在地下多年被挖掘出来，运回旅顺日俄监狱旧址博物馆收藏。

6. 想尽办法，运回10吨重的万灵塔碑

在旅顺日俄监狱旧址博物馆征集的碑刻藏品中，最"重量级"的要属征集大连"碧山庄"万灵塔碑。日本殖民统治大连时期，"满铁"控制大连港的装卸贸易。1909年4月，日本人相生由太郎创立福昌公司，开始垄断大连港的货物装卸业务，从山东、河北、上海等地骗招来的上万名贫苦农民和失业工人在港口从事繁重的装卸工作。

1911年12月，相生由太郎在大连寺儿沟东山建起"碧山庄"华工宿舍，供码头工人居住。每间房子里面全部是四层床铺，每人只有一尺的位置，冬天无取暖设施，夏日蚊蝇成群，环境异常恶劣。1919年，福昌公司在"碧山庄"（俗称"红房子"）院

内修建了天德寺，立万灵塔，利用宗教迷信思想麻痹、欺骗码头工人，消除反抗情绪。每年阴历七月十五日（盂兰盆会），日本人在万灵塔前搭起经棚，举行所谓的"招魂祭奠亡灵"活动。1945年8月大连解放后，万灵塔被中国工人拆除。

二十世纪七十年代，旅顺日俄监狱旧址博物馆的工作人员到大连寺儿沟红房子旧址考察时，发现原红房子遗址的遗物被东一块、西一块地堆在居民区的路上，上面覆盖着很多生活垃圾。看到此情此景，身为文物工作者于心不忍，但如何搬动这些庞然大物，确实令人生畏。冬去春来，岁月流逝，旅顺日俄监狱旧址博物馆的工作人员一直惦记着红房子旧址的那批文物，生怕又被人废物利用，那可就悔之晚矣！当再次去考察时，发现万灵塔碑石原地未动，也就放心了。

1990年，时任馆长周祥令在报纸上了解到大连寺儿沟红房子旧址将要改造的消息。事不宜迟，旅顺日俄监狱旧址博物馆的工作人员马上去大连"红房子"旧址，在倾盆大雨中将吊装的一根八角石柱和碑额拉回馆里。后来听大连机电公司领导说，拉大件可以与马栏河桥旁大型货物吊装运输队联系。9月15日，吊装运输队派技术人员到红房子旧址现场查看万灵塔碑的现状。9月16日，旅顺日俄监狱旧址博物馆与大连吊装运输队协商，预交了3 500元的吊装费用。9月17日，旅顺日俄监狱旧址博物馆的工作人员在大连吊装运输队的协助下，组织两辆大型平板车跟着一辆起重量为45吨的大吊车，从大连寺儿沟"红房子"旧址将万灵塔的全部碑石运回馆内。

征集万灵塔碑

7. 在烈士陵园内，抢救出5通大连华商公议会会长纪念碑

1989年，旅顺日俄监狱旧址博物馆工作人员到旅顺苏军烈士陵园考察时，发现井台周围有几方汉白玉石雕，从雕刻的图案看，属于中国碑刻的风格。通过苏军烈士陵园的工作人员了解到，在旅顺"八一"烈士陵园还有这样的石雕。于是，旅顺日俄监狱旧址博物馆的工作人员立即来到旅顺"八一"烈士陵园，发现烈士墓围墙内的草丛中躺着许多碑刻。通过仔细查看每通碑刻的碑文，发现这些碑刻是大连华商公议会会长的纪念碑。主要有：郭君精义纪念碑、《前大连公议会总理刘公纪念碑记》碑、徐公香圃纪念碑、故李公子明纪念碑、故庞公睦堂纪念碑五通。这些与"八一"烈士陵园没有太多关系的碑刻从何而来？为何这些历史文物长期露天放置、风吹日晒而无人

问津？带着这些疑问，时任馆长周祥令找到旅顺民政局局长，提出从保护文物的角度出发，建议将全部碑刻移交给文物部门收藏保管。局长答应待查明碑刻的来历后再做决定。

根据旅顺口区民政局建设科林科长回忆："这些碑刻是1959年由区民政局建设科从大连市沙河口区拉到旅顺，准备修'八一'烈士墓时做石料使用，因为遇到三年自然灾害，经济困难，便一直放到现在未用。"根据上述情况，旅顺日俄监狱旧址博物馆工作人员找到原建设科科长，他回忆说："去大连拉石碑时，石碑全部放倒在地上，大连民政局准备用那块地建福利厂。由于事先旅顺民政局已经联系，由大连民政局通知他们去拉石碑，根本没花钱。"情况落实后，旅顺民政局经过研究，为了保护文物，同意把这部分石碑全部移交给文物部门收藏保管。旅顺日俄监狱旧址博物馆的工作人员用了两辆汽车、一辆铲车，忙碌了整整两天，将全部碑刻运回馆内。这些碑刻保存完整，碑文清晰，记载了五位大连华商公议会会长的生平业绩，为研究大连华商公议会的历史提供了翔实的资料。

8. 从金州征集到日本侵华魁首的题诗残碑

1904年2月8日，日本和俄国为了争夺中国东北和朝鲜，爆发了日俄战争，大连地区沦为日俄战争的主战场。5月26日，日本和俄国在金州南山激战，经过14个小时的战斗，俄军伤亡1 000余人，日军伤亡4 000余人，日军占领了金州南山。在此战役中，日本陆军第三军司令官乃木希典的长子乃木胜典战死。

6月6日，乃木希典率领日本第三军从金州登陆，并视察刚结束战斗的金州战场。面对金州南山高地尸横遍野、血雨腥风的情景，深有感触，赋诗一首："山川草木转荒凉，十里风腥新战场。征马不前人不语，金州城外立斜阳。"借以"慰藉"亡灵。1937年5月26日，日本殖民当局借纪念日俄战争金州南山战役33周年之际将乃木希典的诗刻于巨石上，并将此石碑立于金州南山，以炫耀日军的"赫赫战功"。这通碑刻，高340、宽186厘米，镶嵌在长620、宽440厘米由花岗岩石砌成的基座上，碑刻与基座高约5米。

1977年，旅顺日俄监狱旧址博物馆的工作人员在进行文物考察时发现金州南山乃木希典题诗碑被炸倒，碎石四处散落，无人问津，马上将情况向当时旅大市文管办领导汇报。文管办指示：旅顺日俄监狱旧址博物馆负责帝国主义侵华遗物的征集工作，应当立即进行抢救。

根据上级领导意见，同年7月，旅顺日俄监狱旧址博物馆组织人力，并从旅顺农机厂借来一辆大卡车，驱车到金州后，又从当地借用一辆铲车，于下午3时将残碑铲到车上，并将炸碎的刻石也收拾起来。这样从早晨6时忙到下午5时才完成任务。

征集金州南山乃木希典题诗残碑

9. 从大海里捞出"旅顺港口闭塞"碑

1904年2月8日深夜,日俄战争爆发后,日军为了争夺制海权,于2月24日、3月27日、5月3日三次沉船17艘,封锁旅顺港口的主航道。日俄战争后,日军为了美化侵略战争,炫耀战功及其武士道精神,专门将"敢死队"头目广濑武夫乘坐的"福井丸"沉船铁锚打捞出水。1916年,日本满洲战迹保存会在旅顺港口西侧老虎尾半岛修建了一座卷锚机型水泥支撑柱,将"福井丸"铁锚安放在上面,支撑柱上镶有日本联合舰队司令东乡平八郎题写的"闭塞队纪念"铜牌,并立有一块记载三次闭塞旅顺港口时间的碑刻。

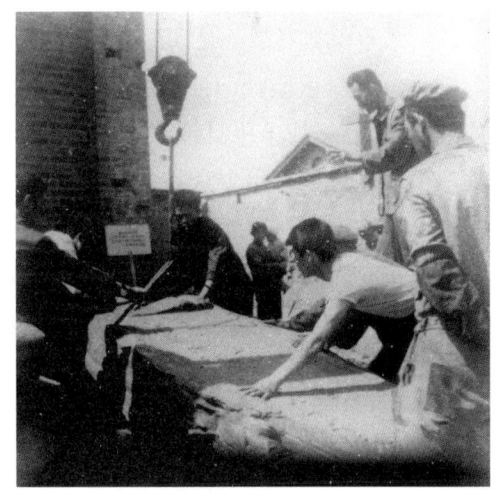

将征集到的金州南山乃木希典题诗残碑运回馆内

1972年,旅顺港口闭塞纪念碑被炸毁,石碑、铁锚、支撑柱落入山下海边。1977年7月,旅顺日俄监狱旧址博物馆组织工作人员到老虎尾考察近代战争遗迹时,发现被炸毁掉落海边的石碑和铁锚尚在。

1978年3月7日,旅顺日俄监狱旧址博物馆派两名同志向旅顺海军某部求援,经部队研究同意,两名同志与两名战士乘舢板来到铁锚和纪念碑所落入的海边,将钢缆和浮漂固定到铁锚、纪念碑上。3月8日，旅顺海军基地派一艘拖轮将301浮吊拖到老虎尾，把残锚和"旅顺港口闭塞"碑吊上来，运到旅顺西港码头。次日，部队又派人用汽车将残锚、纪念碑运送到旅顺日俄监狱旧址博物馆入藏。

征集"旅顺港口闭塞"碑

征集旅顺闭塞队铁锚

10. 在星期日找到日俄战争残碑

"乃木保典君战死之所"残碑，高35、宽32.5厘米，碑刻上残存"死之所"三字。此碑是旅顺日俄监狱旧址博物馆馆藏的较小的一通碑刻，但是具有重要的历史价值。203高地是日俄战争中日俄双方争夺最激烈、最残酷的陆战战场之一。乃木保典是日俄战争中日本第三军司令官乃木希典的次子，1904年11月30日16时日军攻打203高地时，被俄军的炮弹炸死在203高地西北坡上。日俄战争结束后，日本殖民当局在其战死之地立一通花岗岩方形桩，正面刻有"乃木保典君战死之所"。

二十世纪七十年代，此碑被砸碎。旅顺日俄监狱旧址博物馆的工作人员了解到情况后，一直想方设法寻找此碑的下落，多次派人到203高地附近寻找，却没有找到。1977年7月，时任馆长周祥令和郭富纯利用星期天休息的时间，骑着自行车到203高地拾草，继续寻找"乃木保典君战死之所"残碑的下落，他们在203高地四处寻找，终于在草丛中发现一段"死之所"残碑。几天后，便将残碑拉回馆里。

"以铜为鉴，可正衣冠；以古为鉴，可知兴替。"但愿人们从这些文物里受到启迪，明辨是非，汲取历史教益。

后　　记

旅顺日俄监狱旧址博物馆从1971年7月建馆以来，工作人员本着对历史负责的态度，抢救性地征集到散落在民间的大量碑刻，并使之得到很好的保存和利用。目前，碑刻已经成为博物馆文物收藏和陈列研究的重要特色之一。为了深入发掘碑刻的历史价值和史料信息，博物馆工作人员从专业的角度，坚持一边征集一边研究，积累了丰富的历史资料，为我们今天的研究工作留下了宝贵的财富。

2014年，博物馆开始筹备编撰馆藏碑刻研究，从众多的收藏碑刻中遴选出45通重要的碑刻，组织周爱民、崔再尚、关国磊、薛志刚、孙桂翠、尹玉兰、汪旻、陈晨、赵琦、金桡青、于海、李雪、姜超等业务人员按照选定的课题进行撰写。2年间，业务人员精益求精，对馆藏碑刻的碑文逐一进行抄录和对照，并拓印碑文，装裱整理，还为此举办了"旅顺日俄监狱旧址博物馆馆藏碑刻拓片展"，引起历史爱好者的广泛关注。为了丰富史料，研究人员多次到图书馆、档案馆查阅与馆藏碑刻相关的历史文献，希望能够给大家呈献一本精彩纷呈、雅俗共赏的佳作。

本书的目录确定与书稿审定工作由张志成完成。全书统编工作由周爱民、崔再尚完成。书中使用的碑文拓片由华良春、崔再尚、关国磊、薛志刚、曹赫安制作完成；碑刻照片由张帮义、崔再尚、张宜喆拍摄；徐堃、李迪参与校对工作。

在本书编撰过程中，每每翻阅碑刻征集照片，总会让我们感慨万千，周祥令、赵中华、郭富纯、王珍仁、张惠琴、潘茂忠、亓全福、郭成凯、王仁龙、王嗣洲、张帮义、董志森、苏德胜、宋万有等博物馆前辈为馆藏碑刻的征集与研究工作付出了辛苦努力和美好年华，旅顺各驻军部队和厂矿企业为博物馆的碑刻征集工作提供了无私帮助和鼎力支持，值此《旅顺日俄监狱旧址博物馆馆藏碑刻研究》出版之际，我们向所有为旅顺日俄监狱旧址博物馆碑刻征集工作做出无私贡献的人们表达最崇高的敬意和最衷心的感谢。同时，特别感谢已退休多年的周祥令馆长，不顾80余岁高龄，对本书的编写给予指导和审阅，并为本书作序。

在大连市文化广播影视局领导的关心与大力支持下，在旅顺日俄监狱旧址博物馆全体员工的共同努力下，《旅顺日俄监狱旧址博物馆馆藏碑刻研究》一书得以付梓，科学出版社为本书出版给予大量的帮助，在此，对他们的辛苦付出致以诚挚的谢意。

碑刻研究是一门综合性学科，包括碑学、帖学等学问，需要研究考订碑刻源流、时代、特征、拓本真伪和文字内容等，甚至需要研究碑刻的书法流派，要求研究者具有渊博的学识。由于我们水平有限，书中运用的照片、撰写文字等难免有缺憾之处，恳请广大专家、读者不吝赐教。

编　者

2016年12月